郎咸平·孙晋｜著

中国经济
到了最危险的边缘

东方出版社

图书在版编目(CIP)数据

中国经济到了最危险的边缘/郎咸平,孙晋著.—北京:东方出版社,2012

ISBN 978 – 7 – 5060 – 4465 – 3

I.①中… Ⅱ.①郎…②孙… Ⅲ.①中国经济—研究 Ⅳ.①F12

中国版本图书馆 CIP 数据核字(2012)第 037130 号

中国经济到了最危险的边缘

(ZHONGGUO JINGJI DAOLE ZUIWEIXIAN DE BIANYUAN)

作 者:郎咸平 孙 晋

责任编辑:黄晓玉

出 版:东方出版社

发 行:人民东方出版传媒有限公司

地 址:北京市东城区朝阳门内大街 166 号

邮政编码:100706

印 刷:北京市文林印务有限公司

版 次:2012 年 6 月第 1 版

印 次:2012 年 6 月第 1 次印刷

印 数:120001—200000 册

开 本:710 毫米×1000 毫米 1/16

印 张:16

字 数:258 千字

书 号:ISBN 978 – 7 – 5060 – 4465 – 3

定 价:39.00 元

发行电话:(010)65210059 65210060

(010)65210062 65210063

序言

解决中国经济问题，功夫在诗外

郎咸平

一个没有危机感的民族，是一个没有希望的民族。

我说中国经济到了最危险的边缘，绝不是危言耸听、故弄玄虚！在本书中，我要告诉那些"只要面子不要里子"的国人和官员，今天的中国经济有多危险、多可怕。我们身处世界经济濒临崩溃的边缘却浑然不知，我们习惯低估我们的对手，又习惯高估我们自己的实力。我今天就是要把我们的危机说清楚，以唤起国人的危机感。否则，我们的经济就要真的翻车了。看看美国，今天之所以强大，靠的就是危机意识；危机意识，已经成为美国精神的一部分了。因为只有危机才能凝聚人心，才能增强国家的向心力。

有危机并不可怕，可怕的是我们对危机视而不见，粉饰太平；更可怕的是，当危机来临的时候，我们采取"头痛医头，脚痛医脚"的办法，制造更大的危机。我们常说"成绩是主要的"，这些我们的媒体已经说得够多的了，我就不说了。我在本书中，将专门谈我们在经济方面存在的问题和面临的危机。我经过研究发现，今天中国经济的问题，仅仅依靠现行的经济体制和经济手段，是无法解决的，我们还应该寻找其他办法。"功夫在诗外"，对此，读者可以详细阅读本书。

同时,通过本书我也试图理清一条中国下一步"经济改革路线图"来,供大家评判。

我在此再强调一遍,我的预言从来没有错过。在2010年初出版的《郎咸平说:新帝国主义在中国2》中,我就告诫大家美国要对我们发动汇率大战、成本大战和贸易大战,多少人觉得我是痴人说梦,多少人说我是杞人忧天。当时,我还告诫大家不要以明天的产能过剩解决今天的产能过剩,否则等我们花光了财政积蓄,经济肯定又要二次探底。

如今呢?汇率大战导致中国出口失去竞争力,高端就业岗位回流到美国,低端就业转移到东南亚。成本大战导致中国进口持续飞增,2011年石油进口消耗的美元激增了45.3%;贸易大战导致中国从光伏到轮胎的每一种快速增长的出口产品都被精确斩首。不仅仅是外贸企业被折腾得一塌糊涂,成本大战也精确狙击了4万亿受益的企业,比如铝业60%的铝土矿都靠进口,钢铁行业80%的铁矿砂都靠进口,这些在4万亿拉动下风生水起的产业,如今无不陷入全行业的巨亏。

更可怕的是,4万亿引发的严重通货膨胀,又直接导致老百姓的财富严重缩水;内需因而欲振乏力,又造成劳动力成本迅速上涨,进一步打击了制造业。直接结果就是中国制造业出现一场静悄悄的大裁员,这次裁员的力度和经济下滑的幅度在很多行业甚过2008年金融危机。而带头大裁员的竟然是行业领军企业,裁员的重点又往往是其核心业务的制造环节,比如美的和小天鹅的家电业务、比亚迪的手机和电池代工业务、雅戈尔的服装业务,而不敢裁员的国企只好选择大幅度降薪。直接反映内需冷暖的零售行业更是一片狼藉,从李宁陨落到国美利润衰退,都说明老百姓的购买力在大幅下挫。

一、我们就是没有美国的危机意识

但是即便如此,很多国人还是很有优越感,总是喜欢把别人的威胁当成自己强大的证明。美国战略重心重归亚洲,从军事、贸易、经济等方面全面遏制中国,可是我们很多人对这种威胁视而不见。无论是南海危机、东海危机,还是中东变天,都无法唤醒这些人自大的美梦。反倒是美国,之所以成为世界唯一的超级大国,就是因为长期以来一直有危机意识。可以说,美国危机意识之强甚至已经到了"妄想狂"的病态。当初,美国之所以捏造证据,"诬陷"萨达姆,不顾国际社会的强烈反对,也要单边主义行动、发动战争,就是因为美国觉得萨达姆是威胁。

其实这才是美国的常态。回望历史,美国不只是对英国、德国、苏联和日本这样的大国奉行遏制战略,对小国也从不手软。只要美国觉得你对它的地区利益构成了挑战。各位晓不晓得,世界著名的旅游工业城市夏威夷就是美国武装侵略得来的。美国带领军队直接推翻了当地王室,其导火索就是在夏威夷的美国糖商利益受到了威胁。此外,美国对尼加拉瓜、危地马拉、智利、秘鲁、阿根廷这些拉美国家都搞过颠覆,甚至怂恿军人武装推翻民选政府。遗憾的是,我们国人对这些历史似乎从来都不感兴趣。

我说点儿国人比较感兴趣的吧,还记得1999年美军轰炸中国驻南联盟大使馆吗?也许,很多人会说记得,但是,在我看来,我们根本就忘了。首先,北约这次行动根本没有得到联合国安理会的授权;其次,事后所谓"前南国际法庭"对南联盟领导人米洛舍维奇指控了60多项罪行,审了五年,也没审出什么结果。美国甚至拒绝批准其保外就医,2006年米洛舍维奇惨死狱中。这种以空袭打垮正规军、扶植反对派颠覆现有政权的手法,随后在阿富汗、伊拉克、利比亚都曾上演过。冷战结束后的20多年,美国的军事行动从来没有消停过。

我们总是指责美国是冷战思维,其实我们完全搞错了,这种危机意识从来都深植于美国精神,它不仅深刻影响了美国的国际政策,也时刻作用于美国的国内政策。在奥巴马的国情咨文中,2009年提到四次"挑战"、四次"威胁";2010年提到三次"挑战"、一次"威胁";2011年提到三次"挑战";2012年提到四次"挑战"、四次"威胁"。而在美国眼中,中国既是挑战,又是威胁。

让人担忧的是,面对危机四伏的局面,我们并没有危机意识,反而充满了错误思维,比如"非左即右"、"非公即私"、"宏观调控,微观搞活"以及"跨越式发展"(其实就是"大跃进"式思维)。就好像妄想症、迫害症与美国如影随形一般,这四种错误思维一直困扰着中国的经济建设和改革开放。

二、"非左即右"让改革发生严重偏差

"非左即右"导致中国经济的总体改革思路发生严重偏差。右对市场经济的错误理解,造成了今天一系列的社会问题,因此遭到"左"的反弹,而左右相争使改革陷入停滞甚至倒退。在实行改革开放以后,所谓"看不见的手"把一切推向市场之后的结果是什么?房改之后住不起房,医改之后看不起病,教改之后上不起学,退休之后养不起老。

我们对所谓的"看不见的手"非常痴迷。痴迷到什么程度呢?就连我们的菜市场都是市场化的。市场化的结果是什么呢?以上海为例,上海奉贤区五四农场生产的卷心菜卖到一级批发市场是三毛,当天卖到二级批发市场是七毛,也是在当天卖给消费者就成了一块二。从一级批发到二级批发再到零售,距离总共才一公里,价钱却从三毛钱涨到一块二。中间的九毛钱是什么?经过调研我们发现,相当一部分都是政府的税费,包括进场费、摊位费、工商税务费用、城管卫生费用等多如牛毛。

我们再看看我们的香港特区,香港有 93 个菜市场,谁是老板?香港政府。香港过去是英国殖民地,现在也称得上是世界上最自由的经济,但菜市场怎么会是香港政府持有的呢?我告诉各位,正是因为香港政府非常理解什么叫做市场经济。政府收购了 93 个菜市场之后,在这里卖菜的人只要交水电费和极少的摊位费就可以了,其他税费全免。所以,香港老百姓的日子还是比较好过的。10 年前香港老百姓要到内地的深圳罗湖"打酱油"。现在反过来,深圳老百姓到香港去"打酱油",为什么?因为香港物价便宜,尽管很多东西都是从内地运

过去的。

我花了 20 年时间研究马克思，直到最近才写成薄薄的一本《资本主义精神和社会主义改革》。最后得到一个非常震撼的结论，那就是马克思一生所追求的目标并不是共产主义本身，他真正追求的是和谐社会，其他都不过是手段而已。我们运用马克思的辩证唯物主义得出的另外一个非常震撼的结论是，人类历史是一部透过法治与民主控制权力腐败的阶级斗争史，法治与民主并不是一开始就明确的目标，是为了反腐败开展阶级斗争的结果。被誉为资本主义经济之父的亚当·斯密简直就是马克思的前身。在《国富论》里，亚当·斯密对于资本家剥削工人感到痛心疾首，同时他更感到痛心的是劳动者薪资的衰退。他甚至像列宁一样大力抨击英帝国主义，他说帝国主义不但剥削殖民地的人民，同时他自己的人民也被剥削。从亚当·斯密的书里我们看到的是一个彻头彻尾的社会主义者。

因此我们得出了一个结论——亚当·斯密和马克思是一样的，两个人都想达到和谐社会这样一个目的。不同的是，马克思希望透过阶级斗争打击腐败，实现民主与法治，达到和谐社会的目的；而亚当·斯密希望透过一只"看不见的手"杜绝腐败，维护社会的整体利益。那么，我想请问各位，亚当·斯密跟马克思谁是"左派"，谁是右派？如果各位跟我们的想法一致的话，那各位会发现他们既不是"左派"也不是右派。所以，我要给出自己的建议，我们一定要务实，千万不要把手段当做目的，为"左"而"左"，为右而右，只有这样，中国经济才有希望。

三、"非公即私"，僵化了经济，割裂了社会

"非左即右"造成的恶果之一就是形成"非公即私"的错误思维，进而导致我们习惯把所有问题都当成经济问题来解决。更糟糕的是，我们意识不到当今很多问题，比如国企改革、房地产调控等其实并不是经济问题，而是社会问题。

"非公即私"的思维不仅割裂了"国企和民企"、"政府与社会"、"经济与社会"的天然联系,也人为地造成了社会的对立。我告诉各位,任何一种产业,无论是国企还是民企,其实都能做好,关键是看我们如何定位和管理。任何一种事业,政府和社会都能办好,关键在于政府能不能公平有效地分配资源。

看看今天的英国,在经济领域里是资本主义,英国的电网、民航、石油、电信等等在撒切尔夫人时代都民营化了,而英国的金融、银行、保险等等一直都是私营的。但是,在社会政策领域里却是社会主义——医疗是免费的,教育主要是对外国人收费,房子有廉租房,有租房津贴,有按揭减税。

我们呢?我们很多应该公有的却比英国还市场化。我们坚持"非公即私",因此很多行业都不许私有机构进入。可遗憾的是,我们所谓公有的却被特殊的方式"市场化"。医疗机构表面上是公有为主,但是这些机构却一边拿着财政拨款,一边推行以药养医。教育机构表面上也是公有为主,但是很多公有学校一边拿着财政拨款,一边以各种名义收取填坑班、择校费这些极具"创新"的费用。那我请问,既然教育、医疗面对的都是老百姓,为什么我们不能给民营学校、民营医院提供平等的财政补贴?为什么不能给私立机构的教师、医师以平等的职称待遇?为什么我们就不能打破公私偏见?

我们大学的改革之所以怎么改都失败,其根源就是这种"非公即私"的错误思维。我们除了公办大学,就是私立大学。我们的公办大学花的是纳税人的钱,而主管官员都是政绩导向,不是在拼招生数量、校区面积,就是在拼本校老师发了多少论文、接了多少课题。而我们的私立大学竟然全是产业化,投资人从建校开始就想着怎么从学生身上捞钱,怎么控制成本。

可是,你去看美国,美国顶尖的大学没有一所是政府所有的,也没有一所是私人所有的,而是信托所有的。信托的资金来源是社会的支持、校友的捐赠,信托由独立的校董会来管理,校董会由校长、校友、老师和学生代表构成。美国政府最多通过科研经费和学费补贴来引导学校的发展,但是绝对无权任命校董,更无权干预学校聘任谁当老师。美国政府无论是对基础教育的补贴,还是对大学科研经费的拨款,从来不会因为你是私有的就歧视你,你是州立的就"厚爱有加";至于教师职称评定更是完全放权给学校,根本不像我们只给公立机构。

在基础资源领域,我们表面上强调要坚持公有制,实际上是一种偷懒,一种回避。我们习惯在产权上玩"花拳绣腿",我们喜欢承包、股份制这种企业层面的小改革,不喜欢对资源的产权体系、价格体系、分税体系、反垄断体系进行系统改革。我们航空企业的航班时刻、电信企业的无线频谱资源、能源企业的税费体系,还有电力企业的双轨制价格管控,这些重要的资源产权制度都有极为严重的改革偷懒。我们习惯把这些都笼统归为公有制,不仅造成了低效腐败,更是使我们的国企、民企都成了最终的受害者。

房地产最有意思,名义上是自由竞争的市场经济,但是,一级土地开发权被地方政府垄断着,建设用地指标被有关部门把持着。除此之外,我们在很多领域都有自己的特色,石油、铁矿石的进口大部分都被国有企业垄断,民航表面开放但是航线却被国有企业垄断,金融表面开放但是却以审慎监管为名始终不给民营资本真正的空间,连出租车这么个完全无关经济安全的行业竟然大部分都是公有。而这些领域,在人家那里都是彻底的市场化。

这些问题,我在本书的"序言"里就不多说了,各位读者可以好好读读本书的相关章节。我想说的是,"非公即私"的错误思维如果不得到改变的话,我们经济行为的社会成本就会非常高昂。国企能做好的就交给国企去做,民企能做好的就该允许民企去做;政府能做好的就由政府去做,市场能做好的,就让市场去做,社会自己能做好的就该允许社会自己去做;都能做好的,就该放开了让大家都去做。不要总把"公"与"私"对立起来,"公"与"私"本来就是一枚硬币的两面,凭什么把它们对立起来?

四、"宏观调控,微观搞活"成了新教条主义

我们的"宏观调控,微观搞活"已经僵化为教条主义。我们总说"宏观调控,

微观搞活",这就人为制造了宏观和微观的割裂和对立。我们爱说宏观调控,结果是很多人就把调控简单地理解为只有宏观就够了,"宏观调控"好像就是拨点预算、搞搞投资、加息减息、调调准备金、正回购逆回购这么简单。"微观搞活"就变成了微观层面什么都可以搞,于是,各地产业园遍地开花,食品安全屡出问题,但是地方政府却觉得这些只是微观问题,产业还是要扶持。"绿大地"从筹备上市到上市之后的财报一直蓄意造假,恶意圈钱3亿多元,被披露之后,不断有人找理由说它是地方龙头企业,这么做也是为了搞活经济。结果是,地方法院不对大股东本人罚款也就罢了,竟然只判了三年,而且还缓刑了四年!处罚之轻,在西方市场经济中根本是不可能发生的。

在欧美发达国家,政府干预经济的主要手段包括反垄断调查、行政法院体系、行业合规监管、价格听证制度、吹哨检举揭发制度、知识产权体系,而这些都没有在中国落地生根、发挥调控经济的作用,也没能成为维护经济公平秩序和市场竞争伦理的基石。

在宏观调控方面,我觉得我们政府最应该做的,是营造一个公平的营商环境,可是我们没有。我们留给民营的基本都是国有企业不愿意做的辛苦行业。我们的民营和个体企业现在都集中在四大产业:一是房地产及中介;二是批发零售和商贸物流;三是制造业及进出口;四是餐饮服务及农副产品。这些行业都是利润最薄、税负最重的。但是,我们的民营和个体企业却创造了85%以上的就业,吸纳了85%以上的下岗职工和农村劳动力,上缴了83.5%的税金。而从事这些行业的人这么辛苦地工作,却只存钱不敢花钱。我们应该给他们营造一个更加公平的环境,让他们敢花钱敢投资。

用"宏观调控,微观搞活"这种思维管理经济,最大的问题就是太过随意,没有科学性。我现在想起来都有点后怕。因为过去我们把很多该"搞活"的都给"宏观"起来了;把该"调控"的都给"微观"起来了。直到今天,我们在很多方面仍是这样。最具讽刺意味的是,在发达国家尤其是欧洲国家,地价和地产方面都是国家调控的重要领域。而我们呢,地方政府、国有房企和私营房企,都在积极地"搞活",其中地方政府"搞活"的力度最大。我们地方政府的很多行为在德国和法国都属于违法行为。我告诉各位,今天中国经济的很多问题就是地价和地产"搞活"造成的,包括制造业萎缩、服务业不振、高利贷、通货膨胀、贫富差距拉大、社会对立等。

五、"大跃进"式思维,扭曲了改革路线,不断地制造经济灾难

公路、风电、高铁这些项目一窝蜂地上马,都说明我们还是没有离开"大跃进"式的经济发展思维。我们喜欢从一开始就制定高目标、大目标,然后再动员一切可以动员的力量,来实现这个"大跃进"式的目标,甚至连动员口号都还是"大跃进"式的。比如几年前刘志军治下的铁道部天天喊着"跨越式发展";比如首钢搞世界最大的高炉——1 号高炉,到最后炼钢质量不过关,还亏损了 50 亿元。这不都是"大跃进"造成的后果吗?我们的产业振兴,比如十大产业振兴规划定下年产 50 万辆电动汽车的目标,因为得不到市场认可,一年产量才 7 181 辆,这不是在"放卫星"吗?

还有保障房建设,各地一窝蜂地开工,可是有没有人仔细想过,资金怎么周转、怎么回笼?本来挺好的政策,完全可以透过循环开发,持续十年造福亿万百姓,却非得一口气花光所有的钱,造成现在这种遍地开花、遍地停工的局面。我们总是以建房为目的,却忘了对于老百姓来说,最重要的不是现房,而是稳定的预期。

六、经济改革不能再"头痛医头、脚痛医脚",治理经济不能靠"运动"

经济改革不应该在原地打转,经济发展问题已经无法靠经济改革本身来解决,"头痛医头、脚痛医脚"式的经济改革已经无法解决现在的经济问题。"功夫在诗外",经济改革需要以社会改革和社会公平为突破口,重新进行设计。

我们迫切需要重塑经济改革的目标。这个改革的目标,既不是过去的效率

至上,也不是过去的一切以经济增长为中心,更不是只问经济增长的结果而忽视经济增长的方法和路径,我们需要的是以共同富裕为目标的、所有人都受益的经济增长。

我们不能再搞国富与民富的对立,不能再为了追求国富而牺牲民富,更不能为了经济增长而不顾社会公平和市场伦理。

国企不应该成为通货膨胀的帮凶,更不应该成为民营企业的杀手。

我们应该以"藏富于民"的理念重新构建国企的改革目标,让国企成为社会分红的基础,透过给民企减税等方式为民企创造好的营商环境。

中国经济改革正确的路线图应该是在公平的基础上实现共同富裕。

而这个"富"不应再被掠走,而是藏富于民,并且让富裕起来的老百姓能够得到政府"以民为本"的公共服务。我们要透过有效的预算改革,把钱花在民生保障上。让老百姓无需再为看病、上学、住房、养老发愁,让老百姓放心地把钱花在其他消费上,以此拉动内需。

我们希望能够形成一个庞大的中产阶层,这些人拥有大部分社会财富。

同时,透过这些人形成的强大购买力,为民营企业提供强劲的利润增长点。

企业赚钱后,就能雇更多人、发更多工资,然后这些钱又回到中产阶层手中形成又一轮购买力。

这样,无需政府大举投资,经济就会按照它自己的规律实现自我平衡,进而持续发展。

我们需要建立全新的经济治理方式。我们不能过分干预经济,不能成为市场的主体和参与者,干预多了就变成了政府在办市场,这是违反市场基本法则的。

政府要做的就是营造好的营商环境,尤其是知识产权执法、反垄断执法等方面。如果这些做不好,就根本不可能调整好结构,更谈不上创新。

为什么我们的食品安全问题频频发生?就是因为我们的思路是错的。在现有经济治理的思路下,对食品安全问题的治理只能沦为运动式的整治,这背后最根本的原因就是我们现有的经济体制里,只有零碎的物价部门、工商部门、卫生部门、食品药品管理部门、税务部门,缺少捍卫市场秩序的社会目标。我们更习惯把社会上的事情当成政府的事情来抓,而不习惯把市场上的事情还给社会自己来管理。

我们应该鼓励这些无良企业的内部员工,像美国那样能用《吹哨法案》来检举、揭发自己的企业;我们应该允许社会自己成立民间组织,关注和调查食品安全问题。与此同时,我们应该鼓励老百姓和民间消费者团体参与制定产品标准,而不是任由企业绑架产品标准,我们更不能期待通过几次"运动"就能把公平的市场秩序建立起来。

我们的分配政策也是如此。我们总有计划经济的思维,政府一看居民收入不高、内需不振,就要求调整分配,不断提高最低工资。这种漠视经济基本规律的结果就是沿海制造业企业痛苦不堪,少数有实力的企业向内陆转移,以此逃避沿海地区不合理的最低工资标准;而大多数企业只好无奈地裁员。我们这种靠政府来建立工资增长机制的思维是完全错误的。这样做的结果,是收入差距被拉得更大了而不是缩小!

我们的证券监管部门也在犯同样的错误。我们一提严刑峻法,就好像等于证监会要勤政吏治,搞几次运动、抓几个典型。可是这样做真的有效吗?学术界对全世界 49 个国家的资本市场研究发现,证监会这样借公权力执法,对资本市场发展基本没用。而有用的只有两个东西:一个是强制上市公司披露的越多越好;另一个是私人投资者,包括机构投资者,能基于虚假披露或者欺诈披露到法院起诉的立案门槛越低越好。

就拿重庆啤酒案来讲,一个卖啤酒的去搞疫苗,而且从头到尾都没有好好披露。证监会只是琢磨怎么修改披露规则,根本就没有考虑怎么事后问责。各位想想看,如果我们给予投资者足够的权利保护自己,支持大成基金把重庆啤酒管理层告到法院去,同时也支持大成基金的基民把大成基金管理层告到法院去。然后,给这些公司开出天价罚单,那别的上市公司还敢瞎玩儿什么矿业概念、新能源概念吗?

　　所以说,今天的中国经济已经到了最危险的边缘。而我们下一步要思考的是,如何化危机为机会。这也正是我和我的学术助手孙晋写作本书的目的。在此,我还要特别感谢我的另外一个学术助手马行空先生,他在数据和资料准备方面,对本书的写作做出了卓越的贡献。

目　录

第一篇　中国经济险象重重

第一章　中国经济总报告：衰退与套牢

一、正在经历的衰退

很多人并不知道中国经济现在有多么萧条！2011年中国GDP增幅下滑到9.24%，可能很多人觉得还好呀，只不过不是两位数增长了，但毕竟也还在增长嘛。可是，真实的情况是中国经济正在经受一场滑坡，除了这个统计出来的GDP和CPI，我们看到的实体经济数据全都在下降！投资、出口和消费，全都开始陷入大萧条。

先说消费。我就以人人脚上都得穿的鞋为例。最开始是中高端的李宁不行了，2010年就不行了，史无前例地关掉了五六百家店。接下来连匹克这种中端的也不行了，2011年关了100家店，2012年订单金额增长幅度明显下降，打回到2009年的低谷。当然，有人会说，销量不是还在增长吗？我告诉各位，这就是滞胀的可怕——表面在涨，实际在降，很多经济指标都因此失灵。表面上销售收入在涨，但是零售价格上涨的幅度根本赶不上成本上涨的幅度。于是，销量越增长，利润越萎缩。以安踏的鞋为例，销售价格上涨了15%，但原料成本上涨了20%。中国经济也是如此，表面上看，虽然不再是高增长但仍略有上涨，实际上却是在衰退。

匹克、安踏还算不错的企业呢，至少账面上还在增长。而根据中华全国商业信息中心统计，2011年8月份，全国百家重点大型零售企业各类服装零售量同比下降1.98%,这是近几个月来服装零售量同比首次出现下滑。和老百姓息息相关的服装产品多数呈现同比负增长,包括男衬衫、T恤衫、皮革服装、裤子、针织内衣、羊绒及羊毛衫,连表现一向稳定的女装零售量同比也出现下降。

我要提醒大家的是,千万不要相信一些专家所说的什么内需兴旺,因为这些人完全搞错了一个概念,就是"社会消费品零售总额",这种统计方法只考虑企业卖出去多少产品和服务,完全不考虑这个消费群究竟是政府、企业还是老百姓。各位要晓得,我们对社会消费品零售总额的统计数据中,相当一部分是"三公"消费。而真正能反映老百姓消费的地方是超市。从2011年9月份超市、专营店的销售情况看,同比增速分别比8月份下降了0.1和1.2个百分点。

再说说进出口。一年前我就发出了一个预警,就是经济一定会二次探底。2011年三季度我又再次发出预警。为什么?因为2叭1年9月份我们的出口出现了大幅下滑。对此,我们很多专家说这是短暂的下降,遗憾的是,这个所谓短暂的下降直到现在还没有停止。

更能预知来年中国外资冷暖的还有被称为"中国第一展"的广交会,我们看看短短几日展期的人流及签单状况。2011年广交会首日入场9.5万人次,是近几年最低的。而欧美采购客向来是广交会的主力,但这次成了"少数族裔",与往年展馆走廊里站满外国人的情况有天壤之别。再看看签单情况,最典型的是以机电、建材和化工产品为主的山东省。681家参展企业出口成交额仅为17.5亿美元,而其中276家企业根本没有成交,占山东省参展企业总数的40.5%。

二、敢不敢问自己:中国经济究竟在靠什么增长?

我们不得不面对一个冰冷的现实,那就是无论是出口还是内需其实都是"浮云",中国经济的高速增长只靠一种方式,就是近乎疯狂的固定资产投资。

就拿上海来说吧。上海经济发展的快得不得了,现在已经不仅仅是中国第一大城市了,而且是远东超级大都市。2008年、2009年上海经济总量先后超过了新加坡和中国香港,现在看来超过东京、纽约也是指日可待了。从统计数据来看,"十一五"期间,上海市国内生产总值从 9 247.66 亿元提高到 16 872.42 亿元。按可比价格计算,年均增长 11.1%。也就是说,这五年的 GDP 加在一起有差不多 6 万亿元。那大家晓不晓得这里面有多少是靠固定资产投资拉动的? 2.3 万亿元。什么概念呢? 就是说除去崇明县,上海砸在每平方公里上的投资竟然超过了 4.6 亿多元! 在上海市政府经济形势分析会上,他们自己也坦言:"依靠大规模投资驱动经济增长的模式已经不可持续。"

什么叫不可持续? 不过是和"负增长"一样的委婉说法,真相就是在全面下滑。2011 年 1—11 月份,上海完成全社会固定资产投资总额 4 350.5 亿元,比 2010 年同期下降 0.9%,其中 5 月份比 2010 年同期下降 5.7%。不仅上海如此,我这里还有全国的数据。据国家统计局数据显示,2011 年 11 月份全国固定资产投资环比下降 0.19%;交通运输部的数据显示,2011 年 1—11 月份,全国公路水路固定资产投资同比增速下降了 7.8 个百分点。

为什么不可持续呢? 各位有没有想过这些投资的钱是从哪里来的? 国有银行! 所以,如果国有银行不行了,那么这场"盛宴"就散席了。可怕的是,这一天还是到来了:2011 年 11 月 15 日,中国建设银行发布公告称,美国银行于 11 月 11 日和 14 日以协议转让方式向几家机构投资者转让约 104 亿股建行 H 股股份。此次转让后,美国持有的股份占建行总股本的份额由 2008 年的 19.13% 下降至 0.86%。这样对比下来,美国银行等于完全离场了。

为此,《人民日报》在 16 日发表了一篇文章《美国银行缘何减持建行股》,算是一个官方回应:"减持主要由于美银自身原因……原来,11 月 4 日,国际金融监督和咨询机构金融稳定理事会发布了全球 29 家系统重要性银行名单,这 29 家银行将被要求额外增加 1% 至 2.5% 的资本金。据初步估计,包括美国银行在内的 8 家人围大型银行将可能需要提高核心资本充足率到 9% 以上。……从这些数字上看,美国银行的确需要补充一级核心资本。"当然,你懂的,这个说法根本靠不住。李嘉诚、淡马锡、英国苏格兰皇家银行、瑞士银行都减持了中国银行。摩根大通银行和德意志银行都减持了农业银行,高盛和摩根大通银行都减持了工商银行。要知道,摩根士丹利的核心资本充足率为13.1%,英国苏格兰皇家银行为11.3%,高盛为12.1%,摩根大通银行为9.9%,没有一个不在9%以上的。

三、国有四大银行:你们还能挺住吗?

国际货币基金组织和世界银行2011年11月15日公布了《中国金融体系稳定评估报告》和《中国金融部门评估报告》。这个报告的结论非常有意思,如果你看中国媒体对此的评论,都说是"总体稳健";但如果你看路透社,结论正好相反——"存在系统性风险"。原话如此:中国的信贷、房地产、汇率和债务问题若单独来看,都还处于可承受范围,但这些问题如果一起发作,将令中国国内大型银行面临系统性风险。

那么,建设银行究竟出了什么问题?我告诉各位,最根本的还是贷款,而且是贷款的风险失控。我们可以做一个总结,本来4万亿来了,建行就开始失控,特别是2万亿的高铁信贷让建行步履维艰,而1000万套保障房项目之后,建行就生死未卜了。

我们先看下建行2010年的年报,房地产业贷款4000亿元,建筑业1500亿元,加起来只有5500亿元,还不到4万亿的15%。但是我发现一个很有意思的问题,建行的分类标准是按照统计局来的,统计局非常有创意,在统计局标准之下:

第一,钢筋水泥都算制造业企业,这些企业建行给了9788亿元贷款;

第二,钢筋水泥修建的铁路、公路算作交通运输业,这个行业建行给了6500亿元贷款;

第三,电力基础设施建行给了5200亿元贷款。

这三个行业每一个都比房地产贷款要多。更有创意的是,我们统计局搞出一个叫做租赁及商业服务业的行业,我研究了很长时间,才明白这个其实指的是企业总部。换句话说,不管你下面的子公司是钢筋水泥还是电力公路,你这个母公司的贷款都归类到商业服务业,建行给这个行业的贷款是3 600亿元。除此之外,还有公共设施管理业,建行给了2 160亿元的贷款。

上面列举的这五个行业,再加上本来的房地产和建筑业,建行发放给整个固定资产投资的贷款在3.27万亿左右,占到了建行贷款的82%。这只是我估算的广义数据,那建行的官方狭义数据是多少呢?建行财报里说给基建的贷款有1.77万亿,占到建行贷款的45%。看来,建行还真是名副其实的"建设"银行。

大家是不是感觉有点乱?那我换个简单点的说法。按照统计局或者建行财报上面的标准,我们见到的上海虹桥火车站的贷款算是基建贷款,而贷给南车、北车这种制造业企业的都不算,给铁道部的也不算,给配套的电网贷款也不算,给这些企业控股公司的授信贷款还是不算。在这种标准划分之下统计出来的数据,还能如实反映风险吗?

更严重的是什么?所有人都知道铁道部还不起钱了,所有人都知道铁道部从资本市场无法融到资了,可是,建行对于铁道部这个最大借款人的风险却视而不见!铁道部说自己的总负债是2万亿,可是,我不知道为什么在建行的财报上显示的却是,最大的借款人:名称,客户A;所属行业,铁路运输业;贷款金额,2 105.9亿元。这怎么可能?仅仅是京沪高铁一个项目,铁道部就向银行借了将近2000亿元!还有更让人担忧的,工、农、中、建四大国有银行2011年中期业绩出炉,四大国有银行针对铁道部单一集团客户授信集中度接近15%监管红线的事实开始浮出水面,但四大行却异口同声地表态:和铁道部的合作不会停止!

四、从铁道部到地方政府:中国经济已经深陷债务危机

铁道部其实就是整个中国经济发展模式的缩影。我在2011年的春节就发

布了铁道部的财务预警！当时的铁道部还在"大跃进"的狂欢之中，没有人听，他们不但找我麻烦，找我节目的麻烦，还郑重其事地开新闻发布会反驳我，说什么资产负债率不高，财务还很健康，和我这个财务专家叫板。结果不到一年，在资本市场发债受挫，没办法只好"作弊"，在财政部碰了一鼻子灰以后，竟然故意曲解发改委的文件，创造出"政府支持债券"这么个新名词，硬把它说成是有中央财政支持来忽悠资本市场。

媒体报道说"铁道部向国家求援 8 000 亿元，希望财政支持 4 000 亿元，同时发债 4 000 亿元，以使铁路建设顺利推进"。铁道部公开回应说这个报道纯属谣言。那到底是不是谣言呢？从财务报告上看，36 家与高铁相关的上市公司，应收账款合计是 2 491 亿元。

何以至此呢？在回答这个问题之前，我先问大家一个问题：给你一笔资金来做投资，你会怎么投？我想就算你没读过 MBA，你也懂得手里要留有周转资金，分期开发，保障一期竣工以后能收回现金了，再投下一期项目。你一定不会把所有的钱用来同时开工十几个项目，到后来没钱了再到处去借。

但是，我们的铁道部也好，地方政府也罢，都比你有创意，他们的习惯就是把所有资金加贷款一股脑全砸进去。2008 年国家的 4 万亿投资计划中，计划投资到铁路上的大概是 1.2 万亿。结果，铁道部一口气投进去 2.4 万亿，全国 4.1 万公里铁路一起上马；一口气开工建设 1.6 万公里高铁，砸进去 1.6 万亿；同时又开工建设双线电气化铁路 2.5 万公里，至少又砸进去 7 500 亿元。所有的钱全砸进去了，没钱了怎么办？等国家拨款，向银行借债。

这样做的后果是什么？就是一旦国家投入减少，很多在建项目立马陷入困境。2011 年 6 月份的时候，国家开始重新思考铁路规划，决定放慢速度，削减对铁路的投资。这里我得为政府辟个谣，政府可不是在温州动车事故之后，而是在那之前就已经考虑修改计划了。早回应我的预警多好，没准儿铁道部还能"软着陆"。结果是：国内多条铁路面临资金短缺被迫停工，停工项目占到所有铁路项目的 90% 以上。

铁道部搞"大跃进"的是高铁建设,那么地方政府在搞什么呢?公路、机场和交通枢纽。让人担心的是,地方政府的债务危机比铁道部来得还猛烈。大家不要闲着没事儿看欧洲和美国的热闹了,因为我们"中国版"的债务危机早已经爆发了。这个危机就是云南省的融资平台发生了严重的债务危机,这不是一连串个别的危机,而是一连串具有连锁反应的债务危机,云南发生危机的同时,全国各地的债务融资平台都发出了警报。首先是云南公路千亿贷款已经发生技术性违约,经过云南省政府和四大国有银行的紧急磋商与协调,才避免了危机的爆发。之后,云南省政府自己悄悄搞重组,不幸的是重组中导致发行的债券又险些发生违约,这些债券包括"10 云投债"和"11 云南铁投债"等企业债和短期融资券两个品种的 7 只债券。而云南省政府早在 2011 年 4 月 26 日召开常务会议时就决定组建云能投了,可是 3 个月后才披露这个信息。

其实,不仅仅是云南,同期四川债务平台也出现了严重问题。2011 年 5 月 31 日,银行间市场交易商协会作出了史上最严厉的惩罚,对"10 川高速 MTN1"、"10 川高速 MTN2"两单中期票据的发债主体——四川高速公路建设开发总公司处以警告和注销其剩余 10 亿元发债额度的处罚。原因就是一个融资平台发出来的债务还不起了,竟然在不征求债权人同意的情况下,就随便划转给自己的另一个融资平台。类似的还有"09 哈城投债"、"10 广州建投债"、"10 华靖债"等等,都是发债主体还不起债了,在未经投资者同意的情况下就被野蛮划转。

我们目前城投债发债主体有 483 个,经营现金净流量为负的主体占比为 33%。这一比例较 2009 年末上升了 18%。结果,城投债出现恐慌性抛盘,自 2011 年 7 月 8 日开始,没有一只城投债发行。一级市场企业债发行也被迫暂停。此前,每周企业债发行数量一般达 2—6 只。而涉及的"10 云投债"暴跌 1.83% 至 94.1466 元,对应加权平均收益率为 6.62%,已经高于同期的 6 个月贷款利率 6.10%。可见,这让银行间市场的机构投资者恐慌到了什么程度!

那全国这样的地方债务平台究竟欠了多少钱呢?不好意思,郎教授我能力有限,我也没法给出一个准确的数据,因为我们的统计数据发布都像 CPI 一样,只告诉你一个结果,没有过程、没有方法、没有口径定义。我能告诉各位的是三个政府部门的统计数据,透过这三个数据看看都存在什么问题。

第一个数据来自于银监会的统计,地方政府融资平台贷款的规模约为 9.1 万亿。第二个数据是国家审计署 2011 年 6 月份公布的,地方政府债务总额为 10.7 万亿,这里面透过融资平台公司产生的债务是 4.97 万亿。第三个数据来自于央行于 2011 年 6 月 1 日发布的《2010 年中国区域金融运行报告》,报告中提到"各地区政府融资平台贷款占当地人民币各项贷款余额的比例基本不超过 30%",以 2010 年底全国人民币各项贷款余额 47 万亿乘以 30%,可以推算出各地区政府融资平台贷款总量为 14 万亿左右。当然了,央行矢口否认这个推算方法和结论。可我就好奇,央行既然要澄清,为什么不顺便披露一下各地区政府融资平台贷款究竟是多少呢?

国内现在引用最多的是国家审计署这个 10.7 万亿。可是这个数据是有问题的。第一,央行尽管坚决地自我否定,但是审计署说,审计涵盖了 6 576 个融资平台,而央行所说的数字为约 10 000 个。第二,就算平台没有遗漏,可是具体到每个平台的债务可能被低估了。为什么这么说呢? 审计署说,中国共有 6 576 家地方政府融资平台公司,债务总额是 4.97 万亿。但是根据彭博新闻社对中国 231 家地方政府融资平台公司截至 2011 年 12 月 10 日的债务进行的统计,发现这 231 家地方政府融资平台公司的债务总额为 3.96 万亿。按道理来讲,这 231 家不过是所有平台公司中的 3.5%,但是债务却占了 80%。或者换个角度来看,没被抽样调查的 96.5% 的平台公司竟然只占不到 20% 的债务。

五、从地方债到保障房:企业和股民被系统性套牢

如果你认为地方债危机只是地方政府的事情、铁道债危机只是铁道部的事情,那你就大错特错了。固定资产投资拉动了所有产业在过去这些年的高速成

长,可是在今天却导致中国几乎所有相关企业都被套牢。我就以两个产业为例好了,一个是有色金属,另一个是钢铁产业。

图1-1　2008年9月—2011年11月上海铜期货价格走势图

我先说有色金属产业中最具代表性的电解铜。铜价的起伏和高铁的发展基本保持一致。2008年底我们开启4万亿投资,其中将近一半投给了铁路,这时候的铜价为25 800元/吨(图1—1)。2009—2010年铁路总投资分别为7 013亿元和8 240亿元,结果铜价一路上升,到2010年12月30日已经涨到69 300元/吨。按照"十二五"规划,未来5年间铁路投资将达到3.5万亿,比"十一五"的2.2万亿增加了50%还多,所以铜价再一次快速上涨,到2011年2月15日达到最高点74900元/吨,之后一直在高位徘徊,直到2011年7月底。

大家注意到没有? 2011年7月末铜价先有一个短暂下挫,从7月30日的72 150元/吨在10天之内下跌到64 650元/吨,下跌了11%。很多人都把这当成对"7·23"温州特大铁路交通事故的反应,其实不是。在这之前中央就已经开始削减铁路投资了,铜价的下跌是必然的。2011年6月份铁路投资额582亿元,7月份443亿元,8月份353亿元。而在过去两年,基本上每月的投资额都在 1 000 亿元以上,如果你能意识到这一点的话,"7·23"之后赶快把手里囤积的铜抛掉还来得及。

但是很遗憾,我看到很多人在媒体的蛊惑下"趁低吸纳"。结果呢? 铜价从 2011 年 9 月 9 日的 67 950 元/吨下跌到 9 月 29 日的 52 750 元/吨,20 天下跌幅度达 22.3%。无数人被套牢了!

钢铁市场也一样被套牢。这个"套"就是 1 000 万套保障房,最终这个神话被地方债危机所终结。2010 年 11 月,住建部透露消息称将要建设 1 000 万套保障房。随后螺纹钢价格开始飙升,由 2010 年 11 月 2 日的 4220 元/吨一下子上升到 2011 年 2 月 12 日的 5 000 元/吨,两个月升幅达 18.5%。但是,直到 2011 年 2 月份,专家学者们才开始讨论 1 000 万套保障房需要 1.4 万亿,钱从哪里来? 各大媒体都开始质疑我们能不能按时完成。这种情绪迅速在螺纹钢价格上反映出来,从 2011 年 2 月份的 5000 元/吨 20 天之内下跌到 4670 元/吨。

从 2011 年 3 月 10 日开始,相关部门终于坐不住了,住建部门公开解释说,1.4 万亿,中央负责 1 000 亿元,地方政府负责 4 000 多亿元,剩下 8 000 多亿元由社会筹集。市场对此反应很平淡,钢价仍旧在低位徘徊。随后,各种各样的强制性政策不断出台,比如,建不好保障房不能盖办公楼。4—9 月份,在不断的政策措施刺激中,螺纹钢价格保持在 4 900 元/吨上下波动。

很明显,我们是在饮鸩止渴,9 月份之后市场终于撑不住了,虽然表面上各地保障房开工率上去了,但是很多地方是打个桩、放一把鞭炮就算开工了,至于什么时候竣工,中央没要求。市场需求下跌,螺纹钢价格由 9 月 1 日的 4 890 元/吨跌到 11 月 1 日的 4 320 元/吨。钢价被彻底打回原形,回到了保障房新闻发布之前的价格。国内大量钢企停产,钢铁贸易商大多在政策呼声最高的时候进货,结果被套牢了。

到这里我们可以做个总结,4 万亿推出之后最为受益的板块——有色、钢铁、银行、基建都被打回原形,事实证明 4 万亿是白忙活一场。买入这些行业股票的股民全部被套牢,现在这些公司的股价比每股净资产还低,比如宝钢股份每股净资产5.98元，可是股价却只有4.88元，从纯粹的财务角度来说，还不如把这些企业全都破产变卖了，以补偿股民一些损失。

六、也许就要陷入日本式的三十年大萧条

各位还记得日本当年经济发烧的时候是什么状况吗？我告诉你，和我们今天差不多。但是日本没有搞所谓的电动车，也没有一边拆高炉一边建高炉，一边修电厂一边炸电厂。我们都晓得日本陷入"失去的三十年"，其导火索之一就是1987年美国股灾，导致大量资金逃逸。当时日本经济从表面上看非常好，持续51个月GDP连续增长，日经指数在1989年达到顶峰。但是地价和股价泡沫越吹越大，最终在1992年破灭，日本经济开始陷入长期的萧条。日本人还不好意思承认自己的萧条，他们对此起个名叫什么呢？"平成不况"，其实就是经济衰退的意思。遗憾的是，到现在日本还处在"平成不况"之中。

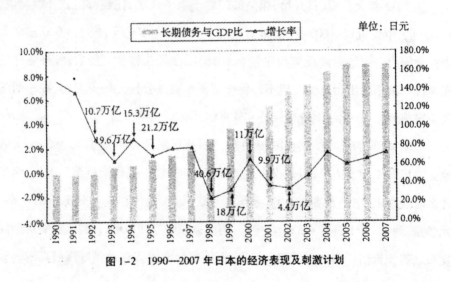

图1-2　1990—2007年日本的经济表现及刺激计划

我们看图1—2上的折线，从1990年开始GDP大幅下跌。那么，当时日本政府是怎么挽救经济的呢？他们采取的方法就是靠大规模财政支出和降低利率来不停地刺激经济。前前后后共实行了9次大规模的刺激对策，其中有7次

规模高达 10 万亿至 18 万亿日元,总规模高达 136 万亿日元,接近 GDP 的三分之一。再贴现率从 1991 年 7 月到 1993 年 9 月,连续 7 次下调,从 6% 一直降到 1.75% 。到 1995 年日本稍微缓过气来,但是刺激政策并没有停止,再贴现率当年又两次下调,一直降到了 0.5% 。1997 年亚洲金融危机爆发,日本又接二连三地开始刺激。1998 年日本政府两次实行综合经济对策,共动用了 40.6 万亿日元的公共资金,但是当年,日本企业破产 18 988 家,创历史之最。之后,日本政府又开始大规模减税,调整土地、雇佣和中小企业方方面面的政策。

结果,日本政府刺激一次,经济就出现短暂复苏,但是退出刺激就下滑。长期来看,公共债务支出让日本政府财政状况日益恶化。事实证明,采取这种"注射强心剂"的办法,并没有让日本经济真正好转。整个 20 世纪 90 年代,日本实际 GDP 增长率只有 1.1% 。同时,因为大规模的刺激政策,导致日本的财政赤字节节攀升,长期债务在 GDP 中的比重从 1992 年的 51% 增长到 2002 年的 136% ,后来竟然超过了 200% ! 大家可以看看图 1—2 上的灰色柱状图,趋势是一直向上的。如此沉重的财政债务是根本不可能在短期内解决的。

按照 2009 年的数据计算,日本的政府债务几乎已经无法偿还。2009 年日本 GDP 约为 480 万亿日元,经济增长率按照 2% 计算,每年最多增加 10 万亿日元,扣除社会保险和租税负担,按照 25%—30% 计算,每年增加税收不过 2.5 万亿到 3 万亿日元。如果扣除经济增长和长期利息变动相抵的部分,偿还目前的 880 万亿日元债务需要 300 多年!

我讲了这么多日本的问题,目的是想说我们就别再盗用凯恩斯主义了,凯恩斯要是知道他的理论如此贻害后人,可能都会把自己的著作付之一炬。日本这失去的 30 年告诉我们一个非常简单的道理:财政刺激、低利率、政府举债投资,统统无效。恰恰是因为这么瞎搞,经济底子会越来越虚,距离走出萧条也越发遥远。

最后我再总结一下。透过我的分析,各位应该能清楚地看到中国经济的大格局——出口不行了,内需没起色,投资没钱了。首先,出口难以为继,贸易顺差迅速下降,甚至偶尔会出现逆差,传统的出口产业,如IT产品、机电产品乃至劳动密集型的加工贸易,都因为外部需求不振、内部成本高企而陷入萧条。其次,内需毫无起色,一些行业在滞胀之下,成本上涨的幅度远远高于销售上涨的幅度,所以销量在增,利润在降。当然,客观地讲,出口和内需一直也不是GDP的主力,我们真正的主力一直都是投资,而且是政府领投的基础设施和房地产,当然还有工业投资,但是大部分工业投资也都是围着基建而不是民生内需转的。之前,我们投资用的钱是从哪里来的?都来自我们老百姓。因为老百姓不敢消费,所以把钱都存到银行里去了。而这些钱经银行之手被转给了地方政府和房地产开发商。这些人花起钱来大手大脚,搞起项目不是"大跃进"就是"放卫星",一口气投完改革开放30多年积累的家底。等大家发现都没米下锅了,才看到遍地都是半拉子工程。4万亿拉动起来的行业基本都被打入谷底。我们应该明白一个道理,经济周期不比季节周期。对于季节周期,冬天来了,春天就不远了。可是经济寒冬之后,却可能又进入另一个冰河世纪。如今的大萧条,正是过去几年"大跃进"所要付出的代价。如果我们还指望靠这条老路走出危机,最后只会陷入日本式三十年萧条。

第二章 中国经济发烧了:诊断中国大通胀

一、之前预言的"三个精准打击"——楼市、股市、民企——应验

201 1 年初,我冒着非常大的风险告诉大家这一年宏观调控的主线就是"三个精准打击"。什么叫精准打击呢? 就是说打击的核心目标不是价格本身,而是交易量。到现在来看,可以说是一一应验了。

为什么我能预测得这么准呢? 因为诊断宏观经济,就和中医号脉一样,最重要的是看你是不是清楚内在的机理和相生相克的矛盾。中国经济在 2011 年初最大的病灶是什么? 就是 4 万亿及其后的十大产业振兴方案。这个是一切预测的基础,因为这一年我们所有的调控都是以此为核心的。我要提醒各位注意的是,我们首先要搞清楚实施这一方案的钱是从哪里来的。答案很让人担心,这些钱都是靠印钞票得来的。我们印钞票的速度快到让人不敢相信。

这样做的结果就是通货膨胀的到来,这个预警信号是什么时候发出的呢? 我们看看官方数据,2010 年 10 月,通货膨胀率在 24 个月内首次破 4,11 月破 5。与此同时,央行启动三年来首次加息。到这里,我们应该明白,2011 年最重要的事情是防止通胀失控,全面收紧信贷。但是因为地方政府和国有企业欠了一屁股债,所以只能想办法把其他的资金收住。而其他资金的三个大头自然是楼市、股市和民间投资信贷,只有这三个领域都不敢投资了,资金才能留在银行里,这样既能控制通货膨胀,又能给地方政府和国有企业以信贷接济。而如果

楼市垮掉,受累的首先是国有银行而不是老百姓,而国有银行因为有大量坏账,所以又必须依赖股市补充资本金。这就是 2011 年中国经济宏观调控的基本格局。

二、中国式通货膨胀的机理

因此,用一句话来总结 2011 年,就是强咽通胀之苦。可以说直到现在,我们才完全搞明白 2010 年底中央经济工作会议的真正意思,重点是"加快推进经济结构战略性调整,把稳定价格总水平放在更加突出的位置"。什么叫稳定价格总水平,什么叫经济结构调整呢?现在看来,就是以自上而下的产业链通胀来强咽苦果。

我先跟大家讲两种通货膨胀。一种就好像第三次国内革命战争末期,国民党政府直接印纸币来买粮食买日用品,老百姓会发现过去是 100 块钱对应 100 斤大米了,但是在多印了 100 块钱纸币之后,就变成 200 块钱对应 100 斤大米了,这样物价就会翻一番。这种通货膨胀是立竿见影的,从下游开始直接影响到老百姓。

另一种通货膨胀更为高明,就是反过来从上游开始,印 10 万亿的纸币来建造高铁、高速公路这些项目。这就需要在短时间内制造很多的钢筋水泥机械。怎么办呢?扩大产能。但是扩大产能的过程又产生新一轮的钢筋水泥需求。而所有这些都靠印纸币来支持,因此我们就多印了 30 万亿的纸币。表面上,这些多印的纸币没有用来买粮食和日用品,而是用来支付基建项目,所以不会影响到老百姓,这也是为什么有学者说 4 万亿基建投资不会导致通货膨胀的原因所在。但是这种说法是错的,错就错在,企业的利润和工程的腐败最终都进入了个人腰包,这笔钱还是会进入流通领域用来购买粮食和日用品。这种通货膨胀就像大水漫灌一样,它不是立竿见影的,但是只要哪里的物价低哪里就会像洼地一样被迅速灌满。最终所有的物价和所有的消费偏好都会被重构。

第二种通胀高明在哪里呢？首先比较隐蔽，因为对于第一种通胀，老百姓手里的钱是足值的，而国民党政府手里的钱是多印的，所以大家很容易发现通胀的源头是国民党政府。可是对于第二种通胀，与4万亿配套的相关国企员工和地方政府官员手里的钱是多印的，但是你很难直接觉察到，你感觉到的不是通货膨胀，而是分配不公，你觉得是他们的待遇比你好。

结果是更有钱的这些人变得对物价不那么敏感了，这样就会产生第二种现象：一部分物价先涨起来，而且涨幅也比较大，比如豆油。可是一般老百姓呢，也不是就不给你出路了，你可以购买价格没涨那么多的商品，比如说调和油，这个比较便宜，那我们老百姓就多吃调和油。所以你最后比较一下就会发现很无奈，一般老百姓越难割舍的东西，涨价越厉害。比如说，一开始虽然只有少数人能够负担得起6块钱一斤的苹果，但是真的涨到这个价格了，一般老百姓也不能说就完全不吃了，到最后，还是要接受这样的价格。

我们再推广来看，像苹果这样的商品还有很多，比如衣服，特别是棉衣。夏天衣服可以少买，但是秋冬的风衣、棉衣总得买吧。北京各商场内的高中档品牌秋季新款外套，标价动辄上千元，市面上基本找不到500元以下的风衣。国产女装的涨幅甚至超过了进口女装，平均达到10%，个别品牌的涨幅甚至超过了30%。

因此，我们总结商品涨价有三个硬性条件：第一，少数人对这个价格一点都不敏感；第二，大部分老百姓无可奈何，最多只能少买但不能不买；第三，供给是有限的。那么，有什么是满足这三个条件的呢？表现最明显的就是垄断行业！比如机票的燃油附加费，2011年调高了几次，甚至就算年中油价大跌的时候，航空公司仍然搞特殊，将800公里以下航段燃油附加费下调至70元，800公里以上航段该附加费维持不变。为什么？因为800公里以下要面对铁路的竞争。还有油价，2011年我们的成品油价格飙升得有多厉害，相信各位都应该有所体会。可是，在油价提高几次后竟然还闹油荒！各位想想看，汽油和柴油是一起从原油里炼出来的吧，可是汽油从来不荒，柴油却年年闹油荒。为什么？答案很残酷,因为柴油车要不然是运货运菜的,要不然就是无权无势的大客车。

到这里,我们可以总结一下通货膨胀发酵的三大阶段:第一阶段,上游印票子,带动大宗商品和工业制成品大涨;第二阶段,上游的票子以利润和灰色收入的形式窜入了下游,带领豆油、苹果、鸡蛋、猪肉、服装乃至城里的租金进入疯狂上涨时代;第三阶段,在大家都发现钱不值钱之后,垄断企业带头把钱不值钱的这部分商品的价格涨上去。那么最后呢?在全面卡紧信贷后,第一个被刺破的泡沫就是大宗商品泡沫。也就是说,纸币超发是从上游开始的,也是从上游开始撤去的。所以,2011年可以说是大涨价的一年,也是大洗牌的一年。

三、猪肉告诉我们:物价再也不会降下来了

2011年中媒体铺天盖地报道猪肉价格的暴涨,看得我都有点不明白了。按媒体的说法,好像我们的猪肉价格是一天之内或者一个月之间忽然升高的。我们有些网站给出了很多惊悚的数字,比如说一个月内猪肉价格暴涨50%。实际上呢?根据商务部的监测数据,全国36个大中城市鲜猪肉批发价格在过去的6个月里涨了19.2%,过去12个月里涨了50%。透过这个数据,我们发现一个特点:猪肉价格是非常平稳的一点点走上来的,结果加在一起之后就很恐怖。我当时在电视节目里就说:猪肉价格告诉我们真实的通货膨胀正式到来了,所以,猪肉价格再也不会降下来了。

到了2011年10、11月份,猪肉价格终于"下滑"了,环比降幅分别为1.3%、6.2%。但是我要告诉各位,11月份猪肉价格为28.12元/公斤,比上年同期上涨31.8%。通过与2007—2010年四年平均水平对比来看,2011年猪肉价格上涨走势异常突出,即便在春节过后的传统消费淡季仍呈上涨势头,且远高于前四年平均水平。

大家从图2—1中发现什么趋势没有?每年夏天都应该是肉价比较便宜的时候,2008年如此,2009年如此,2010年也是如此。可是,唯有2011年是个例

外！为什么？想必各位看到过跟我不同的说法，但是我可以负责任地告诉各位，你们看到的大部分分析都是错误的。

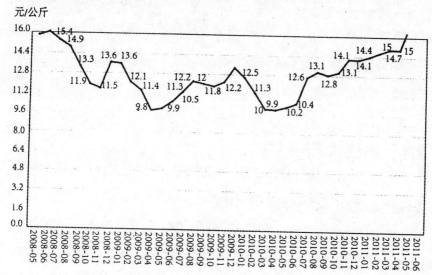

图2-1　2008年5月至2011年6月北京市生猪平均报价

谬误一：猪肉供给不足

商务部针对这次猪肉价格上涨召开新闻发布会，发言人姚坚分析猪肉涨价的原因是2010年肉价太低，养殖减少。但起初的情况是怎样的？我这里有一组数据，根据国家统计局的统计，2011年一季度，生猪出栏2.3亿头，比2010年同期增长2.5%；猪肉产量1 773.4万吨，增长3%，猪肉供应来源充足。我们看到的民间的猪肉价格网统计的结果与国家统计局的数据是完全一致的，也就是说，猪肉的供给一直在增加，而不是减少。

谬误二：疫病导致生猪供给不足

不少媒体都说：2010年以来，高热病等疫病造成大量生猪死亡，使得母猪的产仔率、仔猪的成活率都很低，许多散养户没有能力再补养母猪。推翻这个结论其实很简单，就只看国家统计局的数据——猪肉产量同比增长3%，就知道疫病的影响是非常有限的。我不想再做推理了，就直接看数据吧：根据农业部公布的最新数据,截止到 2011 年 5 月底生猪存栏量是 4.528 亿头,而 2010 年同期生猪存栏量仅 4.3 亿头。这说明生猪是增加了,而不是在减少了。民间的猪肉价格网对此的统计结果也是与农业部完全一致的。也就是说,生猪和母猪存栏量都是在增加,而不是在减少。而且,母猪存栏量最低的是 2010 年夏天,但是 2011 年的猪肉价格远远比 2010 年高得多。在这里,我补充个农业常识:生猪出栏仅仅需要 4 个月。因此,我们可以顺便排除 2011 年"3·15"双汇事件的影响了。

谬误三:饲料的价格大幅上升

我们商务部发言人姚坚解释的另一个原因是,养猪的饲料——玉米价格同比上涨 9.8%。那好,我们一起来做个计算吧:

2010 年 5 月北京生猪价格为 10 元/公斤,2011 年 6 月为 20 元/公斤,上涨 100%。2010 年 5 月东北玉米价格为 1 800 元/吨,2011 年 6 月为 2 050 元/吨,上涨 14%。一头猪长到 100 公斤,要吃 550 公斤的饲料,玉米价格上涨 14%,平均一头猪多花费 137 元。也就是说,生猪价格一公斤应该涨 1.37 元。但是,实际上生猪平均一公斤价格涨了 10 元!

谬误四:养猪成本大幅上升

当然,饲料占了猪肉 60% 的成本,还有 40% 呢?我们先不说北京 100% 的涨幅,就按全国平均 50% 的涨幅来说,余下 40% 的成本必须翻番才行。可是,我们的电价、水价、劳工价格虽然都在涨,但是没有达到翻番的程度吧?

更为重要的是,如果价格上涨完全是成本推动的,那么猪农的利润肯定要大幅下降。但实际情况却恰恰相反:从 2010 年年中开始,生猪价格进入稳定上涨期,打破以前每四个月一次调整的规律。随着生猪价格的上涨,每头猪盈利先后突破 100 元、200 元关口,而在 2010 年 11 月期间,每头猪盈利突破 300 元。2011 年,生猪养殖盈利情况进一步提高,每头猪能盈利 600 元。从经济学角度上讲,成本上涨只可能导致利润下降,而不是持续上涨。

因此,供给没有问题,疫病影响有限,饲料成本仅是小幅上升,甚至猪农的利润是在上涨而不是在下降。由此,我们不得不得出一个结论,那就是物价本身涨了,同样一斤猪肉,过去标价是 7.5 元,现在是 11.2 元,猪肉本身其实并没涨价,只是你手里的钱不值那么多钱了。

四、中国式通胀下的中国式宏观调控

猪肉连续涨价意味着通胀即将失控,失控是什么概念呢? 我们看看印度的情况,印度央行行长表示:"大家都希望通胀能够降下来,但是财政部和央行都没有所需要的魔棒来降低通胀。"一年半的时间里,印度央行已经试图通过 10 次加息来抑制通货膨胀,但是印度通货膨胀率依然保持在 9% 左右。

印度为什么会通胀失控呢? 我先给大家解释一个经济学术语,叫做"螺旋式通胀"。它是什么原理呢? 起初是食品价格上涨,老百姓就不满,工人就不高兴,就要求加工资。但是,工人工资的上涨反过来就造成需要大量劳动力的制造业和农业成本上升,这样的话,生活必需品的价格肯定又要上涨。结果就是进入新一轮的工资上涨。由此恶性循环,到最后,政府也好,企业也罢,都控制不了了。

我们政府当然知道通货膨胀失控的可怕,所以,改革开放三十多年来,我们从来都是毫不犹豫地以牺牲经济为代价,全面打压通货膨胀。在改革开放 30 多年里,我们每次通胀的原因基本都是货币超发,这次也不例外。我们首先回顾一下曾经经历过的三次通胀。

1985 年第一次通胀。通过压缩基建控制。几年内货币流通量增加 63.3%,大大超过了同期工农业生产总值增长 16.6% 的幅度。当时,通货膨胀达到 6%。解决这次通胀的方式为改革开放之后历次通胀的解决埋下隐患,就是扩大货币发行量。同时,也正是因为当时的决策者都觉得"长痛不如短痛",导致通胀失控。到最后,又采取急刹车手段,压缩基建、收缩银根、打击经济,在付出极大的代价之后才重新控制住通货膨胀。

中国经济到了最危险的边缘

1988年第二次通胀,60%的民营企业破产埋单。当时的四五年内,货币供应量增幅为174%。同时,政府又宣布工资改革,大幅提高工资,结果物价急剧上涨,大米的价格几乎是一夜之间从0.15元涨到0.8元,上涨了6倍。抢购风潮随之而来,所有的商店都在排队。最后没办法了,除了政治上的激烈手段,全国几千个建设项目一起下马。"破产"这个词第一次出现在中国普通百姓的口头上。

其实我觉得这次通胀非常有借鉴意义,表面上看当时的问题是价格改革和价格双轨制,通胀的原因是所谓的"官倒"和腐败。可是,我想告诉各位的是,我们应该由此记牢弗里德曼的告诫:通货膨胀说一千道一万都是货币的幻觉,但是想看穿这层面纱却是非常之难。当时的决策者和弗里德曼有次对话,透露了他的想法,他觉得价格改革不可怕,物价大幅攀升也不可怕,他甚至认为如果在通胀的同时把老百姓的工资也大幅涨上去,那么从改革中取得灰色收入的那些人,他们的财富会因而缩水。张五常后来的文章里记录了这次对话。讽刺的是,在这次对话中,当时决策者的危险想法却得到了弗里德曼本人的肯定。这种想法最危险之处在于:一是完全搞错了灰色收入的政治经济学,因为这些灰色收入恰恰会在通胀之中坐收渔利;二是工资与物价交替上涨会产生最具破坏力的螺旋式通胀,这种通胀到目前为止无论在理论上还是在实践上都没有找到什么好的应对办法。而对于今天的借鉴意义在于,本轮通胀之中,这两条诅咒依然存在:其一,在全面压紧信贷的背景下,那些能获得廉价贷款的都从大通胀中大赚特赚;其二,现在这种通胀总是挥之不去。

1995—1996年第三次通胀,楼市破产。股民埋单。1992年邓小平南方谈话之后,谁阻碍改革谁就是历史的罪人。可是央行却因而失去了审慎监管,货币敞开供应的结果是1993年通货膨胀率为13.2%,1994年达到21.7%。此次通胀恐怕是中国货币当局第一次领教市场的力量,前面两次多少都有改革的特殊国情和缺少经验的成分在里面,但这次一马当先投资的是民营资本,民营资本以前所未有的力量涌入股市、楼市。因此,也是这次通胀让决策者当局痛下决心对国有银行进行系统性重组。而与以往的直接打压经济、关停取缔企业不同,这次开始运用"软着陆",存款利率一度上涨到12%左右,五年期以上保值储蓄还可以得到12%左右的保值利息。也就是说,长期存款的利率几乎达到25%。从历史的角度来看,这种手段与美国里根总统时代沃克尔的美联储如出一辙。最终的结果是,以虚拟经济的泡沫代替了实体经济的倒闭,1995—1996年的两次股市大跳水,中国股市进入长达数年的熊市,同时也造成海南等地的房地产泡沫破灭,这也为今后出现的状况埋下了隐患——出问题的是国有银行,挨板子的是民营企业。

回顾了历史再来看现在这轮通货膨胀就非常有意思了:有立竿见影的。也有早晚要显现的。各位要晓得4万亿投资及其配套的16万亿地方政府贷款是什么概念,相当于我们GDP的一半!投进去之后,我说中国要陷入滞胀,谁都不信!当然,通胀的显现是需要时间的,因为这个贷款不是一天放的,铁路也不是一天修的,传导下去就要一年半载。这还不算,我们偏偏又遇到了美国出招,美国搞量化宽松袭来输入型通货膨胀。但更可怕的是,我们的"国家队",包括"三桶油"在内,却借机带头拉高油价、电价、钢价这些基础价格,让这些压力立竿见影地传递进来。现在美国量化宽松终于结束了,可是这20万亿天量投资的恶果却如期而至了!

2007年的通胀又告诉我们,如果猪肉价格控制不住了,政府就会担心通胀会进入螺旋式上升的失控阶段,那政府会怎么做呢?他会断然采取最严厉的手段,大幅加息,或者连续提高存款准备金率,大规模缩紧银根。因为如果不果断采取行动,通胀会完全失控,到时候就不是说加7%或者8%的利息就行了,很可能是像20世纪90年代那样加25%的利息才能遏制住了。

因此,顺着这个逻辑,你就会明白为什么央行终于开始松刹车了。因为既然从2011年11月开始猪肉价格的连续上涨已经被遏制住了,那么中国式的通货膨胀在央行看来就算控制住了。所以,央行终于决定下调存款准备金率,而且确定2011年的信贷政策是有控有扶。但是,我想提醒大家的是:4万亿引发的发烧虽然暂时退了,可是4万亿及背后十几万亿的债务可还欠着呢!

五、货币超发究竟是美国输入的,还是我们自己的问题?

这一节本来是没有的,因为前面我已经跟各位说清楚中国式通胀是怎么来的了。但是,我在反复改稿过程中夜不能寐,因为我知道经济界的同仁们一定有不同的看法。这让我觉得很矛盾,因为已经说清楚的问题似乎没有继续讨论的必要了。但是,在我第四次修改书稿的时候,我意识到这些不同的见解,不仅仅是属于经济学家的,更是属于千千万万老百姓的,所以希望大家能原谅我再用一点篇幅和我的同仁们讨论讨论。我为了写这一节,专门花了将近一个月时间,除了看统计资料,就是跑出去到处转,开出租的、端盘子的、卖水果的、卖猪肉的我都问遍了,问人家一个月赚多少钱,房租多少,吃饭多少,能剩下多少。

我发现我们老百姓普遍都有两种观点。一种观点说票子不是央行故意多印的,主要是外国人爱用美元买我们东西,又爱用美元对中国投资,央行也不能拒绝人家的好意,只好对应发行人民币,这样就多印了一堆人民币。另一种观点说别光看票子,看看各地的民营企业吧,到处都缺人,不涨工资能行吗?再看看房价,大家都往城里挤,房价一涨,什么成本不都得跟着涨?还有自然资源,中国人口这么多,有钱的老百姓越来越多,有钱了就买车,买车就要更多的钢铁、石油,这物价不就涨起来了?

我简单总结一下,前面这个是说多印的票子是从外面来的,后面这个是说尽管有外因,但是起决定作用的还是内因。这两种观点其实来自于两位知名经济学家,外因论属于周其仁,内因论属于夏斌。两位在20世纪80年代就开始参与中国经济改革了,都曾经担任过央行货币政策委员会委员。

我为什么要和两位专家辩论呢?因为这个问题必须要讨论清楚,外因论、内因论,再加上我的政府投资论,都能或多或少地解释现在的通货膨胀。但是,三种不同的理论解释会给出完全不同的政策建议。这就好像郎中诊病,都看出来是体温过高,可是三个郎中诊断的病理却不同,开的方子自然完全不同。

首先,我们先问自己一个非常有挑战的问题:三大因素,即外汇储备、内部要素价格和政府投资,谁是当前通货膨胀的罪魁祸首?这个问题很得罪人,但是我希望读者不要觉得是我在故意制造一个擂台,我们只是为了搞清楚一个事情的真相而已。

最公平的方法是我们悉数退场,数据上场,让数据本身来说明问题。

外因论:金融海啸和 4 万亿后不再有效

先看外汇储备,2011 年我们的外汇储备是 3.18 万亿美元,大约折合人民币 20 万亿元,而 2011 年底我们的货币供应量即 M2 是 85 万亿元。然后我们再考虑到杠杆乘数,外汇给我们带来的票子是不是非常惊人?

可是我们要晓得,外汇储备不是一天囤的,而通货膨胀也是时高时低的!换句话说,如果你认为通胀完全是外面来的美元给冲高的,那么我们应该能看到潮起潮落吧?按照官方统计,我们的通货膨胀在 2008 年和 2011 年都破了 5% 的警戒线,分别是 5.9% 和 5.4%,而在 2006 年、2007 年、2009 年和 2010 年分别是 1.5%、4.8%、-0.7% 和 3.3%。外汇储备的增幅呢?2006 年到 2011 年,每年的增幅分别是 30.21%、43.32%、27.34%、23.29%、18.68% 和 11.72%。

可能一般读者不能一眼看出结论来。那我给大家解释一下,从印票子到买材料,再到制造出东西来让老百姓消费,都是需要时间的,大概 12 个月左右。至于细节我就不多说了,经济学界已经有不少计量分析结果了。想知道外因论对还是不对,就看前一年囤的美元和接下来一年的通胀有没有关系就好了。

那么,我们的结论是什么呢?周其仁的外因论在金融海啸和 4 万亿之前是相当靠谱的。当然,严格来说应该用月度数据来做计量分析,虽然结论基本一致,但是怕有些读者看不懂,所以这里我就用年度数据来说明。2006 年、2007 年我们的外汇储备增加得非常厉害,结果 2006 年虽然通胀很低,但是传递一年下来,2007 年、2008 年的通胀就守不住了,2007 年这么疯狂的美元洪水紧接着就是 2008 年的剧烈通胀。

但是,紧接着就出问题了。2009 年通缩的前一年即 2008 年的外汇储备增幅和 2006 年的差了不到 3 个百分点,但是通货膨胀率却截然不同。再看 2010 年的外汇储备,不仅增长幅度比 2009 年要小,绝对额也在减少,2010 年外汇储备增加了 4 481 亿美元,而 2009 年却增加了 4 532 亿美元。这样,从外汇储备来看,2011 年完全不该有什么通货膨胀。

请读者注意,我并不是说外因论都是错的。我只是说单纯地用外汇储备不足以解释 2009 年的通缩,也不足以预见 2011 年的通胀。外因是绝对存在的,而且是重要前提,所以周其仁的观点并没有错。但是,为何通胀不跟着外汇储备上下起伏了呢?我后面会解释。

内因论:究竟是"民工荒",还是"招工多"?

内因论说到底是短缺论,由供不应求助推物价上涨。具体来说,劳工不足所以工资上涨,其他的生产要素依此类推,都是短缺导致价格上涨,因此出现通货膨胀。可是,我想先请问一句:要是工资涨了,物价房租水电煤气也都涨了,那么,工资究竟是涨了还是没涨?如果工资实际上没涨多少,那么短缺论之下的通胀是不是只看名义物价,而不管纸币本身的购买力?这一两年,超市里的东西,不管是大米豆油还是瓜果蔬菜,都翻了一番吧,不少水果的涨幅恐怕还不止这么点儿,可是,有多少老百姓的收入也翻了一番呢?

如果我们承认纸币购买力在下降,那么工资名义上的上涨多大程度上是因为纸币贬值,又有多大程度上是因为劳工短缺呢?因为我们的统计极度不完善,所以我只能用生活里的经验观察来进行估计。先参照富士康,假设工资涨幅是 30%,但是你觉得纸币贬值了 50%,那么劳工工资实际上是在下降;而如果你觉得纸币贬值了 20%,那么劳工短缺也只能为劳工争取到 10% 的好处。换言之,在纸币购买力贬值的情况下,要素短缺对要素价格的上涨并没有那么大的实际影响。

但是,我不是说夏斌的观点是错的,相反,顺着他的思路,我们会发现一个更深层次的问题:短缺究竟是因为需求增长过快,还是供给不足?供给和需求的关系变化不是突然发生的,而是有着它自身的逻辑。"民工荒"这个概念根本就是本末倒置,我们误以为是劳工供给不足,所以导致各地招工难。实际上呢?根本不是"民工荒",而是"招工多"。统计局有很多不同数据,这些数据差距很大,但是人口普查是基本靠谱的,特别是第六次。第六次人口普查纠正了一个长期以来的谬误,我们过去一直觉得四川、河南是人口大省,这怎么可能呢?全世界每个国家内部的人口都是跟经济成正比的,哪里钱多,哪里人就多,就这么简单。这次普查告诉我们,广东省是全国人口第一大省,过去10年里,东部人口的比重一直在增加,而中部、西部和东北地区的人口比重一直在下降。更重要的是,过去10年里中国的劳动力总量增加了1亿人。但是,我觉得这个还是被低估了。其中一个原因就是我们定义劳动力是指年龄在16岁至59岁之间的人口,而实际情况是超龄继续工作的人比比皆是。

这个对短缺论有什么影响呢?根据统计局对人口的分析,劳动力供给的拐点是2013年。也就是说,过去四五年里,我们年年开春都能听到所谓的"民工荒",这种"荒"的背后,劳动力其实一直在增加,只不过这个增幅不及企业用工需求的增幅,所以才招不到人。

政府投资论:这才是一切的根本!

内因论留给我们的问号是:哪里来的亢奋需求?外因论没解决的是:国际金融危机以后,明明外汇储备增速开始放缓,可为什么2011年通货膨胀异常抬头?与此同时,外因论在宏观总量上的蔚然效果在哪里?20万亿元人民币可都是央行真金白银注人了银行体系,即便在85万亿元的货币供应量面前也是个庞然大物,可是怎么就看不见了呢?

政府投资论恰恰能统一这两个理论并回答其派生的三个问题。不可否认,20多万亿元人民币的外汇储备给我们打下了殷实的基础。各位应该都晓得,我们外汇储备的基础是贸易顺差,我们在2004年以前10年里贸易顺差每年不过只有三四百亿美元,但是到了2005年破千亿美元,2006年1775亿美元,2007

年2 622亿美元。可是我们用得非常省,因为2007年就开始了通货膨胀,一直到金融海啸前夕,我们还在"双防",毕竟2008年的官方通胀高达5.9%,于是我们就严格控制信贷,打压经济。现在看来,和今天相比,那时的CPI和房价都是那么温和。

到这里我简单总结一下,从2005年开始我们的外贸赚了不少美元,由此给银行体系注入不少人民币,但是2007年就开始打压通胀,所以这个殷实的家底直到2009年之前一直没用上。

但是,4万亿改变了一切。有一个指标最具说服力,就是固定资产投资完成额。为了让各位更容易理解,我通常把它叫做钢筋水泥。我计算了2005年到2011年的增速,2009年之前的增速都在25%左右,可是到了2009年突然升至30%,一举突破20万亿元。货币供应量也非常惊人,从不足50万亿元一下子突破了60万亿元。可怕的是,本来经济已经企稳,可我们依然继续亢奋投资,2010年固定资产投资增速虽然有所回落,但是因为基数太大,固定资产投资完成额相对货币供应量的比例竟然达到了破天荒的38.32%。这股庞大的支出,从上游到下游,驱使整个国民经济产生了非理性的亢奋需求。

按照内因论,既然劳动力价格上升,企业就应该少招人,怎么会招不够呢?通过调研,我们发现最缺人的是基建、建筑和房地产行业,这些行业出现"民工荒"的背后其实是因为需要的工人太多,这也从侧面反映出大量信贷资金被投入到了这些行业。

所以,内因论不得不面对的问题是,短缺不是因为什么结构调整,也不是因为什么资源短缺,更不是因为人口红利衰减而带来的劳工紧缺,而是因为需求的异常亢奋。当然,我不是说内因论是错的,人口拐点不是2013年到来吗?就像日本制造业腾飞的过程中饱受劳动力短缺之苦一样,我们中国经济马上也要迎来这种内生性通胀的考验了。如果再不进行科学调控,三大因素叠加在一起,一定会造成更可怕的后果。

六、控制中国通胀的四大建议

那么如何防范这三大通胀风险呢?

第一,外因论提醒我们外汇储备这个殷实的家底是源头祸水,因此必须釜底抽薪,加以控制。周其仁对此已经提出了很不错的建议,就是用财政资源购买美元,使本来流向民间的资金被政府收回。我顺着这个思路讲,长期的做法应该是控制贸易顺差和外商投资,具体手段包括适度启动人民币升值,调低出口退税,或者其他综合手段如产业结构调整来适度控制贸易顺差的规模。同时,修改对地方政府的考核指标,有效优化地方政府的招商引资项目,从而控制外商直接投资的规模。

第二,外因之所以能传递进来,也是因为我们内部的问题。按照内因论的思路,我们需要加快经济转型,深化经济结构调整。我顺着夏斌的思路作出推论,内因论等于承认了工资和生活成本都在快速上涨,如果政策得当,让工资上涨的幅度快过生活成本,那么,通货膨胀对老百姓的伤害就能降到最低。

第三,一切的根本都是因为政府投资,由此带来的非理性亢奋盘活了汹涌而来的货币。有了大量涌入的货币,这个异常亢奋的需求就导致国内要素全面紧缺,从劳动力到自然资源的价格都因此大幅上涨。对我们来讲,当务之急是遏制地方政府的举债投资冲动,调整商业银行目前的粗放管理模式,走出现在这种"上市圈钱补充资本,大举放贷,再去排队圈钱"的怪圈。现在,地方政府跟国有银行借钱,因为两头都是国家的,而且国有银行的地方主管也不想计提坏账,影响自己的仕途,所以国有银行往往对地方政府网开一面。如果我们想从根本上解决这个问题,就需要进行两个重大改革:其一是利率市场化,这样非国有银行才能对国有银行形成真正的竞争压力;其二是银行放开对民营资本的准入,这样民营资本会以市场化的高利率吸收存款,如此既能吸回流动性资金,又能给予地方政府的投资项目带来真正的约束。

第四，我们还应该警惕行政型通货膨胀和垄断型价格上涨。比如石油，现在的国际油价并没有2008年高，可是国内成品油价格却比那时候要高出不少，这里面究竟有多少是燃油税的问题、多少是所谓暴利税的问题，又有多少是垄断企业借优势地位垄断定价的问题呢？再比如电价，电厂亏损的根本原因是上网电价偏低，而不是居民零售电价的问题，电厂的成本利润还相对透明，可是中间抽成赚大钱的垄断电网是不是伤害了老百姓的利益？这种情况下，贸然调高电价和以阶梯电价之名提高电价都会推高物价。类似的，银行、民航、公路、土地一级开发等等，都存在这样的问题。

我们应该注意到因为垄断国企都处在国民经济的基础地位，其任何涨价行为都会对整体物价产生巨大的叠加效应，因此这种涨价必须慎之又慎。相反，我认为在必要情况下，应该让部分垄断企业适当亏损，以此补贴老百姓。针对这一点，北京就做得比较好。北京推出了交通补贴，王岐山任北京市市长时压低了公交价格，把补贴从20亿元增加到40亿元。现在就这个政策每年的补贴有100亿元。这样既能引导老百姓出门多采用公共交通，缓解交通压力，又能让老百姓得到实惠。

说到这里，大家应该看到我们三个人的理论其实没有那么大的矛盾。我再把脉络理一下，2007—2008年的通货膨胀主要是外因驱动，而央行没有从源头处理，错失改革良机；积攒下来的20万亿元存底，乘上杠杆效应，烧起了2010—2011年的通货膨胀。而无论是高铁还是基建的热情本来应该至少提前6个月熄灭的，可惜迟疑了。当然，我们能体会到货币当局的苦心，毕竟中国的统计数据基础如此不堪，中国的货币政策决策体系如此特殊，美联储有格林斯潘尚且会犯错，我们也不必对自己的货币当局过分苛责。

但是，留下来的残局才是最难收拾的，现在因为害怕通胀抬头所以不敢放松信贷，结果经济萎靡不振。可是经济下滑会导致地方政府债务恶化，所以又得想办法宽松货币。更不幸的是，人口红利已经没了，未来中长期我们要持续面对内生压力带来的通货膨胀。因此，作为一个有良知的经济学家，我必须再次发出我的警告：中国经济在未来的中长期都摆脱不掉通胀这个瘟神，地方政府这种重投资、重税收的 GDP 主义一日不改，中国就无法摆脱通胀的魔咒，我们千万不要看着通胀落了一点就又跃跃欲试放开货币闸口。这就像一个有肺炎的病人，别以为感冒好了、高烧退了，病就痊愈了。

第三章　当中国制造丧失成本优势

一、通胀之后,制造业岗位高端回流美国,低端转移越南

大家有没有想过这轮大通胀最可怕的后果是什么? 就是中国制造最为依赖的成本优势一去不复返。前程无忧网发布的《2012 离职与调薪调研报告》称,2011 年员工离职率仍处高位,但同时预计 2012 年上半年中国企业平均调薪9.8%,超 8% 的 GDP 增幅。2011 年各行业的员工离职率平均达到 18.9%,为2008 年金融危机以来的最高。其中传统服务业 2011 年员工离职率达到了 21.2%,制造业员工离职率也高达 20.5%。

2010 年那波涨工资潮已经让东南沿海的企业没办法了,比如说宁波,竟然要由外经贸局副局长亲自带头去四川广元招聘,企业组团一次性招聘 5 000 个岗位。大部分到场的宁波企业都将薪酬提高了 10%—15%。不仅仅是东部的宁波,在中部的武汉,普工工资已提高到 1 600_2 800 元,服务类工种也达到了不低于 1 200 元的高水平线;2011 年有超过八成的企业主动提高了薪资标准,平均涨幅都在 15% 左右。

没了成本优势的中国制造业会发生什么呢? 事实表明,中国制造的高端工作会回流到美国本土,低端工作则会转移到其他发展中国家。美国波士顿咨询公司(BCG)近日公布的一份研究报告称,在中国工人工资上涨、美国生产效率提高以及美元贬值等因素导致两国生产成本差距越来越小的情况下,至 2015

年前后,北美市场上销售的产品在美国某些地区生产成本将与在中国制造不相上下,这种前提或将促使家电等制造行业回流美国。咨询公司埃森哲(Accenture)的报告显示,受访的制造业经理人有约61%表示,正在考虑将制造产能迁回美国,以便更好地匹配供应地和需求地。而随着"美国制造"的成本优势日益显现,今后五年间,美国将新增200万至300万个工作岗位。

2007财年,位于中国的代工厂为美国耐克公司生产了35%的耐克品牌的鞋类产品,越南、印度尼西亚、泰国的代工厂分别为耐克公司生产了31%、21%和12%的耐克品牌鞋类产品。到了2010财年,越南代工厂所占的比例上升为37%,中国以34%的份额位居第二,印度尼西亚和泰国所占的比例分别是23%和2%。"越南制造"凭借其成本优势取代了"中国制造",一跃成为耐克品牌全球最大的运动鞋生产基地。

二、通货膨胀驱动生活成本快速上涨,结果工资在涨。收入在降

而对于工资上涨,大家不要以为是工人的待遇变好了!而是4万亿造成的通货膨胀导致月薪必须调高,特别是东部地区。过去东西部制造业工资相差15%,而现在却只有不到5%。富士康是反映中部和东部收入差距变窄的典型例子。富士康(昆山)的工资涨了400元左右,再加上加班费大概月薪是2 300—2 400元;而富士康(武汉)2011年的员工工资比2010年涨了400元左右,员工通过考核以后,加上加班费月薪基本维持在2 200元。

但是东部的生活成本上升幅度早就超过了15%。所以,东部企业自然会遇到"用工荒"。各地方政府对低收入人群一直缺少应有的转移支付,东部地区的当地人口能享受到政府的补贴,对于生活成本上升还能应对,但是外来务工人员却什么都没有,他们自然不愿意去长三角和珠三角。

由此造成的东部制造业衰退,比两年前金融危机的时候还要严重。根据《华夏时报》2010年底的采访,温州中小企业外迁,温州传统制造业正面临着越

来越严重的空心化现象。整个温州的打火机、鞋革、灯具、塑编、纽扣、服装等行业近年来都呈现出行业的群体性迁移倾向。温州只剩下触目惊心的高房价与高地价,工业用地价格已经涨至200万元/亩的高位,温州的商品房价格已经超过了杭州。

也许现在还有很多人觉得无所谓,认为把这些企业搬到西部去就能解决问题了,可是,事情真的就这么简单吗?

三、亚洲四小龙工资上涨之后不同的命运:日韩道路 VS 中国香港道路

让人遗憾的是,我发现我们现在其实是在重复当年亚洲四小龙的老路。从20世纪60年代开始,韩国、新加坡、中国台湾、中国香港推行出口导向型战略,重点发展劳动密集型的加工产业,在短时间内都实现了经济的腾飞。

我先读几个数字给大家听听:

· GDP一直在双位数增长,除了短期的波动,几乎每年保持GDP增长率超过10%。

· 出口扩张迅速。十年之间,各个地区的出口都是之前的10倍以上。

· GDP里面工业比重将近一半,消费比重一直不高。

· 工资开始一直不怎么上涨,但是出口导向型搞了10年之后,劳动力忽然全面短缺,工资大幅上涨,与此同时,通货膨胀率也开始抬头。

通过以上几点,大家一定会以为我是在说中国经济。但是,我要告诉各位的是,这是亚洲四小龙在出口导向型模式后期的真实写照。

顺着这个思路比较一下会发现,我们今天的发展速度甚至还不如亚洲四小龙当年搞出口导向型的水平! 中国台湾1970年出口总值是1960年的9倍,

1980 年为 1970 年的 13 倍;韩国 1980 年出口总值是 1960 年的 534 倍;新加坡 1980 年出口总值是 1965 年的 20 多倍。而 2010 年中国大陆的出口总额约为 1.6 万亿美元,不过是 2001 年的出口总额(2 662 亿美元)的 6 倍。

但是,工资快速上涨很快让亚洲四小龙的经济走向了不同的发展道路:一条是韩国、中国台湾、新加坡走的路,其实就是和日本一样的道路;另一条就是中国香港走的路。

而从一开始,香港就比其他地区幸运,因为从 20 世纪 60 年代到 70 年代,香港始终有大量从内地偷渡进入的劳动力,这使中国香港一开始的工资上涨压力就没有日本那么大。

在 60 年代,中国香港的纺织工人平均每年工资上涨幅度是 5.6%,10 年下来是之前的 2 倍左右。但是在日本,社会工资总额累计增长 245%,各行业人均现金收入由 1.85 万日元/月增至 4.89 万日元/月,名义累计增幅 164.3%,远高于日本 GDP 增长的幅度。

各位有没有发现,香港这段时间很像我们过去 10 年的东部沿海地区,我们东部沿海地区也一直有中西部的廉价富余劳动力补充,所以工资上涨幅度并不大。

但是这反过来决定了两条道路截然不同的命运。从 1965 年到 1980 年,香港的经济命脉都是纺织成衣产业,而机械、造船、电子产业却没有发展起来。

与之完全不同的是,韩国、中国台湾及新加坡都像日本一样,由以劳动密集为主的纺织服饰转变为以电机机械设备为主的技术密集工业国家和地区。

本来香港在 20 世纪 80 年代还有机会,但是香港又有了一个独特的优势——工厂可以北迁,就是把自己的制造业基地转移到劳动力成本低廉的广东。

有关统计数据显示,1979 年到 1996 年内地引进的外商直接投资里面 60% 来自香港,而广东省这个比例高达 80%。

1996 年港商制造业企业在珠三角直接投资有 600 多亿港元,40 多万家企业,直接雇用了 400 多万人,而直接为这些企业服务的还有 100 多万人。我引用这些数据,只是为了说明一个问题,就是港商曾经是多么辉煌,而这种辉煌是今天我们根本看不到的。

但是现在,根据香港工业总会的数据,港商在珠三角的企业只有 7 万家。实际上,珠三角现在比较知名的企业都没香港人什么事儿,比如腾讯、华为、比亚迪。

与此相反,韩国比较倒霉,本来在 1970 年纺织服饰在韩国出口额的比重比中国香港还高。

但是,进入 20 世纪 80 年代后国际贸易局势风云突变。首先是发达国家的发难,这也是国际贸易里非常罕见的篇章,贸易进口国不制裁,但是出口国自己主动限制自己,所以韩国和日本一起对本国纺织品产业采取了出口配额等非常严厉的管制手段。

不仅如此,韩国这个四小龙之一又遇到了东南亚的四小虎,当然了,四小虎这个称谓已经消失了十几年了,但是当时的确给了韩国很大的压力。用过索尼随身听的人可能还有印象,索尼随身听的产地基本都是马来西亚。

而日本的企业都愿意往泰国搬,而不愿意去韩国。与此同时,中国特别是广东开始承接香港的加工贸易,这时候韩国劳动力不足使工资上涨的弱点开始暴露,在纯粹的劳动密集型产品上韩国已经开始失去优势。

于是韩国选择重化工的道路,最典型的就是大宇,本来是做纺织贸易起家的,从那时开始涉足汽车这类重化工行业。

韩国的重量级企业,比如 SK、LG、浦项制铁,都是在 20 世纪七八十年代开始在重化工行业进行密集投资。

于是,冶金机械电子这些资本技术密集型工业占总出口比值由 70 年代的 7.2%,上升为 90 年代的 35.5%,2005 年甚至升至 69%。纺织服饰业大幅下降,它占出口的比值从 1970 年的 44.3%,下降到 2005 年的 4.56%。

四、日韩道路:工资上涨本来不是坏事

首先,日韩的工资上涨机理和我们的完全不同,我们过去对工资完全是压制的,缺少健全的工会制度保护工人的利益诉求,现在又因为出现了严重的通货膨胀和租金上涨,所以倒逼工资不得不上涨。但是,我们只是名义工资在上涨,实际可支配收入却在下降,前者让企业痛苦,后者让老百姓受难。与此相反的是,日本工资上涨之后,结果是内需更强了,实施"收入倍增计划"后,1973年日本居民最终消费支出占GDP的比重(按现价美元计算)为49%,比1970年上升1个百分点,到1982年达到55%。比1970年上升7个百分点。实际上,日本从来没在腾飞期把工资当做问题来面对,日本政府面对的问题主要是汇率和通货膨胀,而日本的政策目标就是让老百姓的工资翻番。日本企业反而是有意把用工较多而产值较低的一些产业转移到东南亚、韩国和中国台湾去。

其次,只要我们的教育体系和产业政策是成功的,工资上涨就能促进出口导向型经济转型为内需消费型经济。遗憾的是,我们国家的教育体系是无能的,产业政策是失败的,因此无法顺利地进行经济转型。举例来说,日本的电池产业应对工人工资大幅上涨之路是搞全自动生产线,但是中国呢?你想贷款,政府信贷调控,就连买设备还得缴纳17%的增值税,而且过去还不允许抵扣。这意味着什么?意味着你还没开工呢,就得先缴税。这就逼得我们的企业不得不选择半自动生产线,因为这种生产线资本投入小,可以随时开工,随时加班,随时休班。

韩国也为自己找到了出路,韩国选择的出路之一是扶植游戏和数字内容产业。韩国人的逻辑很简单,这个产业的边际成本几乎为零,在地域上没有限制,且市场潜力巨大,非常适合韩国的国情。目前,韩国数字内容产业已经超过传统的汽车产业,成为韩国第一大产业。

韩国为数字企业提供了上千亿韩元的支持,其中包括350亿韩元的游戏产

业专项投资,100 亿韩元的文化产业振兴基建,还有信息化基金、文化产业基金。此外,韩国还为游戏企业提供低息贷款、税收优惠,而在通信基础设施领域,韩国不仅仅完成了电信的民营化,更是以市场化的充分竞争来保障廉价高速的宽带基础,可是韩国的信息通信部为此不过投资了约合人民币 4 900 万元的前导资金。所以,最近中国发生宽带风波的时候,我们惊奇地发现全世界上网速度最快的国家不是美国,也不是日本,而是韩国。

此外,韩国政府建立了培养数字内容专业人才的较为完整的教育体系,包括从职业教育到大学教育等各个教育层次,最大限度地满足了企业对各个层次人才的需求。据有关研究统计,韩国共有游戏相关教育机构 84 家,研究生院 8个,大学院校 5 个,私立教育机构 22 个,高中学校 3 个。在基础教育之外,韩国还非常重视继续教育和在职培训,而且积极参与调查行业人才供需状况,甚至对从事游戏产业的高技术人才免除两年的强制义务兵役。那我们再看看今天中国的教育体系,我们现在甚至连一套公平透明的研究经费拨款体系都没建立起来,更别谈如何培养创新人才了!

五、中国香港道路:泡沫经济摧毁经济结构,阻碍内地三大政策红包惠及底层

那么,是什么打垮了香港企业家? 很简单,就是泡沫经济! 香港企业因为有内地这个港湾,所以就"不思进取",直接把工厂转移到内地。与此同时,香港又推行了错误的政策,由此催生了股市泡沫和楼市泡沫。这样,中国香港企业透过制造业积累起来的资本并不像中国台湾那样投入了 IT 产业,也不像日本、韩国那样投入了半导体产业和造船这些技术密集型产业。等到亚洲金融危机爆发,股市和楼市泡沫崩溃,香港透过出口导向型积累起来的这些财富顷刻间付之东流了。

有关数据显示,从 1991 年到 1997 年这 7 年间,香港房价和股价的增值一共

是7万亿港元,而这恰恰相当于香港在这7年问GDP的总和。也就是说,1997年以前香港所有的财富都被股市和楼市的泡沫吸走了。除了少数在卖空中大赚特赚的投机者,大部分人这么多年的辛苦所得全部化为泡影,整个社会的财富也都付之一炬。社会财富被掏空的结果就是经济陷入长期衰退。

泡沫经济毁掉的不仅仅是财富,更是创业热情、公众信心和社会基础。因为泡沫经济崩溃之后,中产阶级都沦为事实上的房奴,这样整个经济都由创业经济变为收租经济,经济不管是涨还是不涨,都是拥有土地的少数人借由租金获得越来越多的财富。1997年香港人均收入28 000美元、2011年32 000美元,90%的港人生活条件在过去14年里没有得到改善,财富越来越集中在少数人手中,1%的人占去社会总资产的43%,5%的人占去72%。

在这种情况下,善政都会造成一场大洗牌,洗牌的结果就是社会中下层更加苦不堪言。比如中央政府出台了自由行,香港政府默许内地人赴港生子,还有批准内地巨型国有企业赴港上市。自由行毫无疑问是善政,但是在香港却造成了更严重的财富分化,仅仅是2011年自由行就给香港送去了4 000万游客,可结果是什么?租金疯狂上涨!图利了谁呢?拥有酒店的老板赚得盆满钵满,但是酒店员工的收入并没有增加多少。而这些既得利益者又绑架了政策,基本不允许拍卖更多的酒店用地,这样就使得他们的租金可以涨得更高,于是本来可以创造就业的机会也就没有了。

再说内地人赴港生子,这完全是因为在香港的中产阶级被洗劫一空之后连孩子都不敢生了,所以香港政府偷偷修改政策默许内地孕妇赴港生子,可是内地产妇是要付钱的!这本来是繁荣香港医疗服务业的极佳机会,但是当地决策者研究了多年之后还是不批准新的医院用地,最后还荒谬地迁怒于内地。大家都看过那个"蝗虫"广告吧?我要提醒一下各位,报纸在香港都是私有的。那么,究竟是谁有钱投放这种大广告?又是谁在误导民意?在这种现象的背后,谁才是最大的受益者呢?

最后再说说允许内地企业赴港上市的事情,这个帮香港成为了国际金融中心,当然内地也从中受益,唯独香港老百姓在受难。香港现在的房价就是在既得利益者绑架了土地供应量的情况下,被金融新贵的旺盛需求给推高的。美国市场研究公司 Demographia 发布了最新的全球住房负担报告,在调查的全球 325 个大城市中,香港房价负担水平已经达到家庭年收入的 12.6 倍,成为全球房价负担最重的城市。大部分人为六七十平方米的房子一生都要背上沉重的债务。但是,香港有三分之二的可利用土地根本没有被开发。我们都晓得,香港本土既不需要制造业也不需要农业,那为什么没有去开发这些土地呢? 答案很明显,就是有一股势力不允许政府去开发。

但愿,我们能引以为鉴!

第四章　当保障房打垮房地产市场

一、我们距离香港式的楼市崩盘就差半步

我们距离香港式的衰退就差半步，因为在香港所犯的三大错误之中，我们已经犯了两个半。

第一，政府垄断土地开发权，有意制造楼市火山，并严重依赖土地财政。让房地产成为经济支柱。

香港土地产权向来为政府所有，批租土地也是政府财政收入的主要来源。土地价格越高，政府收益越大。人们现在已经认识到，回归前的"港英"政府对中国香港的楼市泡沫有推波助澜之责；其急功近利与短视，与近年来我们地方政府争相攫取土地一级市场收益相似。

香港房地产长期在经济中"独占鳌头"，金融服务业也是依赖房地产。依赖到什么程度呢？我分三个层面来说：

第一层面：经济依赖。1997年房地产以及相关行业的增加值，占香港GDP的比重已超过四成，整个经济活动都围绕着房地产业转。房地产投资长期占固定资产总投资的三分之二。

第二层面：财政依赖。财政收入长期依靠土地批租收入以及其他房地产相关税收。

第三层面：金融依赖。房地产股历来是第一大股，占港股总市值的三分之

中国经济到了最危险的边缘

一,股票和房地产价格"互相拉扯,荣辱与共"。房地产和银行业也互相依赖,房地产开发商和居民住宅按揭始终占银行贷款总额的30%以上。

那么,我们对比一下今天内地的经济数据:

第一层面:经济依赖。2010年的固定资产投资额占国内生产总值的46.6%。

第二层面:财政依赖。2010年,在两轮房市调控之下,全国土地出让金数额仍再创新高;增幅再创新高,同比增长70.4%;土地出让金占地方财政收入的比例再创新高,为76.6%,这一比例是空前的,反映了地方政府对土地财政的极度依赖。

第三层面:金融依赖。房地产贷款额度占各项贷款的比重为20%,高达9万亿元;加上以房地产为抵押的其他贷款,与房地产相关的贷款已经接近信贷总量的一半,有20万亿元左右。如果再算上体外循环的信托贷款,我们与房地产有关的贷款有可能占到贷款总量的60%。

第二,漠视负利率问题。鼓励资金进入楼市、股市,制造经济虚假繁荣。

20世纪90年代初香港处于负利率年代,银行储蓄利率抵不上每年10%的高通胀侵蚀,逼迫人们四处寻找投资机会,以免银行积蓄被通胀吃掉。但是,"港英"政府对负利率采取放任自流的态度。1992—1994年期间,"豪宅"价格猛涨了6倍,甲级办公楼价格猛涨2.5倍,沙田等非市中心的中档楼盘价格猛涨近3倍。"港英"政府颁布多项抑制炒楼的措施,想要把楼市冷却下来,但楼价只是稍有回挫。

但是,"港英"政府的"末代总督"彭定康随后把精力都放在折腾政治上面了,根本不理睬负利率的问题。由此导致炒风从有钱人家居住的豪宅蔓延至寻常百姓窝身的中小型屋苑。从1997年初起,香港楼价先是收复一两年前的失地,然后在秋季开始,脱缰野马般屡创新高。到了香港脱离殖民统治当天(1997年7月1日),楼价在这新一轮的炒风下再度上升了八成,让一个不到40平方米的房子动辄要花两三百万港元。

今天的我们呢？也没有理会负利率和老百姓保值无门的困境。房产税也好，禁购令也罢，根本没有解决老百姓保值无门的问题。最严重的是我们的通货膨胀率就在存款利率和贷款利率之间，一年期的定期存款利率是3.5%，贷款利率是6.56%，官方公布的通货膨胀率在4.9%。这意味着什么？意味着你存款是亏钱的，贷款也是亏钱的，但银行怎么都不会亏钱。当然了，实际的通货膨胀率根本没有这么低，你不要以为你能赚到，因为你实际贷款的利率也没有那么低，如果你是房子以外用途的贷款，浮动利率是40%，也就是说七八分的利息你也不一定能借到钱。大家知道现在温州的民间利率是多少吗？据中国之声《全国新闻联播》报道，温州高息贷款月息突破一毛钱，就是说中小企业借100万元当月还清的话，还要还10万元的利息，相当于年利息120%。只有房屋抵押贷款的利率还比较低，低于实际上的通货膨胀率，所以，这种利率政策其实就是逼着你去买房保值。

第三，经济衰退就在眼前，却为了政绩，不顾一切打压楼市。

1997年10月8日，中国香港首任特首董建华发布施政报告《共创香港新纪元》，推出一项事后被称为"八万五"的房屋政策。此项政策包含三个主要目标：每年兴建的公营和私营房屋单位不少于85 000套；十年内全港七成的家庭可以自置居所；将轮候租住公屋的平均时间缩短至三年。而在董建华宣布"八万五"计划的时候，每年私人住宅的供应量只有两万套，倘若计划实行，公屋与私屋的比例将达到4:1，楼市不崩盘才怪。

让人担忧的是，我们距离香港的荒谬"八万五"近在咫尺！

2011年，北京将通过新建、改建、购买、长期租赁等方式筹集保障性住房20万套以上，发放租赁补贴2万户，竣工保障性住房10万套。同时启动公共租赁住房申请、审核、配租工作，2011年底前实现配租入住1万户以上。可是大家知道这20万套是什么概念吗？北京市这五年里每年新增供应房屋在10万套左右。所以，香港是以4:1的重拳干掉了房地产市场，北京如果落实到底的话就是2:1的重拳！

那么上海呢？上海市住房保障和房屋管理局局长刘海生表示，"十二五"期间上海计划新建住宅约 1.3 亿平方米，其中各类保障性住房将占新建住房总套数的六成。换句话说，上海现在计划的重拳是 1.5：1。

而且我要提醒大家注意的是，上面这个 1.5：1 或者 2：1 其实我算得不对，因为中央和地方一直在修改计划，现在的版本是"十二五"规划提出新建保障性住房 3 600 万套，其中 2010 年开工建设 1 000 万套。什么概念呢？2010 年商品房住宅竣工面积为 6.12 亿平方米，非商品房住宅竣工为 2.22 亿平方米，而全国住宅竣工总面积仅为 8.34 亿平方米。如果 2010 年新建 1 000 万套保障性住房，按平均每套 75 平方米计算，应该是 7.5 亿平方米的竣工建筑总量。按照 3 600 万套来计算，就是 27 亿平方米。也就是说，我们实际上是以 3.5：1 的力度来打击房地产市场。要知道，香港也不是保障房都竣工了房地产市场才崩盘的，而是才开工没几年房地产市场就崩溃了。

过去，高房价是中国经济最大的泡沫，现在保障房才是最大的泡沫。这里我不想再絮叨了，有兴趣想进一步了解保障房"大跃进"的读者，我推荐你去读一读任志强发表在《华尔街日报》中文网上的文章。我想说的是，现在是房地产市场生死存亡的时刻，往前再走半步就是万丈深渊，我不希望我们再犯香港这种致命的错误！

二、为什么中国香港和新加坡可以高房价？

内地的高房价把大家折腾得怨声载道，政府也出台了一系列政策进行打压。但是我发现，香港的房价要比内地高得多，至少是内地一线城市的五倍以上。那香港是不是和内地很多地方政府一样是靠卖地来维持政府收入呢？

我请各位看几个数据吧，就先以 2007 年为例，香港的卖地收入一共是 623 亿港元，而当年香港的 GDP 为 16 155 亿港元，卖地收入相对 GDP 的比例是 3. 856%。我们内地呢？全国卖地收入是 1.2 万亿，GDP 是 25.73 万亿，卖地收入相对 GDP 的比例为 4.66% ,已经超过了香港。再看 2009 年,香港政府卖地收入为 396 亿港元,GDP 为 16 323 亿港元,卖地收入占 GDP 的比例为 2.4%。再看下我们内地,2009 年全国卖地总收入为 1.5 万亿,GDP 为 33.53 万亿,卖地收入已占到 GDP 的 4.47%,是香港的近两倍! 但我想提醒各位一下,香港只是中国其中一个城市,而且是以服务业为主的城市,多开发一些地产,没什么太大问题,毕竟香港的金融业和物流贸易覆盖的区域是整个东亚。但我们内地这么大的国土,各地方政府都靠卖地为生,这是不是有点离谱了?

也许上面的数字不足以让各位感到震撼,那我就说一个震撼的数据。以北京为例,2009 年北京市地方财政收入是 2 026.8 亿元,按照北京市财政局新闻发言人的说法,这里是指一般性财政收入,是不包括卖地收入的,而就在这一年,北京市共成交 243 宗地块,成交金额达 928.05 亿元。按照财政局发言人的说法,土地出让金收入实际完成 494 亿元,这里包括国有土地收益基金和农业土地开发资金。我们搞不清楚为什么前后差了 400 多亿元? 可是,不管按照哪一个数据来计算,结果都足够令人震撼。按照卖地收入 928 亿来计算的话,北京卖地收入占财政收入(把卖地收入也算在内)的比例达到了 31.4%;即使是按照 494 亿元来计算,这个比例仍然高达 19.6%。同年,香港卖地收入是 396 亿港元,相对其高达 3 166 亿港元的财政收入,其比重只占 12.5%。透过这个数据的对比,我们好意思说人家香港是卖地财政吗?

按道理讲,香港的房价这么贵,香港人会像我们内地人一样怨声载道。但实际状况是怎样的呢?

我先从两个方面解读一下香港为什么允许高房价。

第一,香港政府保证大家有房住,政府负担 50% 的住房。

我们先来看看香港人现在的住房比率(表 4—1)。

从表格中我们发现,差不多一半香港人的住房都由政府负担了。而且香港的公营房屋有两种:一种是由政府建造专门用来向低收入者出租的。另一种是由政府免费拨地、房屋委员会兴建或者承包给私人建筑商,然后以低于市场价

表4-1　1999年、2004年、2009年香港公民住房比率

	1999年	2004年	2009年
公营房屋	51.1%	48.9%	47.1%
私人房屋	48.9%	51.1%	52.9%

30%—45%的价格出售给收入在一定水平以下的市民。为使补贴真正落实到中低牧人家庭,防止有人从中牟利,住户购得房屋在10年内不得转售,确实需要转售的房屋只能由房屋委员会回购。10年后房屋可以进入市场自由交易,但必须向政府补交一定数额的地价。

在房屋供给上,香港也做了严格的规定(表4—2)。

表4-2　香港公民购置公营房的相关规定

家庭月收入(港元)	房屋供应方式
高于6万	向私营地产开发商购买
2.6万—6万	提供低息贷款
1.1万—2.6万	以低于市场价30%—45%的价格出售房屋
低于1.1万	廉价出租屋

第二,香港充分实现土地价值。避免无地可用。

通过高价出让土地金带来高价商品房,其实是对高收入者的财富再分配,可以理解为富人税。高价拍卖土地获得的收入重新用于建造公屋以及维持低税率,低税率又能够吸引更多的贸易和金融服务。这不正是充分实现土地价值的方法么?

在香港,普通用地的价格比内地高得多!香港新界白石角发展区的普通住宅用地——信和置业和嘉华国际的成交价是每平方米71 450港元及72 840港元。再看看我们内地,以上海为例,2010年2月2日,证大置业以92.2亿元竞得上海国际金融中心8—1地块,楼面价约为34 000万元/平方米。和香港比还

是差了一大截。

高地价保证了土地供应，这就让香港避免出现珠三角地区无地可用的局面。我们内地的深圳未利用土地仅43.6平方公里，占全市陆地总面积2.23%。广东省2010年的土地指标在2006年就用完了，2020年的土地指标现在已经用完，按照现在的速度广东3年后将无地可用。

再看香港，香港的土地面积不过是1 100平方公里，却还有75%的土地没有开发，扣掉38%的土地是湿地郊野公园以及自然保护地之后，剩下37%的土地是可以使用却并没开发的。这就是一个良性循环，起点是政府保证本地居民都能有房屋居住。通过控制土地拍卖量，极大提高土地利用率。有钱人乐意买商品房就让他买去，政府拿收来的钱造廉租房，降低企业税率。

现在你知道为什么香港房价那么高，而老百姓完全不抱怨了吧？因为每个人都有房子住，所以根本没有必要打压房价。恰恰相反，打压房价就是打压老百姓的资产，政府非但不应该打压，反而应该让房子增值。

同样的，新加坡的房价为什么可以那么高？我这里有一个数据，截至2009年底，新加坡政府共建设了99.2万套经济适用房，保证了85%的公民有房住。那在这种情况下，商品房价格再涨，跟普通老百姓也没什么关系，反正大家都有房住。而且，新加坡整个房屋从规划、建设到销售全由政府的"建屋发展局"一手包办。

建造房屋的目的当然是让老百姓能够买得起房，因此经济适用房的售价不是按照成本确定的，而是根据整体社会支付能力确定的。比如最常见的91—97平方米的三室一厅，售价是26万—32万新元，一个人在新加坡工作6年就能一次性买下。如果收入太低，实在买不起怎么办？找建屋发展局贷款，只要30年能还清就可以了。贷款之后还买不起，就向中央公积金局申请，把公积金的钱也用来买房。总而言之，想买房，政府一路帮到底！当然也有限制，房子5年之内不能流通，只能卖给政府。

对于新加坡另外15%的高收入者，也就是月收入在8 000新元以上的公民必须去买商品房,也正是这些人支撑了新加坡的高房价。新加坡的商品房每平方米起价折合人民币 35 000 元,稍微好一点的也就 50 000 元。

透过与中国香港、新加坡的比较,我们可以看出来两者有很多共性。基本思路都是政府解决了老百姓的住房需求,为服务业提供了稳定的营商环境;高房价的卖地收人流向政府,为企业提供一个低税率的环境;低税率反过来促进金融及服务业的扩大,从而形成良性循环。

三、房产税的错误逻辑

现在,我们为了完成打压房价的任务,简直是不遗余力。其中一项政策就是"逐步推进房产税改革"。可是,房产税真的能打压房价么? 我觉得我们首先要搞清楚一个问题,征收房产税原本的目的是什么? 我们很多专家说,可以打压房价。那我告诉各位,从一开始,我们就搞错了房产税的本质!

在美国,征收房产税不是为了打压房价,而是为了让房价升值,藏富于民。美国征收的房产税 28% 分给乡镇这一级别的政府,22% 给县政府,4% 给州政府。也就是说,一半的房产税都给了基层政府。基层政府也不会拿这些钱去搞什么"三公"消费,而是拿去提供更好的公共服务,比如修建一个花园、一个广场、一个绿地,或者雇用更多的警察维持社会治安。这样,当地的营商环境就改善了,那当地的地价和房价只会升,不会降! 老百姓的房子增值之后呢? 增值部分 98.62% 归老百姓所有,政府只拿 1.38%(2006 年全美所有州的房产税平均税率)作为房产税,这部分用来继续改造当地环境,提供更好的市政服务和公共治安,让老百姓的房产能进一步增值。

那另一半房产税呢? 拿去促进社会平等、提供平等的教育机会! 其中有42% 的房产税用于学区教育经费,所以,美国小孩子在公立学校上学,不交学费、午餐免费。而家长每年为孩子的教育支出仅为 200 美元,孩子教育费用的90% 都由政府负担了。

当然,房产税也有副作用。比如说,在美国,一次不交房产税就会被立即没收房子!这次金融风暴,就有许多美国白领沦落到街头睡帐篷。对此,美国也设计了一些制度来限制房产税涨得过快。比如说加利福尼亚州,房屋只有在出售时才会被评估。这样做的目的是为了让房屋拥有者不必担忧会因为房产增值过快而交不起增加的房产税。1978 年通过的第 13 号提案中规定,政府向房屋拥有者征收的房产税每年增长幅度不超过 1%,房屋净值评估值每年增长不超过 2%。换句话说,税额本身不许超过 1%,税基不许超过 2%,哪个低就按哪个来征收。

还有一个典型的例子就是密歇根州。1993 年,密歇根的房产税在全美国排名第八,当地老百姓觉得房产净值评估值每年增长太快,怨声载道。同年 7 月,政府不得不大幅削减房产税,为此每年减少了 70 亿美元税收,而房产税对地方教育经费的贡献率也从 57% 降到了 37%。减税之后,学校教育总要花钱吧?钱从哪里来?密歇根州提出了两套方案:A 方案,提高消费税和烟草税,消费税从 4% 增加到 6%,烟草税从 25 美分/包增加到 75 美分/包。B 方案,提高个税、烟草税和营业税,上调个人所得税至 6%,烟草税每包增加到 40 美分,营业税也同时上调。最后老百姓投票决定选择了 A 方案。

除了房产税不能涨得太快,房屋的价值评估也要做到公平公正。为了在这个环节不出问题,美国人又想出来一个办法。房地产评估员都是由居民公选出来的,选的是大家公认最诚实、最敬业的人。评估员一般是两人同行上门评估居民的房屋,他们会对房主的相关情况进行详细的记录,并认真测量房屋的面积,细致登记房屋的数量,包括有多少个浴室、车库等。两个评估员不仅要摸清房产的全部情况,而且能互相监督。

同时,为了让信息公开透明,政府会把房地产评估的信息全部上网公开,并且提供交涉的平台。每一位居民都能通过网络查到自己社区里类似房屋的评估报告,如果发现类似的房屋在别的社区评估值低于自己的房屋,就可以带着资料找评估员讨说法,而评估员必须全面详细地介绍他们的评估方法。如果居民仍然无法接受他们的解释,还可以向高一级的评估委员会上诉。

同样的事情到了我们这里,可能就不一样了。比如说同样是在北京三环边上,一套房子的估值大概是两三百万元,但是地铁站旁边的配有停车场、健身房的新楼肯定要比旁边一栋老房子贵五六十万元,那一年就会差出一万多元的房产税。这一万元缴还是不缴呢?如果你很爽快地缴了就算了,如果你不想缴呢?肯定会想方设法贿赂评估员,到最后,我们的房产评估就可能变成一种新的腐败形式!

其实不管怎么说,房产税总有一些负面效果是无法消除的,比如,经济周期带来的不稳定,地区之间的不公平,代际之间的不平等,等等。而这些问题,即使在美国也始终没有得到很好的解决。

四、房地产调控的当务之急不是盖房而是排队

现在全国都在搞保障房"大跃进",地方政府似乎觉得当务之急就是盖房,其实是我们搞错了。我看到一个很有意思的采访,央视采访了一位天津居民,这个被采访的人通过摇号得到了房子。你知道他怎么讲的吗?他说感觉很幸运。注意到没有,是幸运,而不是幸福,这一字之差意味着什么?意味着我们的政策是有问题的!

如果政策是完善的,老百姓的感觉应该是符合预期,应该感谢政府履行了对自己的承诺。比如新加坡政府对老百姓的承诺就是让70%的家庭能够买得起三房式的组屋,保证房价相当于家庭年收入中位数的四到五倍。新加坡政府是这么承诺的,也是这么做的。而我们的承诺呢,我们很多地方的保障房价格竟然是市价的80%,也就是说是浮动的,而不是固定的,所以,我们老百姓永远不知道自己能不能买得起保障房。同时又因为是随机摇号,所以也永远不知道什么时候能够得到"幸运女神"的眷顾。

如果我们做不到新加坡那样,最起码可以学学特区香港。香港政府把老百

姓的收入、人口数量等条件换算成相应的分数,然后计算出一个总分,老百姓可以通过查看榜单的方式,看看自己大概还有几年能拿到房子。也就是说,建立一个排队秩序。有这样一个程序的存在,老百姓心里就安稳了,也就不会着急买房子了。而政府也能给自己赢得更多建造保障房的时间。

我们一系列政策出台之后,之所以出现种种问题正是因为我们的政策完全没搞懂民意是什么。老百姓要的不是明天就得到现房,–而是一个稳定的排队预期。什么意思呢?比如说大家充分讨论之后,确定了年收入 24 万和资产 50 万就是分界线,在此之上的就没有资格申请保障房,在此之下的就一定能在 5 年内等到保障房,这样,老百姓就有了稳定的预期,分界线下的安心等待,分界线上的努力攒钱。

除此之外,我们还要让房地产开发商有稳定的预期,让房地产商安心地排队。在这方面,我们可以参照一下美国的做法,在美国一个地产商拍下一块地就必须在所要建的楼盘里面开发至少三分之一的廉租房,地产商要不就承担这个廉租房的任务,要不就拿不到地。这个条件一旦成了规矩,地产开发商也就认命了,囤地是不可能的,捂盘惜售更是没有意义。

我们还要牢记一个最基本的道理:建保障房的钱说到底是非保障房提供的! 所以,在保障房之外,还要有非常兴盛的地产开发。比如说新加坡的乌节园、Boulevard Vue、cYAN、Jardin 等豪华物业,询价每平方米从约合十多万元人民币到数十万元人民币不等,与中国香港最知名高层豪宅区西九龙价格相当。但是,这些私宅项目基本没有太多销售压力,甚至不用付出太多广告成本,因为销售信息一放出来,就可以卖掉很多。

所以,我们必须在保障一般老百姓有房住的同时,也要保障给这些保障房提供财政支持的非保障房市场实现繁荣昌盛! 我们不能大张旗鼓地宣传保障房,因为这样做只有两种结果:要不然就是保障房提供的不够,结果房价经过短暂下挫之后再次迅速蹿升,然后所有没有房的老百姓都来骂你;要不然就是头脑太热,保障房提供得太多了,结果没有繁荣的非保障房市场了,土地出让金收入大减,到头来保障房还是难以为继。搞不好就会重蹈香港的覆辙,房价因此大跌,然后所有买了房的老百姓都来骂你。这对我们公共政策水平的要求是非常高的。中国香港失败了,美国提供政策性住房贷款的房利美和房地美到现在还没有走出破产阴影,我们凭什么相信自己能像新加坡一样"幸运"?

五、分房子和盖房子是一样要紧的事

深圳开始分房子了,而且信息公开程度比北京、上海都好。可是,老百姓对深圳骂声最多。

我想深圳市政府现在很可能觉得自己非常委屈:深圳搞了保障房,而不是像其他地方只说不做;深圳的公示制度相当完善,所有资料不是只贴在社区的门口,而是可以上网检索,可以公开讨论;复审时间也非常充分,在经过长达6个月的马拉松之后已经剔除了1 472户不合格者。

那么,为什么老百姓对深圳骂得这么凶呢? 根据网易的网络投票调查,高达70.6%的网友反对深圳政府现在的保障房项目。而网友提出并支持的建议是什么呢?"禁止保障房项目上市交易,只能住不能卖","建更多的公共租赁房,而非保障房","加强对弄虚作假者的打击力度"。三者合计获得了80.6%的投票。

我想说的是,深圳市政府必须明白一个最基本的道理:保障房是真正意义上的公共政策,没有老百姓的参与和讨论,没有民意的首肯和批评,你怎么做都是错的。你过去搞行政命令那个套路就注定了你必然失败,因为评价公共政策好坏的标准,不是那些冷冰冰的数字目标,而是老百姓是否满意。

我相信很多政策都是各路官员和专家们反复讨论出来的结果,可是我真觉得老百姓要比这些人聪明。举例而言,就制度本身来说,网友就指出了六大漏洞:婚姻作假,资产转移境外,外地有房产,有房子无房产证,原住民已经在自家宅基地上有房了,31万多栋违法建筑并无资料。此外,针对个案,除了富二代风波,还有网友发现,现在住豪宅的、49户不住在深圳的、虚报信息再申请的都有过关的。

那么,深圳市政府应该怎么办呢?我发现我都几乎不用为这个问题操心了,因为网友们的建议已经非常完善了。比如有网友就质疑,"深圳为什么不能建立统一的居民收入核对系统?"有人说这里有隐私问题,那这些人肯定没仔细看申请表。实际上,申请表的第七部分声明的第二条,申请人已经承诺了"将积极配合住房保障资格审核部门的核查,并同意授权住房保障资格审核部门向公安、民政、规划和国土、人力资源和社会保障、市场监督、税务等部门以及有关金融机构、金融业监督管理机构调查核实申请人及共同申请人的相关情况"。既然这些信息资料政府手里都有,那么为什么住建局却不用呢?原因很简单,一方面这些官员和专家设计制度和方案的时候根本没有考虑老百姓是否方便;另一方面他们从来不问策于民。

香港的办法也值得我们借鉴。在香港,收入证明必须由雇主提供,若是自雇人士,就需要提供公司的账本和审计报告。而雇主的收入证明不是随便填写的,香港房屋署已经给你制作好了模板,你填空就行了。而就在这个模板上写得很清楚:本人清楚根据某某法律对某某的收入证明,如果提供虚假资料,一经定罪,就会被判刑6个月并罚款5万港元。而这个本人必须是公司的负责人,收入证明上必须有这个人的亲笔签名和公司的公章。

当然,我们不能贸然引入这个判刑和罚款的规定,因为香港几乎所有小商贩,包括洗衣店,都是注册成有限公司的。而我们在这方面还不十分规范,如果强制引入这些规定,就可能有很多人会因此无法获得收入证明。那我们应该怎么办呢?最简单的但却最有效的办法就是,问策于民!

到这里我们发现最核心的问题根本不是简单的收入问题,也不是什么技术性的问题,而是老百姓对这个标准买不买账的问题。如果标准是违背民意的,那么你政府按照这个标准做什么都是错的,而且做的越多就错的越多。

深圳市政府可能到现在都没搞懂自己的问题究竟出在哪里。那我告诉你,在深圳保障房申请的一堆条件里,实际上只有一个真正的标准,就是家庭总资产不超过32万元。那我请问:凭什么是32万元? 而不是30万元、20万元? 也不是50万元? 凭什么资产只有10万元的不能比30万元的有优先权? 实际上,2011年就爆出来好几个申请者资产就比32万元低500块钱的。当然,10万元的可能是刚刚结婚的年轻人,人均收入可能比有30万元资产的三口之家还高,那么为什么三口之家没有优先权呢? 同样,是不是上一年申请而没得到的,今年应该有优先权? 当然,也可能在深圳市住建局内部摇号分配的时候,这些因素可能有不同的权重,但是,为什么这个标准不能拿出来让老百姓公开讨论呢?

我们承认住房问题不可能在短时间内全部解决掉。那我们是不是应该向香港学习,制定合理的规则,还大家一个公平? 规矩如何定呢? 绝对不能是几个专家在黑屋子里面制定,而是必须让老百姓参与进来。

六、应该创造条件,补贴公益组织提供廉租房,与政府廉租房竞争

我们做什么事情都喜欢一刀切,而且我们到现在都不懂,我们需要大量的非政府公益组织提供类似的公共产品,这样才能督促政府部门提高效率。廉租房尤其需要进行如此管理。否则,政府投入再多的财政资源也没有用。

这方面我们应该学学美国。1974年尼克松政府出台了《住房和社会发展法案》(Housing and Communitr Deve 却 ment Act),该法案规定凡是符合公共住房申请资格的租户,都可以从地方住房管理机构获得租金证明,拿着这张证明就可以到私人住房市场上去租房,租金按市场价支付。根据这项法案,政府把租金分成两类:一类是以房屋为基础,只要房主愿意加入租金补贴计划,且房屋租金和房屋质量符合联邦政府标准,房客只需缴纳不超过家庭收入30%的租金就可以人住廉租房,而差额部分可凭住房券向政府兑取现金。在纽约的黄金地段有座叫"子L子大楼"的公寓,就是当地政府为低收入的华人提供的廉租房。还有一类租金,是以租户为基础,也就是领取租金补贴的人只能将这笔钱用来租

赁指定范围内的指定住房,比如老年公寓。在获得补贴后,一居室租金大约是400多美元,两居室也不过500多美元,政府差不多补贴了200美元,很划算的。事实证明,美国政府通过市场化的操作手段帮助低收入者的住房计划是很成功的。

与此同时,美国政府还以补贴或者社会项目招标的方式来扶植一批公益组织和公共部门竞争。比如在美国有一个由基督教组织筹办的"避难所",无家可归者可以申请到这里免费吃住。这里不仅有不同的房间,还有食堂、电视图书室、健身房、教室、电脑室、洗衣房、儿童游乐场,等等。要住"避难所",就必须晚上10点30分上床睡觉,早上6点30分起床,而且白天必须出去找工作或接受社区的免费职业技能培训。找到工作之后,收入的10%用于交房租,65%由避难所代为保管,攒够了2 500美元,就可以到社会上租房子独立生活了。而我们缺少的正是这样的公益性组织。因为在我们现有制度下,申请成立公益组织的程序非常复杂,门槛又高,基本是不可能的。

第五章 产业升级不过是一厢情愿

一、经济高增长,幸福却离老百姓越来越远

中国经历了三十多年的经济改革和对外开放,我们的经济一直在高速增长,尤其是从国有企业的经营情况来看,经济好得不得了。2011 年 1—8 月国企利润是 1.26 万亿元,比 2010 年同期增长 46.7%;营业收入 19.4 万亿元,比 2010 年同期增长 37.6%。从 2011 年 9 月发布的中国企业 500 强来看经营状况也非常好,营业收入总额和利润总额分别达到 36.31 万亿元和 2.08 万亿元,利润率达到 7.7%。利润最高的 lo 家企业全是国企,而且占到了 500 强的 40%。

但是,这么高的增长给我们老百姓带来的是什么呢? 我们的五大银行拒绝给中小企业放贷,直接抬高了它们的融资成本;三大石油巨头的垄断让国内油价连续上涨;在中移动的带动下,中国人的电话费几乎是全世界最贵的。

透过进一步的分析我们发现一个奇怪的现象。就是我们的垄断企业和税收都在以 20% 多的速度狂飙,但是老百姓的收入、民营企业的利润却没有什么增长。可很有意思的是,我们的就业、出口却都是民营企业创造的。我这里有组数据,"十一五"期间,我们的私营企业和个体工商户的登记数量超过了 4 200 万户,解决了. 75% 以上的社会就业,GDP 的贡献率也达到 60%,税收的贡献率达到了.50eh,。出口呢? 看看商务部的统计,2011 年 1—9 月,国有企业进出口额是 5 691.4 亿美元,而民营企业的进出口额是 7 393.9 亿美元。实现高增长

的还有我们的税收,2011 年全国税收总收入达 89 720.31 亿元,与 2010 年相比增长了 22.6%。透过这些数据我们发现,国有企业的高增长本身和就业增加、出口增加、收入增加都无关,甚至可以说,正是这些所谓的高增长导致了老百姓的生活困难、民营企业的举步维艰!

二、我们会不会陷入拉美困境:基于韩国半导体和中国台湾光学产业的分析

我们在研究拉美经济的时候,发现巴西、阿根廷这些国家三十年前的经济和我们有着惊人的相似。拉美国家就是依靠拥有大量的廉价劳动力和开放市场等比较优势,大量引进外资,尤其是西方发达国家及大型跨国公司的资本,来带动本国的经济发展,实现了经济的快速增长。但是,这样的发展是要付出代价的。之后,快速发展过程中积聚的问题集中爆发,造成贫富分化加剧、产业升级艰难、社会矛盾凸显。最终,经济发展陷入长期停滞,社会持续分裂和动荡。

其实,拉美、东南亚一些国家早就算是中等收入国家了,之后却陆续掉进了"陷阱",至今仍未进入高收入国家行列,有的甚至已经在中等收入阶段滞留了四五十年,既无法在工资方面与低收入国家竞争,又无法在尖端技术研制方面与富裕国家竞争。比如菲律宾,它在 1980 年的时候人均国内生产总值已经达到 671 美元了,但 2006 年却还停留在 1 123 美元,将通货膨胀因素考虑进去以后,人均收入基本没有太大变化。

还有一些国家的收入水平虽然在提高,却始终难以缩小与高收入国家之间的鸿沟,如马来西亚 1980 年人均国内生产总值为 1 812 美元,到 2010 年仅达到 8,500 美元;阿根廷在 1964 年时人均国内生产总值就超过 1 000 美元,经历几次起伏之后,现在是 7700 美元。拉美地区还有许多类似的国家,都是经过了二三十年的努力,几经反复,但一直没能跨过 1 万美元的门槛。而我们今天正在重复它们的老路,贫富分化、社会矛盾突出、没有核心竞争力。

但是，在我们的研究过程中却发现日本、韩国和中国的台湾地区就避开了这个"陷阱"。为什么？因为这些国家和地区所选择的增长方式不是简单的代工，日本的出口靠的是别人制造不了的东西，就连汽车制造业都转移到消费国去了，日本本土留下的主要是半导体、光学这些先进的制造业。各位晓得这两个产业最主要的原料是什么吗？是我们中国以非常便宜的价格卖出的稀土！

所以，在苹果发布 iPhone 4 后，韩国《朝鲜日报》敢说 iPhone 是"韩国手机"，因为每一台 iPhone 4 包括其屏幕、处理器、存储器、电池等主要零件都是由韩国厂商提供的。大家都觉得苹果手机显示的图片看起来特别清楚，就是因为 iPhone 采用了分辨率超过人眼视网膜的 Retina 屏幕，而这个 iPhone 上最贵的零件恰恰是韩国 LG 位于龟尾的工厂生产的。我们的富士康呢？为什么在四川成都的工厂发生了大爆炸？因为我们做的是特别没有技术含量的环节，就是拿铝板过来切削刨光，加工成手机壳，而切削过程中产生的高温铝屑，极易引发爆炸。再说电池，中国是世界上最大的电池生产基地，但是，iPhone 根本不用中国的电池，因为韩国三星的电池和积层陶瓷电容器可以让 iPhone 的续航时间大幅提升。很讽刺的是，我们的知名制造业企业比亚迪就是靠电池发家的，但是之后呢，在我们的产业政策引导下，去研究怎么造车了。

为什么会这样？最根本的就在于我们的工作思路出了系统偏差。我们招商引资这么多年了，就是喜欢看表面的，考察表面的。我们的招商引资就像一场骗婚，为了把外商骗来，什么条件都敢答应。等人家真的来了，厂房建完了，我们的地方政府就"消失"了，我们的招商引资也就算结束了。而对于真正的招商引资来讲，这一切才刚刚开始。因为从这时起，你的租金优惠、土地优惠、税收优惠统统无效；而你的教育和人才体系，你的科技政策，你的创业环境，开始发挥主要作用。而正是后面这些决定了你是渐渐领先，还是渐渐落后。

我举个例子，日本的佳能几乎是同一时间在中国台湾地区、泰国和中国大陆投资光学的，而且国内的光学企业比如凤凰也是同时开始改革开放，引进技术，对外合作。可是，二十年以后的今天，中国台湾有全世界最大的光学产业，甚至在塑料光学领域反超日本。现在 i：Phone 手机里的塑料镜头全是台湾一个小镇"潭子"生产的。泰国还是传统的组装厂，后来佳能把泰国的工厂基本都搬到中国苏州来了，并且珠海佳能也有单反生产线，却远远不如台湾佳能。台湾佳能从设计到生产管理都是本地工程师，几乎所有的零部件都能本地解决，可是大陆的佳能核心部件都得从台湾地区或者日本进口。国内的国有光学和相机厂几乎全倒闭了，硕果仅存的就是凤凰光学，可是因为贪污腐败和侵吞国有资产，从董事长到总经理和副总经理几乎被一网打尽全部双规。

为什么台湾地区在这场竞赛中胜出？因为台湾的教育和科技人才体系优秀，创业环境对民营企业非常有利，土地和税收也不因为你是民企而歧视你，更不像我们很多地方做一个企业就意味着大部分时间都要和有关部门打交道，所以中国台湾能在引入日本佳能光学和德国博世光学之后培养出来一个非常大的光学产业群，培养出大立光、今国光、亚光、联一光这么多的人才队伍。可是我们的招商引资基本上在引入投资以后就撒手不管了，至于培养更多的人才，那就不是招商部门的事情了。

中国台湾为什么能在塑料光学领域反超日本？表面上，是因为日本这些外资企业看不起手机用的塑料镜头。当时，大家都觉得手机照相是不可能的，塑料怎么可能有玻璃镜头成像好呢？而台湾的大立光就从这个别人看不上的市场着手，从 35 万像素开始，一口气做到现在的 500 万甚至 800 万像素，可是价格却降低到之前的 10%。

我不知道大家有没有想过更深层次的原因。这种事情，佳能能不能做？能做。但是佳能就算做，也不可能在苏州做。

因为苏州没有日本本土那么强大的研发队伍。就算有研发中心，佳能也不想重蹈在台湾的覆辙，不想再培养一堆竞争对手。

那么，凤凰光学会不会做？内地的人事关系那么复杂，我们的国企没动力冒这个险，更没有人才储备、创新机制和市场嗅觉。

因此，就算用产业扶植基金投对了项目，也未必能打开市场。到这里，你会明白,我们辛辛苦苦招商引资来的外资企业,我们不停照顾扶持的国有企业,都完成不了产业升级的梦想。

三、广东"腾笼换鸟":传统产业,是产业转移,还是产业升级?

其实根本的问题是,我们一直不太懂什么叫"产业升级"。我们的政府有个习惯,就是习惯以为自己能"弯道超车",习惯觉得能靠引进一个大项目一举抢占行业的制高点,而且把大部分时间和精力都花在筛选这种"产业升级"的项目上了。我们今天看日本的半导体行业领先,看韩国的显示器产业领先,于是,我们就希望引人最新的生产线,从而一举抢占制高点。但是,我们完全看反了。我们可以去翻看五六十年前日本的索尼、京瓷、尼康这些半导体企业创始人的回忆录,就会发现一开始这些都是美国人看不上的小玩意。索尼从美国买回来一个半导体专利的时候,美国发明者说这东西,你用来做个助听器还可以吧。当时根本没人会想到这东西能颠覆收音机,颠覆随身听,颠覆电视机。

而我要告诉各位的是,"产业升级"这个概念基本上就是错的,因为产业很难升级,经济成长靠的也不是看得到的产业升级,而是靠看不见的人才、科技和资本。我这句话不是乱说的,这个在经济学里有个专门的学科叫"发展经济学"。我们内地也有不少研究发展经济学的,但我发现,这些人的研究方法是很有问题的。国际上通用的研究方法是,把视野扩展到全球,以国别的定量数据实证研究为基础,结合案例调查。我虽然不是做这方面研究的,但我系统读了这方面专家的报告。这些报告在不停检验我们能想到的所有可能的因素,比如人口、自然资源、出生率、婴幼儿死亡率,等等,最后发现三个因素就能解释绝大部分的经济增长:人才/教育、科技、资本形成。

而且,大部分传统产业是无法升级的。我们专门查阅了台湾地区的相关资料,当今台湾最有名的企业比如宏碁电脑、宏达电、台积电、日月光半导体、联发科等完全都是20世纪80年代以后才有的。之前在台湾比较有名的雨伞、服装、玩具这些企业都搬到大陆来了。各位想想看,指望服装厂、玩具厂、纺织厂产业升级可能吗?也许你会说有成功升级的,比如前面提到的大立光。但是,你得看仔细了,起作用的可不是去国外买一条新的生产线,而是磨镜片磨了十几年给大立光培养了扎实的光学技术基础,以及掌握这些技术的科技和管理人才。

不仅台湾,香港也是如此。之前香港的纺织行业也是非常发达的,但是到现在基本都消失了。那么,以纺织业为代表的香港传统产业留下了什么?金融资本、人力资本,还有管理经验。所以说,传统产业就是第一桶金,这些劳动密集型的或者污染密集型的产业本身没有太大价值。但是,他们培养了企业家,积累了民间资本,又在开放的环境下培养了一批新人。韩国也是如此,纺织这个产业在韩国最后基本消失了,但是今天韩国财阀里相当一部分都是靠这个起家的,这个行业也培养了一批企业家,同时政府从中收税来支持教育科研。很多人以为韩国在亚洲金融危机以后就完了,那是因为你的目光集中在看得到的产业上了。如果你去看韩国的人才和科技体系这些不是浮在表面的东西,你就会为他们的竞争力感到深深震撼。

而我们现在搞的4万亿配套的十大产业振兴计划,也基本上都是在保护落后产业、保护既得利益,到头来,只会妨碍产业升级。那么传统产业怎么办?我认为,只能“产业转移”,而很难做到“产业升级”。从这个角度来说,广东搞“腾笼换鸟”,虽然听起来有点残酷,但却是对的。因为传统产业已经赚够了第一桶金,已经完成了对国民经济的历史使命。而现在,随着劳动力成本的大幅上升,这些劳动密集型产业的利润已经很低了,甚至都亏损倒闭了。如果你去珠三角,就会看到一堆很久没有开过工的旧厂房。在这种状况下,如果政府不帮它转移,它就真的活不下去了。更何况它还占着土地,因为我们不允许土地自由交易,同时又有苛刻的土地建设指标,这些闲置的工厂在某种程度上也妨碍了新产业的用地需求。

在我们这种非常特殊的土地政策条件下,地方政府如果不作为,这些企业真的是无力转型。就拿陶瓷业来说吧，佛山是中国陶瓷产业最重要的基地，但是，随着当地各种生产成本的不断上升，不得不选择外迁。可是，没有政府规划土地和工业园配套支持，让这些企业自己转移到珠三角以外，基本上是不可能完成的任务。最后，还是在双转移政策下，2009年韶关新丰和清远清新上马转移了配套陶瓷工业园。事实证明，在现有体制下，我们地方政府不作为的结果就是，企业痛苦，欠发达地区也得不到实惠。

四、台积电、广达、HTC：它们背后的台湾"代工革命"

还有一个被我们搞错的概念就是"代工"。我们理解的代工基本都是"苏南模式"，就是招商引资，给外国企业土地和税收优惠，让它们来投资建厂，然后把组装生产线搬到中国来。

那各位晓得中国台湾的"代工"是怎样的吗？中国台湾的代工是制造业的创新，是对美国的巨大挑战。此前，半导体业由整合组件制造商（Integrated Device Manufacturer，IDM）一手把持：德州仪器、摩托罗拉和英特尔都是自己设计芯片，然后在自有的晶圆厂生产，并由自己完成芯片测试与封装的。张忠谋创立了台积电后就找这几个企业说，你们与其在自己的晶圆厂生产，还不如把设计图交给我，我帮你生产，价格肯定要比你们自己生产的要低。为什么这样讲呢？我给各位解释一下，比如一条生产线是10亿美元，如果德州仪器投一条，产量是1亿枚，那么每一枚成本就是10美元，德州仪器还有两种不同规格的产品，所以总共得投三条，要投资30亿美元，而别的生产线一条可能才5 000万枚的产量，所以成本就得20美元。类似的，摩托罗拉和英特尔也有七条生产线，投了70亿美元进去。那么，台积电就说，能不能我发布一个规格，然后你们就想办法在这个固定规格下用你们的设计才华来实现不同的性能，这样我就投入一条线，10亿美元，但是你们不管什么样的图纸，只要在大的规格上和我这一样，我就都能给你造出来。这样全行业的产量都集中过来以后，比如说年产5

亿枚,一枚的价格就可以降低到 2 美元。对于德州仪器来说,价格降低了 80% 甚至 90%,产量还是 2 亿枚,还省了 26 亿美元。最后,这么大的规模本身就成了巨大的壁垒,连英特尔自有的制造规模都没有台积电大。所以,现在台积电的利润率最高达到 90% 多。也就是说,台湾的"代工"颠覆了本来的产业链,促进了产业分工。

同样颠覆了整条产业链的"代工"还有台湾的笔记本电脑产业。这个产业现在发展到什么阶段了呢?就是代工厂自己设计出来几款不同的机器,然后交给大的电脑商比如戴尔、惠普去挑。也就是说,戴尔和惠普只做营销就可以了,其余所有环节都是台湾的广达电脑代劳。还有手机代工,台湾的 HTC 也是代工起家的。可是现在呢,欧洲的诺基亚、西门子都不行了,日本的夏普、索尼、NEC 也不行了,美国的摩托罗拉都被迫变卖破产了,可是中国台湾的 HTC 却越做越大、越做越强,现在的市值比诺基亚还高。

都是"代工",看看我们大陆是怎么做的。就拿昆山来讲,基本是只生产,而且连生产指令都是别人下的。为什么我们大陆达不到台湾这种水平呢?透过研究我们发现,虽然大陆各地方政府争相提出土地和税负优惠政策来吸引台湾晶圆代工企业进驻,但这种做法能成就以鸿海为首的代工组装模式,却并不适用于半导体行业。因为大陆所提供的优惠仅占晶圆代工成本中的一小部分,根本无法与价值数千万美元的制程设备和先进的技术研发环境相提并论。这就是个悖论,我们大陆这种招商引资的结果就是只能吸引最低附加值的产业,因为在这些附加值低的产业里,土地、税收所占的成本比例非常高,反而是高附加值的产业根本不在乎这些优惠。因此,台积电在大陆的脚步并不积极。虽然台积电也表示要继续扩充松江厂,但相比在台湾斥资上百亿美元打造 3 座超大型 12 寸厂,两边产能的悬殊实在太大了。

那么,我想问问大家:中国台湾和拉美为什么走向了不同的分岔口?答案就是我之前讲的,真正的竞争力不是别的,而是宝贵的人力资本和具有创新精神的企业。如果我们愿意给老百姓花钱,给老百姓投资教育、投资医疗、投资保障房,就会给千千万万的老百姓一个平等的起点,给千千万万的小企业一个公平的营商环境,只有这样才能避开拉美的困局和动荡,实现像台湾地区这样的产业升级。为了这个目标,我们必须拿出壮士断臂的勇气,限制政府的权力,限制税收的盘剥,果断进行一场政府服务的"产业升级",以服务型政府对抗即将到来的中等收入陷阱。

五、中国式的产业升级就是"大跃进",产业振兴就是"放卫星"

2010 年 7 月 19 日,我在电视节目里发出预警,警告大家经济会出现二次探底。可是根本没人听我的,事实已经证明 2009 年的 4 万亿和十大产业振兴根本没什么用,可是我们竟然在 2010 年继续搞能源 5 万亿。国家能源局编制了新兴能源产业发展规划,规划期为 2011 — 2020 年。该规划将累计直接增加投资 5 万亿元人民币。我们再仔细看看都有什么:核能、风能、太阳能、生物质能、地热能、非常规天然气等新能源和可再生能源的开发利用,洁净煤、智能电网、分布式能源、车用新能源等能源新技术的产业化应用。

表面上看都是新能源,实际上呢,我给各位深入分析一下,比如说风能,各位看看那个风车其实就明白了,消耗的都是钢铁。我估计这也是因为我们迫不得已的,为什么呢? 是因为我们钢铁的库存已经大到令人震惊的地步了。根据中国钢铁工业协会公布的数据,2010 年 5 月末,全国 26 个主要钢材市场五种钢材社会库存量合计为 1 578 万吨,是 2008 年同期的 5.5 倍。所以,现在就很清楚了,那就是 2009 年的天量信贷刺激的是钢铁的生产,而非消耗。但是 2010年,在我们明明没有技术、没有经验的状况下,一举安装了全世界最多的风电机组。结果呢,内蒙古的风电机在空转,无法接入电网、缓解电力紧张;甘肃的风机技术控制不达标,险些两次摧毁西北电网!

表面上是要开发新能源汽车,实际上呢? 要解决的是汽车业产能过剩的问题。我们现在汽车的库存也大到了可怕的地步。还有投资电站,实际上是为了消耗水泥的产能过剩;投资光伏,是为了消耗玻璃的产能过剩。因为这些行业的产能过剩已经到了非常严重的地步。也就是说,5万亿的投资进去之后,获益的全是产能严重过剩的传统行业。这让人特别担忧,因为我们产业政策已经被既得利益者绑架了,现在完全是在以纳税人为代价,搞技术"大跃进"和产业"放卫星"。

我还发现一个特别奇怪的现象,就是只要说是投资新兴产业,就会有那么一群人特别的兴奋,特别舍得花钱。这群人还不是我们的企业家,而是渴求政绩的地方官员。因为我们的地方官员更容易心浮气躁,更喜欢找"弯道超车"的机会。各位可以去搜索一下"弯道超车"这个口号,基本上都是各地党报上反复强调的。那我就请问这群人,你是企业家吗?你是创业家吗?你凭什么觉得就你有眼光,能看到好项目?而且这个项目恰巧不被现有的企业看好,恰巧又能日进斗金?其实我们完全可以换个角度去想,如果政府官员用财政投资项目、选择项目和管理项目是有效的,那么私有企业基本都可以关门了。

最可怕的是什么?是两种人的结合。一种是什么都不懂但手里掌握着大把财政资源的政绩导向型官员,另一种是什么职业道德都不管只想借机骗一把的企业家。当然,有的是要骗钱,比如私企老板,有的则是要骗业绩,比如国企老板。于是就出现了旷世奇观的"大跃进",比如说电动车产业,2009年十大产业规划中汽车产业振兴的规划是,改造现有生产能力,形成50万辆纯电动、充电式混合动力和普通型混合动力等新能源汽车产能,使新能源汽车销量占乘用车销售总量的5%左右。

我就十分好奇,电动车这东西在日本、美国都搞过,最后都发现产品的性能不稳定,而且油价一降下来,这东西就没人买了。我们为什么要花这么大精力搞这东西呢?更何况,我们现在的发电靠的是火电,这种发电方式的污染和碳排放都比汽车烧油厉害得多,所谓的低碳环保完全是胡说八道!我不知道为什么我们就有底气说要在这个领域超英赶美,要知道,从充电、蓄电到电路管理,这么多技术我们都还没有攻克,而且就算将来都被攻克了,这东西在推广过程中也还需要更大的基建投入,这就意味着不可能有广阔的国外市场。可是,为了这个"大跃进",我们现在简直是举全国之力,中央财政明确要连续三年投入100亿元,此外还提供800亿元的技术改造贴息贷款。

结果基本是意料之中的。50万辆和5%这两个目标到现在都还没有达到。新能源汽车5%的销量占比就是70万辆,而现在每年的销售量大概只有1万辆。而且,车企新能源汽车的产能目前远达不到50万辆的规模。2010年底,共有54家汽车生产企业的190个车型列入《节能与新能源汽车示范推广应用工程推荐车型目录》,而在20lo年以上车型的年产量为7181辆。

客观来讲,电车销量这么少,肯定不是我们的政策不到位,因为目前深圳、上海和北京对电动车的支持已经非常给力了:在北京和深圳购买电动车最高可获得12万元补贴;上海可以获得10万元补贴。但是电动车依然没什么吸引力。南方电网的有关人士透露,深圳已经建成的2 000余个充电桩,基本都处于闲置状态。

最根本的原因是这东西真的太不靠谱了。众泰造了个纯电动汽车,杭州市政府花了不少力气推广,要求出租车带头示范,结果呢? 起火了,吓得司机都不敢示范了,搞得政府非常没面子。还有,这些企业骗财政支持的时候信誓旦旦地保证纯电动车一次充电,肯定能续航160公里,结果一试只能跑100公里,也就是说活动半径只有50公里,如果跑去郊区的话基本就回不来了。

六、十大产业振兴:竟然全上当了!

我知道,讲到这里,我肯定把很多汽车企业都给得罪了,但是我觉得,总得有人站出来说出真相吧。既然说了,那我就再多说几个吧。到目前为止,我没有看到任何科学实验表明:炼钢高炉越大越好,或者炼钢规模越大越好,发电站的规模越大越有优势,水泥厂的规模越大越节能环保。我倒有一堆相反的证据:首钢在河北曹妃甸搞的1号高炉,号称规模世界第一,结果炼出来的钢质量根本不稳定,而且炼钢成本比传统高炉还高!净亏损已经 50 亿元了,接下来还不知道会亏到什么程度呢。还有宝钢,搞了个 COREX 炼铁项目,仅仅在 2009 年就亏损了 10 亿元。为什么都这么惨呢?就是因为都在"放卫星"。之前国内最大的高炉是 4 500 立方米,首钢非得放两个 5 500 立方米的"大卫星"出来;宝钢的 COREX 志在攻克所谓世界最前沿的炼铁技术,又放了个年产 150 万吨的"大卫星"。所以,现在被淘汰的大部分所谓落后产能都是没有道理的,所谓的淘汰其实是在渔利大企业,渔利国有企业,逼迫民营资本退出市场。甚至,现在很多地方国企都受不了了,干脆半卖半送给央企,以求早日解脱。

再说下高铁。我们国内上马的时候觉得连奥巴马都在美国搞动员搞拨款,所以肯定没问题的。结果呢?2011 年 2 月 16 日,佛罗里达州拒绝修建高速铁路计划。俄亥俄州和威斯康星州也都退回了联邦拨款,表示不建高铁。奥巴马给加利福尼亚州拨款 30 亿美元,可是加利福尼亚州却说得再论证 9 年,等到 2020 年再说建还是不建。与美国各地方政府形成鲜明对比的是,我们的各地方政府为了建高铁简直是不遗余力,中央不给拨钱,就自己砸锅卖铁,以求尽快上马。我不知道各位是什么感觉,但我感觉是我们被美国忽悠了!

忽悠我们的不仅仅是美国,还有欧洲。欧洲是世界最大的光伏电池和组件销售市场,也是中国各大光伏企业发展的主要依托。但是自 2010 年以来,以德国、西班牙为代表的欧洲国家开始大幅削减光伏电价补贴,意大利的补贴政策迟迟不出台,结果导致我们出口的光伏产品成堆堆在意大利港口。

最后再说说风电。2011 年 2 月 24 日,西北电网甘肃酒泉风电基地因桥西第一风电场出现故障,导致 598 台风电机组脱网,损失电力 84 万千瓦,电压的大幅度波动,甚至波及甘肃电网的电压和频率控制,威胁到整个电力系统安全。4 月 6 日,国家电监会在北京召开事故通报会,最后总结了四大问题:设备设计本身不合格,风电场建设质量不合格,风电场接入对电网整体来说不安全,电力调度机构没有足够的能力管理风电场。这个事故就是中国的"福岛核危机",福岛核危机叫停了中国的核电"大跃进",而酒泉风电事故等于叫停了中国的风电

"大跃进"。

讲到这里，我再把思路梳理一下。我们是以高铁投资为载体，拉动了十大产业中的钢铁、装备制造、有色金属、船舶和物流这五大产业。电动车带动的是汽车产业，当然了，汽车产业也顺便带动了石化、有色金属和钢铁；光伏带动的是装备制造、电子信息；风电、核电带动的是装备制造、钢铁、有色金属。十大产业中就剩一个了，就是纺织。可惜，也没能幸免，因为我们没有定价权，国际棉价大涨之后，我们纺织企业也欲哭无泪了。

这些产业给我们造成的损失已然成为事实，我也没什么好说的了，但我们最起码要吃一堑，长一智。当年的"大跃进"，我们为之付出了那么沉重的代价，为什么到今天还要继续"大跃进"呢？

第二篇　国企改革陷入停滞

第六章　国企到底赚不赚钱

一、暴利是因为管理能力强,还是因为享受了巨额补贴?

最近三大石油巨头公布了财报,老百姓都吓了一跳。媒体都在讨论说三大石油商 2010 年利润总额高达 2 650 亿,折合每天净赚 7.3 亿元。其实大家还少算了呢,2 650 亿不过是归属母公司的利润,三巨头们真正赚的净利润是 2 819 亿。

最近几年央企的利润飙升,让我们怀疑 GDP 是不是造假了,但不是怎么那么高,而是怎么可能这么低? 国资委的网站显示,央企的营业收入由 2008 年的 1.19 万亿上升到 201 1 年的 1.67 万亿,平均年增长率为 10%。净利润增长更高,2009 年是 14.6%,2010 年是 40.2%。要是我们所有企业都像央企这样,GDP 增长率应该在 20%。

我要提醒各位的是,国资委旗下的央企的收入还没有包括四大国有银行,也不算保险、券商、基金这些国有企业,以及中央行政事业单位所属的 6 000 多家企业。20lo 年仅国有四大银行净利润总和就达到了 5 056 亿人民币,再加上地方的银行,全年的利润高达 8 991 亿元,和中国所有私营企业辛辛苦苦干一年的利润差不多。

那各位晓得我们的国企为何能有如此暴利? 很遗憾地告诉各位,那是因为我们政府对国企的补贴高得离谱。

首先是直接补贴:1994.一:2006 年国家财政对经营性的国企亏损进行补贴,共计 3 653 亿元,而且这期间没有一毛钱的分红。2007 年之后名义上补贴取消了,事实上依然存在,2007 一 - 2009 年仅中石油、中石化就获得 774 亿元补贴,相当于每天 7 000 万。

其次是信贷补贴:根据中国社科院经济所刘小玄的研究,国有及控股企业实际利息率 1.6%,个人及控股企业实际利息率为 5.4%。如果按照 5.4% 融资费率进行测算,国有企业在 2001—2008 年间少支付的利息为 28 469 亿元,占国有及国有控股企业名义利润总额的 58%。

当然,我不确定刘小玄估算的利率是否准确,因为我确实看到银行在放贷时的不同标准。对国企,只要国资委有批文,银行甚至可以提供无抵押贷款,而且还能享受 9 折利率。民企贷款就没有那么容易了,没有抵押是绝对不可能的,即使有抵押也不一定能贷到款。所以说已经不是利息多少的问题了。

再次是地租补贴:国有企业占地基本上是白用,如果按工业用地价格 3% 的比例计算工业土地租金,2001 一 - 2008 年国有企业共应缴纳地租 34 391 亿元,占国有及国有控股企业累计利润总额的'70%。

最后再看看资源税补贴:我国的资源税现行税率非常低,开采一吨石油最高只要交 24 元钱,在全国大部分地区开采石油每吨只要交 8 元钱,占销售价格的比例不到 1%,加上 1% 的资源补偿费,我们的石油资源税费不足价格的 2%,而世界上资源税的平均水平是 10% 左右。虽然我国 2010 年开始在新疆试行资源税改革,征收 5% 的资源税,但仍然低于世界平均水平。煤炭、天然气都一样,在这方面税率非常低。

说实话,在这方面伊拉克都比我们聪明!过去伊拉克政府搞拍卖的时候要收取拍卖费,等开采出来之后就和开采者分成。这个模式有什么问题呢?就是究竟开采多少石油这个主导权不在伊拉克政府手里,而在西方石油公司手里,这样伊拉克政府没法直接控制原油产量和定价权。但是这也总比我们中国现行的办法好多了,因为毕竟资源没被廉价卖掉。

后来美国把伊拉克"解放"了,伊拉克新当选的石油部部长很聪明,改变了玩法。中标企业必须与以南方石油公司为首的伊拉克国有企业合伙,在完全独立融资的前提下与之分享管理权;中标企业以每桶原油为单位收取固定服务费,但若未能达到伊拉克政府所设产量标准,将无法得到任何利润分成和服务费。

这个规矩一变,外国石油公司就彻底成"打酱油"的了,基本上沦为建筑工地上的"农民工"了。我给大家做个计算,按照 100 美元/桶计算,一天 400 万桶石油产量的收入就是 4 亿美元,但是,伊拉克政府支付的服务费只有 2 美元/桶,这样外国石油公司只能收到 800 万美元。所以,各位明白为什么美国"解放"了伊拉克却不占领它们的油田了吧?不需要啊,规矩变了,让我们的中石油当苦力去开采,美国石油公司直接出钱向伊拉克的南方石油公司购买就可以了。这就是中石油联合英国石油中标伊拉克最大油田的悲惨内幕!

再说说我们的通信行业。各位晓不晓得全世界的通信行业使用无线频谱都是要交牌照费的?因为这个无线频谱是属于大家共同的自然资源。可是各位有没有听说过中移动缴费呢?从来没有,因为我们国家的无限频谱是免费用的。欧洲拍卖 3G 无线频谱运营牌照的人均价格是 219 欧元,那么,按照中移动有 5.4 亿用户来估算,中移动的运营牌照至少需要支付 1 182 亿欧元,折合人民币 10 964 亿。而中移动 2010 年的净利润是 1196 亿,2009 年 1152 亿,2008 年 1126 亿,2007 年 807 亿,2006 年 660 亿。5 年全部加起来也不过是 4 941 亿人民币,都不够付牌照的运营费。即使我们给中移动打 5 折,它都付不起。中移动尚且如此,联通和电信就更不用说了。

其实,我们的资源税改革和电信改革都没抓住问题的本质,这就相当于一个人加盟 KFC 竟然不付加盟费,甚至连店面的固定资产都是免费占有;而我们的资源税相当于既不跟加盟店要 500 万的加盟费,也不要 12% 的销售抽成。有人说,无所谓啊,反正国有企业和政府是左口袋和右口袋的关系。我觉得是我们根本就不懂 KFC 这种模式的本质。500 万的加盟费就是十年特许经营权的收益,我预先拿走三五年的,之后每年再以管理费和广告费的名义抽走你12%的销售收入。这样,作为加盟商如何才能赚到钱呢? 就是努力提升服务,努力提高工作效率,以此吸引顾客,降低成本,只有这样才能把这个宝贵的品牌资源充分开发出来。

这也是为什么欧洲的电信运营商几乎都不怎么赚钱的原因,因为只有你不怎么赚钱,才说明无线频谱的定价没有被低估,这样宝贵的无线频谱才会被善用。如果无线频谱完全免费的话,会是什么结果呢? 估计会像我们的电信运营商一样,根本不理会消费者,反正我怎么做都能赚钱,这样,自然资源也没被善用,消费者也得不到好的服务。

二、国企高薪的迷雾

中石油副总经理喻宝才在 2011 年两会期间接受媒体采访时表示,公司员工的工资待遇并不像外界猜想的那么高。但是,根据中石油 2010 年的年报,中石油的职工费用是 827.37 亿元,平均每个职工的薪酬为 14.97 万元。这差不多是北京平均工资的 4 倍,而北京又是全国平均工资最高的城市,是全国平均工资的 2 倍。

还有中石化,表面上,职工费用为 337 亿元,除以 37 万职工,人均年薪是 9.1 万元,好像比中石油低了不少。但是,透过仔细分析我们会发现中石化职工其实更幸福,因为中石化的员工里大学本科及以上的职工只有 23.6%,而中专、高中、技校及以下学历的员工竟然占到了 55.4%,要是把大专的也算上,低学历的超过四分之三。各位晓得这是什么概念吗? 这意味着这些和富士康的工人学历差不多的员工,每天工作八小时,一个月就能拿到 7 600 元。富士康的工人呢,一个月基本工资也就 2 000 多元,要每天拼命地加班才能拿到 3 000 多元。

两大石油企业员工的幸福还不止如此。中石化年报写得非常清楚,除了绩效薪酬和企业年金,1998 年 12 月 31 日以来参加工作的职工都能拿到住房补贴。中石油更实在,2009 年 8 月 25 日,央视曝光了中石油在北京以超低价格"团购"太阳星城 8 栋房子,团购价不到市价的 40%。除此之外,一线销售人员所产生的一切费用都在销售费用里报销了,包括职工福利费、职工教育经费、办公费、水电费、后勤以及工会经费,等等。所以,仅仅中石油一家这两项成本每天就高达 3.32 亿元。

其实,如果是因为管理水平高、销售业绩好,有这么高的支出,我们没有意见。但实际情况呢? 2010 年,中石化职工费用大涨 16.5%,表面上看没有营业额 42.6% 的增幅多,但是,这 42.6% 是怎么取得的呢? 原油、汽油和柴油的销售量增幅分别是 13%、11.4% 和 lo.3%,但是单价却平均上涨了 45.4%、14.6% 和 17.7%。其实就是说,业绩的增长主要来自于大幅加价。如果就销售量而言,就算所有的增长都是靠自己的努力实现的。也不可能涨这么多工资!

透过对这两大石油企业员工待遇的分析我们发现,现有国有企业的工资制度都是不合理的。国家统计局数据显示,电力、电信、金融、保险、水电气供应、烟草等行业职工的平均工资是其他行业的 2—3 倍,如果再加上工资外收入和职工福利待遇上的差异,实际收入可能在 5—10 倍之间。2009 年,上市央企的高管团队平均年薪 31.3 万元,比民企高出 61%,较地方国企的高管高出 37.3%。上市央企的 CEO 平均年薪达到了 61.6 万元.较民企 CEO 的平均年薪 47.9 万元高出 28.8%,较地方国企 CEO 的平均年薪 50 万元也高出 23.3%。

而糟糕的是我们国企的高薪高福利,不是因为这些企业的效益好或者级别高,而是因为国资委不是称职的股东。我们国资委对国有企业的薪酬管理方法还不如 KFc。我们央企高管的薪水基本上是根据《关于进一步规范中央企业负责人薪酬管理的指导意见》来制定的,还不算特别离谱,但是,高管以外的员工工资是由董事会制定的。这样问题就出来了。因为我们发现这个董事会的股东根本不是国资委,而是企业高管。比如中石油有 14 位董事,除了 5 个花瓶独立董事,其他 9 位董事都是企业高管。这就好比是加盟店的股东失踪了,让经理随便决定员工的工资、福利待遇,其后果可想而知。更为糟糕的是,国企的这些经理不仅可以恣意干预薪酬制定权,而且霸占了属于股东的利润。根据规定,部分央企须上缴5%—10%的利润,而据统计2010年共上缴红利440亿元,相当于央企2万亿元利润的2.2%,这个比例简直比个人所得税还低!

其实,直到现在我们仍存在一个误区,我们既没有搞清楚国企利润的来龙去脉,也没有搞清实际分红比例和决策分红权的差别。我们专家常说的是,按照国际惯例,上市公司股东分红比例通常是税后利润的30%—40%,所以,他们给出来的建议是提高上缴的比例就行了。实际状况是怎样的呢?我给大家举个例子,李嘉诚的和记黄埔旗下有房地产企业、港口企业、零售企业。按我们专家的建议就是零售企业只上缴5%—10%的利润就行了,可实际状况是怎样的?李嘉诚透过和记黄埔,对这个子公司的所有利润有100%的决定权。这之间的差别在哪里呢?不管李嘉诚实际上每年的分红比例是多少,可能是5%,也可能是30%,但是他完全有100%的权力来决定怎么处置这个利润。也就是说,李嘉诚可以决定让零售企业所有的利润,甚至之前所有积累的利润都以分红的方式返还给母公司,然后母公司根据整体战略,决定是把这笔钱用于投资港口,还是房地产,或者电信业务。

而对于我们的央企来讲,股东国资委代表的是谁?因此,不是说只有上缴的红利这部分钱才归国家,而是所有利润都应该归股东所有。如果是国家全资的,就应该全部都归国家所有;如果是部分上市的,那就是由国家和其他股东共同所有。可现在,我们的央企管理层竟然荒谬到把97.8%的利润据为公司所有,而代表国家的国资委竟然只能支配2.2%的利润!

三、"三桶油":不惜发动油荒、制造气短来排挤对手

更让人生气的是,在如此暴利之下,"三桶油"竟然还要年年上演油荒气短的闹剧。我给各位看组数据,2010年中石化自营加油站数量由27 367个增至29 601个,加油站总数位居世界第二;与此同时,交给个体户做的特许经营加油

站举国上下竟然只有 515 个。中石油自营加油站有 17 996 个,特许经营的只有 602 个。其实加油站这种业务,特许经营就可以了。可为什么非要收购过来呢? 原因很简单,就是因为中石化和中石油手里剩余的资金都太多了,如果中石化不去收购加油站,中石油就会收购,收购以后就只销售中石油炼制的汽油、柴油。如果民营加油站拒不出售呢? 中石化就会借着油荒给你断油,逼着你必须投靠中石化。

天然气市场更可怕,年年都气短,你能给老百姓一个像样的交代吗? 我们的国企把上游完全垄断,这样天然气批发市场根本无法形成,下游零售企业要不然接受批发价涨价,要不然离开这个市场。石油市场至少有三大阵营,第一阵营是中石油和中石化的炼油厂,第二阵营是正在崛起的中海油的炼油厂,第三阵营是地方的炼油厂,全国只有山东比较多,其他地方几乎都没有。可是,在燃气市场,70%—80% 以上的份额都被中石油旗下的昆仑能源独家垄断。

那么为什么偏偏是最近几年开始大幅涨价呢? 因为这个独家垄断格局就是 2008 年中石油以昆仑能源为平台全面垄断天然气上游产能之后形成的。连中石化都不是中石油的对手,因为中石油手里有两把互补的利器:天然气和液化石油气,而中石化只有液化石油气。

过去为什么没有垄断提价呢? 因为过去虽然众多液化气厂是中石油旗下的,但是这些厂是各自为政的,相当于有一个充分竞争的上游批发市场,所以,价格一直没有大幅上涨。之前民营的下游企业一般是直接从资源丰富的新疆乌石化等企业直接进气,哪里的价格便宜、供货付款方式有利,就采购哪家的。

一切的转折点就在 2008 年。这一年中石油制定了一个非常清晰的战略布局:以香港上市的昆仑能源为平台对全国范围内的天然气中上游业务进行整合,以昆仑天然气为平台对天然气下游业务,特别是车用压缩天然气 cNG 业务进行整合和扩张。此外,以昆仑能源旗下的昆仑燃气为平台对全国的液化石油气下游销售业务进行整合,其重点是将中石油旗下各炼油厂的液化石油气资产全部纳入,并以统一的价格进行销售。

在这个战略部署下,昆仑能源相继收购了中石油旗下的大连、江苏、青海、山东、四川、天津以及沧州的天然气和燃气资源。此外,中石油在建的液化天然气项目,也都交给昆仑能源来实现。按照媒体的披露,这包括新疆新捷 L,NG、和田 LNG、华油内蒙 L,NG、陕西安塞 LNG、四川广安 LNG、四川广元 L,NG。未来,广东、河北等地的 L,NG 接收站或将陆续注入。

这样,过去下游企业选厂家的权利没有了;而且,只要资源供应稍微有点紧张,昆仑燃气就控制给下游企业的资源量,昆仑自己的库不满,绝不会给下游的民营企业。上游企业利用自己在上游的绝对垄断优势,进军下游,威胁下游,不断推高批发价,从而逼迫下游企业不断调高零售价,这就是典型的"加州悲剧"。

什么叫"加州悲剧"呢? 当年加州的油价一直是美国最高,常年比美国全国的平均价要高出来 30%— –40%。为什么呢? 在回答这个问题之前,我先跟大家解释一下。美国的加油站有两种模式,一种是加盟店,这种店是个体老板跟大的石油公司承包的,每年交租金、交品牌使用费和管理费。与加盟店相对的商业模式是另一种独立店,也就是你自己的品牌,然后去批发市场上找石油公司买油。换句话讲,独立店相当于中石油成立昆仑能源进行垄断之前的中国产业格局,而加盟店相当于 2008 年之后被昆仑能源全面垄断之后的状况。

恰恰这点,是加州与美国所有其他州不一样之处。在其他州,独立店的份额是 60%,加盟店是 12%,而在加州情况几乎完全反过来,加盟店的份额一直在 50% 以上,独立店的份额不到 20%。直到之后加州出台了密集的监管法案,这种趋势才得到遏制。这对我们的启发是什么呢? 中石油旗下的昆仑能源一家独大,才是最近两三年来天然气不断上涨的根本问题:如果这个问题得不到有效监管的话,我敢预言我们的天然气零售价格还要大幅上涨 30%。

四、汽车国企能垄断是因为能用谎言左右国家产业政策

我们的汽车产业政策不重视自主开发,把重点放在产业集中度和单个企业

的规模上。为了追求产业集中度，为了追求规模，限制国内竞争，实行高关税。中国规定了外资进入中国汽车产业就必须合资，而且外资比例不许超过 50%。结果，美国三大汽车公司只能选择合资。比如，福特的轿车是和长安汽车合资的，商用车是和江铃汽车合资的。通用基本上都是和上海汽车合资。按照我们的规定，通用不能在华独资运营，但是上汽却可以同时和大众合资，同时搞自己的荣威汽车。

外资企业其实还不是最倒霉的，因为最起码还能以合资的形式曲线进入。2001 年以前，民企和地方国企都不许涉足这个被三大汽车国企牢牢把控的行业。比如安徽芜湖当年搞奇瑞的时候，只能偷偷摸摸，代号 951 工程，意思是安徽省第九个五年计划的 1 号工程，好不容易在 1999 年造出来了，国家竟然不许销售，最后争取了 2 年，送给了上海汽车 20% 的股权，才弄来一张许可证。

为什么如此严格的行业准入？因为中国汽车工业有个"神话"，说中国汽车要想有竞争力就必须得上规模。为了上规模，就不能让小企业进来。曾经任职北汽的一个领导说，"要搞自主开发，必须以规模为前提"，如果只有 10 万辆规模只能小打小闹，搞像样的开发至少得 50 万辆的规模。一汽的领导说，要耐住寂寞 20 年，规模不到 600 万辆是没法开发的。可是，世界第二的丰田 2010 年才过 600 万辆，这相当于说世界上除了通用，别人都不能搞自主开发！丰田从来没跟人合过资，从来都是自主开发，从它几万辆、十几万辆时就是自主开发的。更有意思的是，2001 年奇瑞获得"准生证"当年，卖了 2.8 万辆，赚了 8 亿元的利润，2002 年卖了 5 万辆，一举进入八强，一下就戳穿了汽车工业的"神话"。

我们为什么编造这样一个神话呢？因为社会舆论压力那么大，这些人要搪塞一下。东风的领导说，自主开发要至少达到 200 万辆的规模，还要 10 亿元的固定资产的投资，10 亿元的运营费用，8 000 到 10 000 人的开发队伍，大约 30 个实验室。你一听就别做了，肯定做不到。所以他说，自主开发可能需要几代人的时间，我们这一代就不行了。然后上面提到的那位说要有 50 万辆规模才能自主开发的北汽领导人说，自主开发的企业一定会出现的，前提是当中国汽车市场达到1 000万辆的规模时,而且产业基础完备,法规完善。你看,这个神话的门槛在不断地提高。这样下去,再过两年你就会听到这些人说,不是600万辆,而是1 000万辆才能自主开发了。

那各位有没有想过一个问题,连奇瑞都能造出来发动机,为什么我们那么多国有汽车公司没有一个能造出来? 原因其实也很简单,因为他们已经习惯"盘剥"外国企业了,过去还是盘剥整车,现在,更是有了要求连零部件都不能超过50%的限制。什么意思呢,就是说,此前我们在政策上对外资在华建零部件企业没有过多的限制,对合资没有股比限制,并且允许外商独资。现在呢,我们对《外商投资产业指导目录》进行了修订,规定新能源汽车关键零部件企业中外资持股比例不能超过50%。我们这样搞,不是要把我们最需要的关键技术赶出中国吗? 我实在想不出这样做对我们有什么好处。如果我们真的想搞好汽车产业,就必须得逼这些企业和外国企业竞争,这样才能激发它们的创新能力。你让它们的日子过得太舒服的结果就是今天这样,合资30年连一台真正拥有自主知识产权的车都造不出来。

而且,我还要提醒各位,我们以前搞的所谓"市场换技术"也是瞎掰。因为事实证明,到最后市场给人家了,但技术却没换来。我告诉各位,现在的合资汽车企业,说白了就是国外汽车企业的"代工企业"。这样的企业还不如富士康,不仅渠道、售后服务的利润让外资企业拿走一半,就连加工生产部分的利润也让人家拿走了一半。

五、出租车罢运背后:国有企业不光彩的角色

我还想说说出租车这个行业。各地的出租车公司大部分都是地方国企或准国企,永远都是只爱涨价不爱改革。

2011年各地出租车集体罢运事件特别多。2008年11月10日三亚部分出租车罢运;2008年12月广州出现出租车罢运事件;2010年4月20日,福州出租

车罢运;2011 年 1 月 14 日,郑州出租车停运。为什么会接连发生这样的事情?其中一个最重要的原因就是出租汽车企业"份子钱"过高。

我们来做个计算,就拿北京为例,北京的出租车双班车一个月的份子钱是 6 000 元,一个月的油钱要 8 000 元,剩下的才是司机的。一般情况下,一个月落一个司机手里只有 3 000 元左右。也就是说,出租车司机没日没夜地工作所拿到的钱,还没有出租车公司拿的钱多。再加上,我们现在的成品油价格节节攀升,这对于出租车司机来讲又要增加不少成本。出租车司机当然不干了,所以说,出现罢工的情况根本没有什么好奇怪的。

那如何解决这个问题呢? 我们的出租车公司又是涨燃油附加费,又是涨每公里打车费。但我告诉各位,这根本解决不了问题。最有效的解决办法是改革现有的管理模式。如果让出租车司机自主经营成为个体户,这样一下子就可以减少 30% 的成本,不仅能让出租车司机拿到更多的钱,还能让老百姓得到实惠。

在这方面,我们可以借鉴一下纽约和特区香港的经验。首先由政府计算出究竟需要多少辆出租车,然后拿出相等数量的车牌进行拍卖。出租车公司想要经营,就去市场上买私人车主的车牌。纽约总共有 12 400 个出租车车牌,20 年来这个数字从没有变过,现在一个出租车车牌大约值 50 万美元。香港从 1998 年开始到现在,车牌一直维持在 18 138 个,现在一个牌照最高能卖到 400 万港币,即使在低价的时候也能卖到 350 万港币。这样做,政府既能收钱,又能让利于民。

所以我们能看到,纽约和香港的思路都非常简单,就是不要搞中间一层的公司,即便存在也不许在获得牌照上有什么特别优势,这样出租车司机就不会被剥削。如果再加上一条,规定开车的只能是牌照持有者本人,违者被交警抓到就吊销牌照,那么投机者也不敢涉足了。这样的话,牌照价格也不会太高,也不会出现温州那样的情况——出租车公司被消灭掉后,牌照持有者取而代之成为新的剥削者。

很多人可能会问,要是我们牌照也是几百万一张,不是成本更高了吗? 那我们就看看上海吧，上海既有出租车公司，也有几千个属于个人的牌照。问问那里的出租车司机就知道了，出租车司机每个月给公司交的份子钱，比个人买牌照、买车平摊到每个月的钱多得多，而且这个还是在假设个人的车5年就报废掉的情况下。所以在上海，自己有牌照的出租车司机的日子要比给出租车公司开车的司机好很多。

分析了这么多国企，我们得出一个非常清晰的结论：国企根本不赚钱，国企红火是因为无偿占据了大量的国家资源。国企不但享有大量特许经营资质，更享有巨额补贴、低息贷款等民企想都不敢想的政策倾斜。

在这里我想表个态。我们对国企的看法和那些自由主义经济学家完全不同。也与世界银行截然不同，虽然他们也呼吁要对国企进行改革。我们希望和这些人划清界限：他们盯着的是国企的产权，他们呼吁把国企卖掉，他们在贩卖"一卖就灵"的假药，他们这些假市场化之名搞改革的，其实是希望这些巨额补贴和免费资源随着企业改制。进入他们所代表的利益集团的腰包，随后再以私有产权神圣不可侵犯为由，把这种特殊利益合法化、私有化。

我认为他们完全在误导改革。国企现在的种种弊病是因为我们的产业政策和国企治理出现了系统性偏差，这种偏差让国企看起来虚胖。对于我们来说，正确的做法是限制国企享受补贴和免费资源，这样才能逼着国企靠改进技术、降低成本、提升管理来赚钱。换句话说，我们希望国企赚钱、赚大钱，但是有两个前提：第一，国企赚的钱不是靠滥用垄断地位搜刮老百姓；第二，国企赚的钱不能自己留着，必须上缴财政，然后返还给老百姓。

国企确实需要改革，但我们需要正确的国企改革，更需要让人民受益的国企改革，因此我们必须警惕"假改革之名，行盗窃之实"的新自由主义改革。为此，我们需要推进的是一个浩大的系统工程。之前某些学者鼓吹卖掉国企、分掉国有股的想法太天真。对于这些人，我想请问：你天天惦记着那点儿国有股，是何居心？

第七章 电力:以涨价替代改革

一、与中电联过招:电厂,你到底亏了没有?

2011 年,我代表老百姓和电力垄断集团过了几招,逼着中电联不得不作出回应。而中电联的这个回应等于承认它们之前扯谎了。之前,当全国的媒体都发布中电联的消息说电力企业亏损千亿时,只有我一个人站出来发问:究竟是你中电联制造了假新闻,还是五大电力集团制造了假财报? 我感觉很奇怪,我们五大电力集团全是上市公司,可除我之外,为什么没有人去看看它们的财报,去仔细核实一下消息呢?

我先简单和大家回顾一下我和中电联过的几招。

第一,中电联称:2011 年 1_7 月,华能、大唐、华电、国电、中电投五大发电集团公司电力业务合计亏损 74.6 亿元,同比增亏 82.7 亿元,其中,火电业务亏损 180.9 亿元,同比增亏 113 亿元。但是,我说电厂没有亏损。因为经审计的财报显示,华电旗下的华电国际上半年归上市公司股东的净利润是 1.18 亿元,华能旗下的华能国际是 11.78 亿元,国电旗下的国电电力是 11.40 亿元,中电投旗下的上海电力是 1.83 亿元,大唐旗下的大唐发电是 8.54 亿元。没有一个亏损! 不仅如此,五大电力之外的华润电力上半年净利达到 20.64 亿元,这个"外行"竟然成了行业第一,可见发电本身是赚钱的!

我就拿其中的大唐发电来说吧,它绝大部分业务是火力发电。据中报显示,2011年上半年营业利润是14亿元,合并净利润12.5亿元,归上市公司股东的净利润是8.54亿元。那么煤价上涨有没有影响呢？表面上看好像有,2011年上半年电力燃料费188.71亿元,较2010年同期140.57亿元增加了48.14亿元。但是,燃料费上涨既有可能是因为煤价上涨,也有可能是因为发电量的增加。2011年上半年,上网电量的增加使大唐发电的收入增加约人民币44.97亿元;加上平均上网电价的提高,最后算下来,大唐发电的收入上涨了62.62亿元。也就是说,煤炭涨价非但没有让大唐亏钱,恰Ⅰ合相反,借着涨价和用电量的增加,大唐还多赚了14.48亿元。

中电联怎么回应的呢？中电联承认旗下五大电力上市公司都在盈利,但是却说上市的只是东部地区的电厂,而中西部和东北地区的电厂在亏损。那好,就算其他地方的电价没有华东地区贵,但是其他地方的煤价成本便宜啊。以一吨5 500大卡动力煤为例,华东的价格是852元,黑龙江双鸭山是690元,新疆却不到200元。还有山西的电厂怎么会亏损呢？要知道,东部煤价里一半都是运输成本,而山西是产煤大省,为什么亏得最厉害？

第二,我说电厂用煤的六成都是发改委规定不许涨价的合同煤,所以受煤价冲击很小,但是中电联说"合同煤不到电厂全年耗煤的40%.,还另需采购更贵的市场煤"。可是明明在20lo年煤炭经济运行情况通报会上,中国煤炭工业协会副会长姜智敏说重点电煤合同兑现率高达90%以上。

中间这50%进了谁的腰包？后来我们发现,这些都被倒买倒卖腐败掉了。按煤炭订货会规定,电煤合同需要有资质的电厂与国有煤矿直接签署,但是有的电厂经常故意多签,多出来的一转手倒卖,差价就进入私人腰包了。但是倒手的话,电厂煤矿都要签字,其中猫腻怎么能不知道呢？而有电厂多签了,必然就有电厂签不到合同煤！不要急,中间商手里不是有倒腾来的嘛,正好供你所需。当然,价格就不是合同价,而是市场价了。这种情况,电厂也没办法,谁让你关系不够硬,抢不到合同煤呢？

第三,我说中国的电厂因为加价太容易所以没动力改进效率,可是中电联说中国燃煤电厂效率比美国高2个百分点,说我们是国际先进水平。那我们就来做个对比,按照中电联公布的数据我们是333克/千瓦时,对不对?那我们看看其他国家的数据,日本为299克,韩国为300克,意大利为303克。我们究竟是先进还是落后,不用我多说了吧。其实也不是我们没技术,2010年全球火力发电企业的最低能耗是279.39克/千瓦时,各位晓得这是谁创造的纪录吗?上海外高桥第三发电厂。如果能把这个技术推广到全国,我们输出的电力至少能增加15%,或者至少能节省1亿多吨动力煤。

当然,我理解作为发电厂利益集团代言人——中电联的窘境,中电联想要的是涨上网电价,而不是电力零售价,因为零售价确实和它们"一毛钱关系"都没有。就拿2010年来讲,国家电网从五大电力集团购电,平均价格每度仅为0.38元,但是卖给老百姓的价格却是每度0.57元。也就是说,电网从电厂购来电,然后一转手卖给老百姓,价格就上涨了49%。其实,中电联完全可以像广电告联通电信垄断一样,对国家电网发起反垄断举报调查。因为只要国家电网的转手销售毛利润率超过49%,就涉嫌垄断。

那中间这么大的利润去了哪里呢?国家电监会提供的资料显示,主要电网企业输配电成本构成中,折旧排第一占41.64%,其他费用排第二占27.15%,职工薪酬占19.32%。其他费用与职工薪酬占总成本的46.47%,接近总成本的一半。其他费用估计就是"三公"消费了,而职工薪酬占企业营收的比例恐怕也是所有行业里最高的。所以,电厂要以电荒倒逼涨价,最后国家调控还是挺有水平的,就是不涨零售价,而涨上网电价,等于让国家电网来给电厂出血。

因为电厂的发电量分为计划内与计划外,计划内电量由电网按国家规定支付上网电价,这部分电厂是能赚到钱的;超计划发电部分,电网则要降价收购,而电网的销售电价则没有变化,这部分呢,电厂因为电网压价所以是亏钱的。因此,对这部分所谓的计划外电力需求电厂完全没有动力去满足。所以,真正的电荒就是电力企业完成计划电量后,就以停机检修为名不再多发电。那是谁来制定这个所谓的计划呢?不好意思,我们尽了最大的努力,研究了所有的公开资料,但就是找不到答案。最后你会发现,电荒的根本原因是我们还在搞计划经济,或者说根本的问题是电网改革不彻底。

虽然争论到最后,国家发改委还是宣布了上调电价。但是我虽败犹荣,因为至少我的大声疾呼避免了最坏的结果。我当时呼吁的是:第一,电厂的亏损是上网电价偏低造成的,所以当务之急是调整上网电价,而不是调整销售电价。这样,补偿电厂的就不是我们老百姓,而是国家电网。第二,阶梯电价可以推行,但是必须学学美国,给最低收入阶层一个足够优惠的阶梯,别搞一刀切。国家发改委基本尊重了我的这两个意见,因为现在上调的是上网电价和非居民用电的销售电价,同时对居民用电又实行了阶梯电价。

二、厘清美国电力改革的系统思路

那我们应该怎么改革呢?美国的思路可以借鉴一下。首先我们来做个对比。根据国家发改委此前公布的我国与各国电价的比较,2008年世界主要国家居民千度电价分别为:德国263美元、英国231美元、日本176美元、法国169美元、美国114美元、韩国89美元以及中国69美元。从横向对比,中国的电价无疑在国际上处于较低的水平。然而将这些电价数字与当地的人均国民收入进行比较,则得出了截然相反的结论。按2008年德国人均国民收入42 440美元计算,其千度电价占人均国民收入的比例为0.62%,美国的这一比例为0.24%,相比之下,中国则为2.49%。按照这个相对价格来看,中国的电价是德国的4倍多,是美国的10倍左右。

我们看宾夕法尼亚州,为什么选宾州呢?因为国内媒体比较的时候总爱选宾州,但我发现这些报道是有严重错误的。国内报道宾州电价有两个版本,一个说500度以下每个月固定收费5.32美元;另一个说500度以下一度电是14.72美分。为此,我也查证了一下,宾州从事供电的有八个企业,按照2012年4月4日的最新数据,平均每度电是6.99美分,即人民币0.44元。

那么,美国的思路是什么呢?

任何人都有权利建设电厂。美国电力法规定,任何个人或团体均可以投资火电项目,没有电源规划,投资者需要自己选址。一旦项目交给个人,投资人在决定投资电厂项目之前,会与配电公司签订长期合同,没有长期合同,投资人不会贸然建设电厂,银行也不会给项目发放贷款。这些工作完成后,5万千瓦以下的火电项目免于许可,对于5万千瓦以上的火电项目向州政府提交申请获得许可证。

政府的第一角色是环境保护。这个许可证不是关于我们政府做的那种是否符合电力规划、建设地点、建设时间、投资规模、发电小时等经济事项,而是关于环保。在评估的过程中,工作人员会与地方政府,州政府的野生动物部门、水资源部门及有害物质控制部门,联邦政府环境保护署,美国军事工程协会,美国野生动物保护机构等进行合作。因此和我们的工作重点根本不一样。我们的思路都是把多少万千瓦以下的小火电全部关闭,因为我们一直都认为只有大的才能做好。

政府的第二角色是监管电价。美国受监管的公用电力公司主要集中在城市及其周边地区。电价监管不是为了偏袒消费者或者发电企业,而是保障市场公平,让大家都有钱赚。这是从加州电荒悲剧中换来的血的教训。

那么电价如何确定呢?受监管的公共电力公司必须向监管机构提交电力资费明细表。监管机构根据其颁布的统一会计标准对提交的资费明细表进行审查,确认这些业务的提供与限制条件是否符合公共利益、成本数据是否真实合理。凡是跨州的输电业务和电力批发业务,电力企业应向联邦能源监管委员会提交资费表;凡是提供配电及州内电力零售业务,电力公司都应向各州公用事业监管委员会提交资费表。

电价如何调整呢?受监管的任何电力公司要求调整电价时,首先应向监管机构提出调价申请并同时书面通知用户。监管机构接到公司要求调价的申请后,一般会成立一个审查小组,小组由律师、会计、财务分析、经济和工程技术等人员组成。审查小组要对申请材料中的基础费率、投资回报、公司的收入和信贷、公司的运营成本、折旧、所得税和其他税费进行逐项审查。如遇重大分歧时，审查小组要提请监管委员会举行必要的听证，并由行政法官作出裁决。如果调价申请被监管机构驳回，则此前公司多收取的费用要全额退还给用户。

政府的第三角色是补贴低收入者。美国占国土面积75%的农村和小城镇的电力供应主要由不受监管的市政电力公司和农电合作社负责，它是非营利性质的自治供电机构。私营的电力企业不愿意去的农村，联邦政府就要出面。为扶持农电合作社的发展，实现广大农村小城镇地区普遍电力服务，联邦政府主要采取了两条措施：一是为农电合作社提供30年长期优惠贷款，用于合作社的电力设施建设，极大地降低了农电合作社的供电成本；二是努力确保农电合作社的电力供应，联邦政府拥有的水电站优先向合作社供应质优价廉的电力。城市里的低收入人群享受政府的补贴计划，以加州为例，3口之家收入低于3.25万美元即定义为低收入家庭。满足低收入家庭标准的家庭可以享受电费20%的折扣，并且不随电价的调整而调整。

这样的结果就是，城市周围用电量大的地区有独立发电商、垂直一体的公立电力企业、公立企业的附属发电企业等；农村和小城镇有非营利性的政府资助的发电厂。而且，私营老板有合理利润的保证，他们非常乐意在城市和工业区建电厂，从20世纪70年代末期到现在，美国绝大部分新增电力装机都是由独立的私营发电企业建造的。而且这种模式不会出现像中国电力企业这样的巨无霸，在美国有数百家发电企业，美国最大的发电商控制的装机总容量不到全美总装机的4%，即便是全美最大的20家发电企业的装机总容量也仅仅占到45%。

再看看我们，完全不懂监管，**我们的**电监会根本就是个摆设。

第一，电价决定权在发改委，**电监会只有建议权**。

第二，电监会名义上有权颁**发电力**企业许可证，但是对于电力企业违法的处罚没有任何震慑力。它最大的权力就是对不遵守电力市场运行规则的处10

万元以上 100 万元以下的罚款。对于价格违规、违法并网等行为,这点罚款算得了什么呢? 而美国 2005 年新颁布的《能源政策法》规定,联邦能源监管委员会可以对每件市场违规案件处以每天 100 万美元的罚款,可以对恶意操纵市场的企业负责人处以 5 年的监禁。

第三,人员不足。我国华东地区的发电装机超过 1.2 亿千瓦,供电人口达 2.3 亿,而电力监管人员不到 100 人。美国加州公用事业监管委员会监管着 4 500 万千瓦的发电装机,有电力监管人员 450 多人。更重要的是,这些人具有警察身份,类似于我国的森林警察和铁路警察。

第四,我们的国家电网垄断 80% 的输电网络,上游随意吞并企业,而我们的电监会毫无作为。当然,这是因为电监会根本没有反垄断或者反不正当竞争的调查权。

三、我们该如何变革中国电网?

《新世纪》记者对北京、上海、重庆、广州、南京、济南、西安、长沙、银川、乌海、嘉兴、佛山等地工商业电力用户进行了抽样调查,调查覆盖华北、华东、华南、西南、西北,兼顾了不同经济发展水平的多个地区。结果显示,工商企业,特别是中小型商业企业,用电的实际价格普遍高于国家发改委及地方发改委公布的目录电价。比如,北京多处写字楼用户的电价均超过每度 0.9 元,商铺和饭店的用电价格多在每度 1.1 元以上,即使考虑峰平谷分时定价因素,仍超出目录电价 0.06 元到 0.278 元不等。

我们以节能减排为名搞所谓的峰平谷电价,结果呢? 再一次掠夺用电企业。图利了谁呢? 又是电网企业。河南省电监会曾对省内发电企业上报的数据进行过分析:河南省 30 家火电企业因执行峰平谷电价政策,导致上网电价平均每度电下降了 0.005 元左右,企业减少收入约 4.29 亿元。主要原因就是由于电力调度由电网企业说了算,发电企业在时段分配上没有自主权。

电网企业不只是对下游进行压榨,他们对上游的电力企业也不放过。一位来自五大发电集团的企业代表表示,他们并不希望实行煤电联动,因为电价一涨,煤价会再涨,电价还是跟不上。按照这家发电企业算过的账,电网企业的收购电价普遍比发改委公布的上网电价每度低了 3 分到 4 分钱。而这才是中国发电企业亏损的重要原因。

这里最值得思考的是什么? 就是中国电力行业的行业本质! 电网及其基层人员为什么会在实际执行过程中倾向于多收费? 一些原本在其他国家行之有效的节能方式如峰平谷定价,为何在执行中走了样? 关键在于目前中国的电网企业仍然在依靠传统的"吃差价"来获得盈利。一位国家能源局官员就曾直言:"这是世界上最落后的一种盈利模式,只有中国和朝鲜还在用。"差价就是零售电价和上网电价之间的差值。在中国,电网企业的利润主要就来自于这个差价。只要这种盈利模式不被打破,电网企业就会依靠垄断优势最大程度地压低上网电价,同时提高销售电价。

怎么改革? 其实非常简单,我们只需要做三个改革就能打开局面:第一,允许直供电,强制废除电网的垄断批发权。我们应该向英国学习,设立电力交易所(POOl),就像股票市场一样,要求一定用电量的企业和一定规模的发电企业必须进场公开报价,双方自行敲定电价和电量及供电时间,只需付给电网一个固定的过路费,而国家电网必须无条件执行传输,并有法定义务就差额部分进行调剂。然后再逐步降低电厂和用电售电企业的准入门槛。第二,学习美国放开两头,只管中间。对电网单独定价的办法,就是不管上网电价和销售电价,将这两个价格交给市场决定,只需要管住输配电价就可以了。通过核算电网的运营成本,由监管部门定出一个合理的输配电价标准。第三,放松对零售配电企业的准入,允许国有、地方、股份制、民营资本多元持股。我们从英国监管的实践来看,只要把前面两个管好,后面这个配电售电的股权其实就无关紧要了。最重要的是,能不能产生竞争,能不能让企业的财务足够透明,能不能让听证发挥作用。

第八章 民航:最暴利最爱延误

之所以要专门拿一章来谈民航,不仅仅是因为中国的民航是世界上最暴利的、最爱延误班机的,更因为民航是所有国企改革里最虚伪的。表面上看,民航是央企里面改革最彻底的。它把整个行业分拆成三大相互独立的部分,分别是负责监管的民航总局、负责运输运营的国有三大航空公司和负责接运旅客的机场枢纽。而且从表面上看,国内航线有几个民营竞争对手,国际航线也有几个国际竞争对手。表面上看这么规范,也难怪我们的铁道部把民航作为改革的榜样。可是我要提醒各位,我们不要被表面上的东西所迷惑,而是要透过现象寻找其本质。

我对民航做了一个深入的研究,发现了几个很奇怪的现象。

一是赚钱模式很奇怪。国有三大航空公司赚钱不靠卖机票,不靠服务。靠的是什么呢? 燃油附加费。就靠这种奇怪的模式,中国民航在其客运量和货运量占不到全球份额5%的情况下,却赚了全球航空业60%的利润!

二是航班天天延误见怪不怪。我们民航基本每天都有航班延误,很少有一班是准时起飞的。据民航局统计显示,2010年主要航空公司计划航班188.8万班次,其中正常航班143.1万班次,不正常航班45.7万班次,航班不正常率高达24.2%! 换句话说,四个航班里就有一个是延误的。而且我敢百分之百地告诉大家这个还是被严重低估的,因为民航局的统计方法是以离开停机坪的时间为准的。就我个人来讲,就有很多次被困在滑行跑道上傻等了,搞得我想改签都不可以。所以,现在我都对班机延误习惯了,如果说哪天赶上了没被延误的班机,我反而不习惯了。

三是航班时刻表很奇怪。我仔细对比了各个航空公司的航班表,发现一个很奇怪的现象,但凡好点的时间、好点的航线,几乎都看不到民营航空公司的踪影。比如说,春秋航空北京到上海的航班只能是早晨 6 点 35 分的,就这还是春秋航空争取了好几年才争取到的。为什么会这样?很简单,因为中国三大国有航空公司透过各种潜规则打压对手,垄断了所有毛利润最高的航线。这完全是一种不公平竞争。

四是腐败问题见怪不怪。这个问题不用再怎么分析了,只需要看一些已经发生的案件就明白了。2007 年 6 月,首都机场集团公司原总经理李培英因受贿 2 661 万余元、贪污 8 250 万元被"双规"。2009 年 6 月,接替李培英职位的张志忠因涉嫌经济问题被刑事拘留。2010 年 1 月,民航局原副局长宇仁录和首都机场分管安全的副总经理黄刚,因设备采购涉嫌受贿被移送司法机关处理。

一、为什么机票这么暴利?

在过去 5 年里,民航业进行了一系列改革。2006 年 3 月当时的民航总局实施了新的《国内航线经营许可规定》,国内航线可以申请非基地始发航线。2006—2010 年,全行业投资超过 1 万亿元,利税是"十五"期间的 5 倍;基础设施建设 5 年共投资 2 500 亿元,约为前 25 年民航建设资金之和;5 年新增机场 33 个,改扩建机场 33 个,迁建机场 4 个,维护完善机场 41 个,已开工在建机场 11 个。

从数字上看改革的成绩斐然。那按道理讲,航空公司可以申请非基地始发航线了,全行业投资又这么大,新建机场这么多,竞争应该更激烈了,票价应该更便宜了,对不对?可是我们看到的是什么?机票越来越贵,航空公司的利润越来越高!

先看看票价。自 2010 年 6 月开始,民航国内航线头等舱、商务舱票价实行市场调节价。结果各大航空公司全部调高票价。深航头等舱价格从以前的经济舱价格的1.5倍升至2倍,商务舱从以前的经济舱价格的1.3倍升至1.5倍。东航上海—北京航线商务舱为经济舱价格的2倍,头等舱价格调整为经济舱价格的2.5倍。

再看看航空业的利润。2010年,民航业实现利润总额437亿元,效益创历史最好水平。但遗憾的是,就像我上面提到的,在全球航空运输行业中,我们的运输份额不到5%,却赚了60%的利润。利润究竟来自哪里?燃油附加费。我们是从2009年底复征燃油附加费的,当时民航局允许征收燃油附加费的最高标准是,800公里以上50元,800公里以下20元。可是不到两年光景,自2011年12月5日起,800公里以上国内航线燃油附加费为140元,800公里(含)以下国内航线燃油附加费为70元。

奇怪的是,我们的发改委对价格调整向来都是要进行论证、听证和批准的,可是竟然对燃油附加费网开一面,在发改委价格(2009)2879号文件里直接规定:"航空公司可在上述规定范围内,自主确定是否收取燃油附加费及具体收取标准、执行时间,向社会公布后执行,同时报国家发展改革委、民航局备案。"也就是说,从此中国的航空公司可以不经任何批准随意收取燃油附加费。更重要的是,发改委对航空公司合谋一起上调燃油费从来都是不管不问。所以,中国的航空公司得以形成强大的价格垄断联盟。

其实,判断航空公司是不是暴利,有一个很简单的办法,就看空姐。因为这背后是有经济学道理的。经济学里有个概念叫"垄断定价",就是说垄断企业一个非常显著的特征是人为减少产品供给,以此维持产品的垄断定价,这样就能少干活、多赚钱。在这种情况下,就算有几家航空寡头表面上维持竞争,但是大家都会心照不宣不打价格战,形成价格卡特尔联盟。既然价格只能维持高位不能动,那么企业怎么竞争呢?高价之下民航顾客就锁定在商务市场,这些人对价格不敏感,更在乎价格以外的服务。这样,航空公司就聘用年轻漂亮、善解人意的空姐。但是,改革之后,美国航空业的垄断定价体系全盘瓦解,破除垄断的结果是票价大幅下降。这个时候,空姐是否年轻因而不再重要,甚至连行李免费托运的服务都没有了,价格成了抢客的关键。现在我们中国的空姐都是二三十岁上下,对照美国的经验,就知道中国的航空公司有多暴利了。

二、美国怎样靠改革降低票价?

那我们的航空业还有希望吗? 我们从美国的民航业寻找答案吧,因为美国民航业曾经比我们还糟糕。在美国《1978 年航空业监管法案》(Airline Deregulation Act of 1978)出台之前,美国也有个"民航总局",英文名是 Civil Aeronautics Board,简称 CAB。这个机构也是以官僚主义作风严重出了名的,无论是申请新的航线还是调整机票价格,或者加减燃油费,都得经过 CAB 的批准。

有这种官僚机构的必然结果就是妨碍公平竞争,老牌航空公司靠霸占黄金航班和黄金时段垄断了整个市场,这样就产生了美国式的腐败:票价居高不下,飞机上座率低,大量资源被浪费。我举个例子,当时有两个非常类似的航线,一个是旧金山到洛杉矶的,另一个是波士顿到华盛顿的。前者航程 338 英里,后者 399 英里。前者每年大概有 91.5 万乘客,后者有 98.1 万乘客。但是,前者票价是 18.75 美元,后者却高达 41.67 美元。美国航空协会对此做了一个计算,所有客观因素,比如航程、客流的不同,加在一起,最多只能解释 6 美元的差价,那还有 16.92 美元的差价没有办法解释呢! 最后才发现后面这条航线是跨州的航线,是要受 CAB 监管的;而前面这条航线都在加州范围内,不需要和官僚机构打交道。

那么,美国是怎么解决问题的呢? 直接撤销了 CAB 这个官僚机构,保留了之前一直存在的联邦航空局(FAA),只负责管理飞机和机场是否符合国家安全标准,以及负责协管空中交通调度,相当于空中交警,对票价完全无权干涉。而票价问题由美国司法部下属的反垄断部门负责监督,以此确保各家航空公司之间不存在合谋定价的行为。

不仅如此,因为解除了票价垄断和官僚干预,所以航空公司大打价格战。航空公司自然想办法降低成本,飞机和燃油成本基本上是固定的,所以,飞行员和空姐的高薪时代随之结束,成了各大公司削减的重点。我国的民航飞行员月薪大概3万元,年薪都在30万元以上,和美国相比算是很高了。美国CO19an航空公司(Colgan Air)短途飞机的副机长年薪仅为1.6万美元(当时折合人民币约10万元)。请注意,我说的是年薪,不是月薪!刚开始我也以为自己搞错了,为此我专门查阅了美国国家交通安全局的事故调查报告,发现的确如此。而且,大航空公司的薪酬也高不到哪去,美国航空公司(US Airways)的飞行员年薪2.16万美元。平均而言,地方航空公司飞行员起薪为1.8万美元,大型航空公司的飞行员起薪为3.63万美元。收入较高的美国西南航空公司(Sout⼁1west Aidines)的飞行员,第一年的最低工资为4.96万美元。但是,西南航空聘用的飞行员条件也很苛刻,至少数千小时的飞行记录,这在其他航空公司都可以当一名机长了。

说到飞行员,我还想再说一句。欧美发达国家对飞行员的培训是放开的,比如说欧洲最大的航空公司——德国汉莎航空就把全世界招聘来的年轻人都送到美国亚利桑那的基地学习飞行。还有我们的香港特区,一般大学毕业生都能申请去国泰航空,接受培训成为飞行员。我们内地呢?不仅学校是垄断的,国有航空对飞行员也是种种限制和要求。这样不仅妨碍了民营航空的公平竞争,更阻碍了中国民航业整体的发展。

三、为什么延误这么厉害?为什么航线又垄断又腐败?

当然了,一般旅客面对的不是民航局,而是航空公司。我们的票价贵也就罢了,更让人无法忍受的是,提供的服务也很差。总是延误,还不愿意妥善安置被耽搁的旅客,所以旅客与航空公司发生冲突的事件越来越多。大家只要在网上搜索"拒绝登机"就能知道有多普遍了。我拿其中一个例子来讲吧,2011年5

月 8 日晚,近百名国航的乘客因为航班被取消而滞留深圳宝安国际机场,旅客们因不满航空公司改签安排情绪激动。直到 9 日早上 8 点多,国航才同意对所有滞留旅客全部改签,最后国航正式向旅客出具书面致歉信。但问题是,对于国航来讲,不是头一回发生这样的事情。就在这之前的 4 月 17 日,国航旗下的深圳航空在深圳宝安机场就出过类似事情,由于等待时间过长,航空公司态度恶劣,旅客情绪激动,与深圳航空地服人员发生激烈肢体冲突。更严重的是,由于班机延误已经成为一种习惯,航空公司对此的态度基本是不赔偿、不改签、不当回事。

那各位晓不晓得航班延误的主要原因是什么? 航空公司给出的都是"流量控制"、"天气不好"这之类的理由。那我们看看民航局的官方数据,41.1%的航班延误是因为航空公司自身的原因,流量控制只有 27.6%,天气原因只有不到 19.5%。那么,究竟为什么延误呢? 我告诉各位,延误的最根本原因是由垄断造成的。因为所有的航线都被三大航空公司垄断了,所以根本不存在真正的竞争,所以它们根本不在乎。

说完延误的问题,我们再说说航空业的腐败。各位晓不晓得,从航空公司购买飞机时,就已经开始行贿了,然后选航线、选时间,还有卖票,这一系列程序走下来,就是一个"完整的腐败产业链"了。

对于航空公司来说,能赚多少钱取决于是不是在最好的时间,有没有最热门的航线。先说时间,上午 10 点起飞的航班肯定比早晨 6 点的受欢迎。那怎样才能拿到好的航班、好的时间的机票? 很遗憾地告诉各位,不是通过竞争,比如拍卖得来的,而是靠关系和走后门协调来的。就连身为国有航空公司的南航都要通过潜规则才能拿到。

遭遇潜规则的不仅是我们国内的航空公司。比如美国航空公司,中美开放天空后,美国航空公司申请飞北京,首都机场给它的时刻是凌晨 2 点落地,凌晨 4 点起飞。因为时刻太差,美国航空公司至今没有开航。还有北京到巴黎的航班,我们给卡塔尔航空的起飞时间是凌晨 2 点,埃及航空是凌晨。点 30 分,新加坡航空是凌晨。点 45 分。当然,我们的民营航空公司更惨,以春秋航空为例,一直申请不到北京航线。春秋航空网站显示,尽管春秋航空拥有 16 条从上海起飞的航线,但是仅有一条飞往广州,没有一条飞往北京,其他都是冷门城市。

反腐不到本质,就必然造成垄断,腐败式垄断之下,国有企业、民营企业、外国企业都是受害者。

再说说航班的审批。从表面上看,我们有《民航航班时刻管理暂行办法》,但实际操作上却由以前的一个部门审批变成了集体决定。审批航班的航班时刻委员会有 20 多个会员,全部来自三大国有航空公司。各位千万不要以为他们来自三大国有航空公司,所以自然会拼命为自己的公司争取利益。他们的目的是为自己牟利!他们利用手中的权力廉价把航班出让或出售出去。航空公司只能通过潜规则来获得航班时刻。包机制度就是这种情况下的产物。

我们平常所说的包机是指个人或者单位为特殊需要向航空公司申请某一个航班。但是,近年所谓包机早已花样翻新。比如说,有关系的人从监管部门拿到航线后,与航空公司合作,由航空公司提供运力、代理公司组织货源或客源。手握航线资源的人或直接按座位抽成,或一次性收取佣金,不同航线有不同价格,但一条航线价格一般是四五千万元。曾经最引人注目、利润也最大的是北京飞长沙的航线。因为当时湖南卫视推出的《超级女声》非常火爆,经常有影视明星飞到那边做节目,带动赞助商、策划和粉丝团跟着飞。当时有人出差从长沙飞回北京,出全价也买不到一张机票,因为这条航线"已经包出去了"。

四、美国经验:打破官僚就能打破垄断,打破垄断就可以下放航线权

美国在 1978 年改革法案之前比我们今天的情况还要糟糕。我们的民航局还算是"雷厉风行",说不批就不批。知道当年的美国民航总局是怎么办事的吗?世界航空公司在 1967 年申请纽约和洛杉矶之间的航线,但是直到 6 年后

才等到答复:不批。大陆航空公司申请丹佛和圣迭戈之间的航线,竟然等了8年,这还是因为大陆航空公司的老总决定冒天下之大不韪,向美国联邦上诉法院起诉控告 CAB,最后得到了法院的支持才得到批复。

极端的官僚主义必然导致极度垄断:比如说,在美国最赚钱的东西海岸航线上,只有联合航空(United Airline)一家获得许可经由芝加哥的枢纽机场来经营这条航线,只有跨世界航空(Trans World Airline)一家可以经由圣路易斯的枢纽机场来经营这条航线。这和我们今天的情况差不多,我们的国航是以北京为基地的,东航的基地是上海,南航的基地是广州.而三大机场排航班的时候都是以基地公司为优先的。

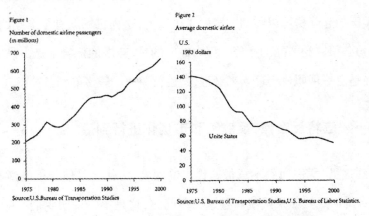

图 8-1　美国 1975 年到 2000 年国内航空客运人次及票价

前面说了美国最后在 1984 年直接废掉了 CAB 这个官僚机构。那么,航线权力交给谁了呢? 地方机场! 其实也就是回到了最原始的状态:比如说只要纽约机场同意让你在 8 点半使用登机楼,9 点让你使用起飞跑道,芝加哥机场同意在 11 点给你用降落跑道和停机坪,这样你就可以在这一时段安排航班。联邦航空局只需要像交警一样好好指挥交通,然后集中精力对付临时航班就行了。事实证明,没了 CAB 这种官僚机构,整个系统只会更高效地运作。美国废除CAB 后效果立刻显现出来了,机票价格降低了一半还多,美国航空客流量翻番,从2亿人次增长到了7亿人次。

机场的权力大了之后,会不会也搞暗箱操作呢?当然有可能,特别是最繁忙的机场。为了防止这种事情发生,美国颁布了一项法令,就是凡是拥堵的机场都应该尽快改变起降收费机制。也就是说,过去飞机起降费是根据飞机重量来计算,是固定的。但在这个新的制度下,一旦一个机场的飞机延误比例超过了全国延误总量的1%,就会被判定为拥堵机场,是要另外收取费用的,而且是根据不同的流量和高峰时间采取不同的收费标准。比方说,10点的时间好,7点的时间不好,那么,让10点的起降费是7点的2倍,这样有一部分航班就会错开高峰,把最好的时间留给运作效率最高的公司、价格承受能力最高的旅客。所以说,美国的起降费可以收到中国的3倍以上,这样机场就有了丰厚的利润。而航空公司必须接受严酷的竞争。更为重要的是,美国的机场不是由民航局来管理的,而是由一帮职业经理人来管理,这也就避免了很多的利益冲突。

五、民航系统应将反官僚、反腐败和市场化进行到底

分析到这里,我们回到本章最初提出的问题:为什么看似改革最彻底的中国民航却一堆问题?如果民航尚且这么多问题,这是不是说明我们一味以"公司化"、"股份化"、"上市化"、"国际化"为目标的国企改革传统思路出了问题?

的确如此,我们过去的国企改革表面上透过公司化和股份化实现了产权改革,但是,虽然表面上改成公司了,可企业决策和公司治理还是老国企那种一把手的一言堂。这个问题在机场管理上尤为突出,特别是基建项目"前腐后继",比如2010年被调查的大连机场原总经理胡志安。如果总经理的职责只是管理权,负责编列预算,而把最终决定采用哪个供应商的方案这个决策权交给董事会来做,那么就可以避免利益冲突和官僚干预。因此,香港机场400亿港元的扩建工程没有出现一起腐败。这就是我一直讲的,要以流程工序来杜绝腐败。不做流程工序的改进,再怎么坚决打击腐败,也注定是只能事后监督,不能事前

预防。

而要是放到国民经济大的框架中去看,我们就会发现,一直以来我们改的只是经营权,而所有关键的产权改革都绕过去了。航空公司的本质是在经营两个重要资产:一个是飞机,另一个是航线。航空公司只是这两个产权的经营者,如果你不对这两个产权进行改革,却只是围绕经营者的产权进行改革,那么,国有的经营者就会凭借改革前在这两个产权上的既有优势,妨碍民营竞争者公平获得这两个产权。更因为这两个重要产权都不是航空公司自己说话能算的,甚至连国有经营者都要铤而走险,在法律边缘地带讨好主管官员,借以获得竞争优势。

我们先说飞机。到现在我都觉得很奇怪,买不买飞机这是股东自己的事情吧,国有航空公司你让国资委批,民营的拿的是自己的钱,也不敢乱买,更何况买飞机都得申请外汇,所以国家怎么能管不住呢?可是,我们非得让发改委民航处来审批,于是曝出匡新腐败丑闻也是意料之中吧。匡新身为处长,可以牛到什么程度呢?某航空公司因采购了10多架波音757客机,事成之后,邀请包括民航总局副局长在内的100多位民航系统人士到白天鹅宾馆赴宴。当时该航空公司总经理派车送走了民航总局副局长之后,扭头又单独宴请匡新。这样绝对的权力,自然导致绝对的腐败。要打击这个环节的腐败本来也不难,去掉本来就没有必要的官僚干预,自然就没有了腐败的土壤。

我们再说航线。航线到现在都没有一套市场化的竞争和分配机制,结果就是国有航空公司和主管官员可以借机操纵航线,从审批到返池,都可以上下其手。国有的航空公司比如国航带头占着航权时刻,自己不飞也不让出来,而民航管理部门也不会对这种行为进行惩戒,结果民营航空公司想飞也没有机会,根本无法与国有航空公司真正竞争。不仅如此,这种制度更因为基地航空、灰色包机、不定期航班而越发畸形。这套机制之畸形,以至于南航这样的国有航空公司想离开自己的基地,拓展华北市场都要"用尽脑筋"。国企都开始学会游走于法律边缘地带,我们的改革还不是迫在眉睫吗?

因此,未来改革就应该选择全国延误最厉害的航线、全国堵塞最厉害的机场,先行先试。最简单的办法是拍卖航线,但是拍卖有拍卖的缺点,可能会推高机票价格,特别是我们的国企财大气粗,宁可赔钱也要打压民企。怎么办呢?我建议民航系统去北京菜市场考察一下,因为政府补贴,卖菜摊位不管位置好坏都不要钱了,那怎么解决公平的问题? 就是定期轮换。

比如首都机场可以按照客流量把航班分为三个时段:繁忙、正常、清闲。针对三个不同的时段,对不同航空公司的航权时段使用率、航班正点率、服务满意率、上座率进行考核。对航权时刻使用率划一个红线,比如50%,使用率低于50%的航权时刻一律强制没收。在此基础上,对其他几项进行综合评分,每个时段都划分考核在前10%和后10%的航空公司。繁忙时段考评在后10%的公司,航权时刻会被没收。而正常时段考评在前10%的公司,就有权接手繁忙时刻的航权时刻。同样,清闲时段考评在前10%的公司有权接手正常时段考评在后10%公司的航权时刻。此外,对于一年里的特殊时段,比如春节、“十一”黄金周,用同样的办法单独考核管理。这样,自然又能促进竞争,又能让航班时刻得到充分利用,也因为管理制度大为透明,还能有效杜绝腐败。

有人会说,这样会不会导致航班总要变动啊? 其实并不会。实际上,现在首都机场就分冬春和夏秋两套不同的航班时刻表,所以原来每个飞行季的时刻就有所调整。而且,首都机场高峰时段每小时起降83架次,因此,每半年会调整的也就十几个航班,80%的航班都不会变动。

最后,我们会发现,无论是机票暴利,还是航班延误、航线垄断,最根本的问题都是腐败无处不在、垄断无处不在。因为垄断,所以暴利,又因为暴利,所以大家不惜一切搞腐败分上一杯羹。因此,未来民航改革能否取得成功,就取决于我们是否能把反官僚、反腐败和市场化进行到底。

第九章　电信：又慢又贵又没活力

这本书写到这里，我忽然感到很忧伤。虽然我前面严词批评了一堆国企，但是在全国 100 多家央企和几千家国企面前，被我批评的国企还算是其中的佼佼者，因为它们起码还能靠垄断业务赚钱，但是，却有更多的国企是捧着金饭碗要饭。这让我们怎能不忧伤？由于篇幅所限，我们对国企的批判思考只能是有限的。毕竟，在危机四伏的中国经济面前，国企还算不上是最头疼的问题。

我们的垄断国企无处不在，但沉默寡言，它们都是在悄悄地排挤对手，它们是静静地垄断一些行业。它们倚靠掌握一些行业的资源就能闷声发大财。它们总是鼓吹自己在改革，但无论怎么改革，我们总会感觉哪里不对劲。我给大家随便举几个例子，比如电信设备商，我们已经有民营巨头华为、中兴了，但是，我们还有四五家央企也在做电信设备，但就是不知道这些央企一天到晚在忙什么。甚至在民营为主的纺织、建材、建筑、轻工、物流、外贸等这些竞争性产业，我们竟然还都有央企！结果就是直接导致大规模的国进民退。

而其中所谓的"集大成者"是电信三巨头。它们从不上报纸头条，它们谨小慎微地过着低调的生活，极力避免成为改革的对象。老百姓天天看着它们，但是根本不了解它们。它们排挤对手之隐蔽，垄断收费之巧妙，简直让人叹为观止。比如手机漫游费，我们以前从没有怀疑过这项收费有多么的不合理，到现在中国移动还对神州行用户收取高额的手机漫游费。那各位晓不晓得，这项服务几乎没有什么成本。再比如手机短信，10 年前就是一毛钱一条，到现在依旧如此。那各位又晓不晓得，同城同网的两个手机之间传递短信是没有成本的，即便是异地跨网,1 000条短信的成本也不到一块钱!

它们不仅习惯了掠夺式收费,还习惯了拿假宽带对付你。它们不愿意在提高网速上动脑筋,而是彼此心照不宣,一起糊弄老百姓。反而是我们老百姓好像都习惯了它们这么不讲道理。不过,对于我们老百姓来讲,不习惯又能怎样?对券商不满可以向证监会投诉,对银行不满可以向银监会投诉。对电信不满呢?工信部下属的电信管理局太低调了,虽然国务院在2008年72号文里明确规定了电信管理局负责"监管服务质量,保障普遍服务,维护国家和用户利益",但是,有多少老百姓听说过本地有通信管理局?投诉电话又是多少?我们既不知道它们的监管目标是什么,也没见过它们对三大电信运营商进行过批评整顿,更无从晓得它们对未来的电信改革有什么宏伟蓝图。

如果说"两桶油"让我们感到愤怒,中电联让我们觉得好笑,那么,电信监管给我的感觉就是:悲哀。

一、宽带怎么又是垄断又是造假?

一切问题的根源都是垄断。因为垄断,电信没有动力给老百姓提供靠谱的带宽;因为垄断,电信觉得没必要给老百姓降价;因为垄断能带来暴利,所以电信要想尽办法打压潜在的竞争对手。

我可以预料到,三大电信的领导要是读到我的这本书,肯定要动员全体员工一起来骂我,没准还会找自己"娘家"国资委的领导来压我。以我对它们的了解,它们肯定要站出来义正词严地说:我们有三家基础电信和几百家增值电信企业呢,而且我们三家电信用的是三个网络标准,所以,我们是彼此竞争的,我们根本没有垄断。然后,按照它们的惯用套路,它们会请它们的宠物专家出来,说你看美国不也就是at&t,Verizon,Sprint,T—Mobile这么几家巨头吗?而且专家们肯定会拿出一堆数据板砖来拍死我,比如电信费率这些年已经下降了多少多少。没准儿还会有人指责我说:你看三巨头里只有中国移动赚得多,另外两家不都是拿利润在补贴用户嘛,这怎么能说是垄断暴利呢? 我先把这些人为电信三巨头辩护的话放在这里,希望你们将来反驳我的时候,顺便注明一下你们说的这些理由来源也是我。

但是,不管你们怎么讲,电信垄断都是不争的事实。因为企业的行为是否构成垄断,不是简单地看有几个企业,而是看企业之间有没有真正的竞争,这种竞争是不是公平的。有竞争,就算只有两个企业,也不一定会构成垄断;没竞争,就算有一百个企业,也算合谋垄断。最典型的就是我们的银行业,表面上看,全国性银行将近十家,地区性银行上百家。但是,利率被限制了不许用来竞争,民营资本被限制了不许成立新银行,连村镇银行能否接入银联系统和央行大额支付系统都设有重重障碍。哪有什么真正的竞争?

我们的电信行业里,这种共谋更加疯狂。首先在基础电信领域,只许三巨头存在,根本不许别人进入。就拿宽带来讲,北方基本都是联通旗下网通的天下,南方基本都是电信的天下。如果这两位老大给老百姓提供高质量的服务也就算了,但实际情况呢? 两位老大竟然连真正的宽带都不给我们。据中国互联网数据中心统计表明,4M 宽带网速造假的占了 91.2% ,2M 宽带网速造假的占了 67.6% 。两位老大给你提供的网速可以大大降低,但你要交的宽带费用可不能打折。所以,经过对比我们发现,我们内地网民实际每 1M 宽带的费用竟然是香港特区的 469 倍! 这叫什么? 这就叫共谋? 就是像商量好了一样,都不给网民真宽带,都不主动提高网速,当然,更不愿意降价。

为了维护这种共谋带来的暴利,它们自然要不遗余力地打击任何潜在竞争对手。它们是如何排挤对手的呢? 比如有些城市是有线电视网同时提供宽带接入,有些城市有独立的互联网服务提供商,但是,电信和联通不会撕破脸打价格战。它们都很"绅士",都任由对手跑马圈地。反正到最后,最大的受益者仍然是它们。为什么? 就是因为它们手里握着垄断的资源——主干网,他们可以提高跟这些对手之间的网间清算费。什么意思呢? 我给大家解释一下。我们在家上网的时候,不管用的是谁的宽带服务,这个服务企业都得把网络接到主干网,而这个主干网是掌握在电信和联通手里的。所以,两巨头就好比是批发商,别的宽带服务商只能当零售商。打个比方,一个月1G的用量,成本只有20万元,两巨头批发给自己的零售商的时候定价是25万元,而批发给别的零售商就是100万元。所以其他下游企业根本不敢打价格战,甚至都不敢做得太大,因为你做得越大,两巨头和你结算的批发价就越高,你的利润就越少。以广电网络为例,一半以上的收入都得因此凭空分给两巨头。所以说,所有下游运营商都不敢给我们提供太便宜的价格,甚至连网速也不敢给得太快,否则,两巨头不高兴了,就会找它们算账。

因为我们的反垄断部门、电信管理部门都不作为,所以,在中国电信的"定点清除"战略之下,连中移动旗下的铁通都岌岌可危,更不要说其他竞争对手了。中国电信奉行的一贯政策就是谁用我的流量多,我就对谁收更多的结算费。很多宽带服务商要生存就只能采取迂回战术,就是找小服务商去代购流量,这条路径被称为"流量穿透"。对此,中国电信直接"赶尽杀绝",干脆对小服务商断网,以针对小服务商(ISP)的"大清洗",实现对大服务商的毁灭性打击,这一战役的巅峰之作就是中国电信对广东铁通的"秋后算账"。仅仅是2010年8月12日至9月9日,广东铁通就接到37 477个用户投诉,更有38 443个用户透过拒绝缴费对广东铁通进行抗议,我们老百姓以为是广东铁通服务差、广东铁通不让他们上网,却不晓得这背后真正的原因是被中国电信断网。

那各位有没有想过,在这场战争中真正受到伤害的是谁?铁通付出的代价只不过是客户流失,但是客户不用网络,他们就不用和中国电信结算,所以计算下来也没有太多损失。真正受到伤害的只有老百姓,老百姓只不过是精打细算地选择了一个比较便宜的宽带,什么错也没犯,却被无缘无故地断网,而且一点赔偿也没有。这就是反垄断不作为、监管不负责的可怕后果。

二、三网融合:不如学学美国,联邦通讯委员会怎么监管?

我们的监管架构特别有意思。我们的监管部门有很多,每个监管部门都好比是一个"龙王","龙王"一多,就都忙着罩着自己下辖的企业,以及和别的"龙王"打架,至于治水大计、福泽百姓的事情,反而没空理睬了。为什么广电网络去发改委投诉电信? 为什么不去工信部下面的电信管理局投诉? 而且每个省都有自己的通信管理局,广电网络怎么不就地投诉呢?

我们看看电信管理局 2011 年的第一个处罚就明白了。电信管理局发现某公司擅自和香港一公司合作提供跨境虚拟专用网,也就是 VPN 服务,于是罚款100 万元。vPN 这东西其实很常见,很多大学都为自己师生提供这个服务,用这个服务可以很方便地访问学校内网、浏览国际互联网和国际学术论文库。那么,电信管理局为什么会大动肝火呢? 因为在中国,95% 的国际互联网出口都被中国电信和中国联通旗下的网通垄断了,所以,这个公司未经许可从事国际互联网服务,那是绝对不能容忍的。而这个垄断 95% 的国际出口恰恰也是广电网络举报中国电信和联通垄断的重要证据之一。

但是客观地讲,电信从事广电业务本来也不违反现行法律法规。按照 1990年国务院批准的《有线电视管理暂行办法》,电信和联通具备申请《有线电视许可证》的资格,只不过广播电视管理部门不可能会批给电信和联通牌照。这种事情如果发生在美国,电信和联通早该找广电局申请,如果不批就去申请行政复议,然后再去法院提起行政诉讼,没准儿这案子现在正在法院审理着呢。但是,我们的电信和联通非常克制。后来,经政府反复协调,在 2010 年 1 月 13 日的国务院常务会议上形成了决议,要加快推进三网融合。但是即便如此,广电系统却一直以各种办法推延电信进入广电。而我们如今看到的跑到发改委举报电信垄断,不过是一个缓兵之计。

不过,在美国不可能出现这种闹剧。原因非常简单,美国的联邦通讯委员会同时管理电信、电视和广播网络,所以不可能说为了照顾广播电视而调查电信,或者为了照顾电信而不理广电网络的投诉。同样,像中国电信和广东铁通这样的案子也不太可能发生,原因更加简单,就是美国互联网的最基本精神就是网络中立。就是网络不许歧视任何使用者,不许限制任何使用者,这也反映出美国自由的灵魂。

因为网络中立对美国老百姓来讲几乎是常识,所以几乎没有任何网络服务商敢以身试法。就拿2005年的麦迪逊河案来讲吧,麦迪逊河电信公司是一个本地电话服务商。麦迪逊河的全部业务就是靠语音电话盈利,所以,当IP电话出现的时候,麦迪逊河立刻感受到了威胁,因此决定全面屏蔽IP电话,这也算情理之中吧。但是美国联邦通讯委员会认为这违反了网络中立,人家IP电话虽然也是在用你的网络,可是不能因为人家的这种使用和你的业务构成了竞争,你就屏蔽人家。于是,联邦通讯委员会立刻约谈了麦迪逊河电信的高管,都没用正式调查,麦迪逊河立马认了1.5万美元的罚款,即刻解除屏蔽。所以说,美国的反垄断做得非常到位,因此小电信企业活得也挺好。

如果我们能借鉴网络中立这一规则,那么中国电信对广东铁通和广电网络断网就是非法的,歧视性结算费也是非法的,因为你的竞争对手用你的网络和老百姓直接用没有什么区别,你得保障服务公平、网络中立。到这里,你会发现这种极端事件的发生并不是偶然的,其根本原因就是我们本来应该维护市场竞争秩序的监管机构一再失效。

本来市场经济里有两道防火墙,但在电信监管的问题上通通失效。第一道防火墙是通讯监管部门。但是到现在,我们的监管机构还是割裂的。我们现在的竞争都是同质化竞争,电信和联通的竞争就是如此。我们缺少的是不同产品之间的服务竞争,比如基于电视网的宽带、基于智能电网的宽带和基于电信网络的宽带彼此的竞争,还有基于不同电信技术的国际电话竞争。回过头看看,过去10年里最大幅度的一次话费下降,就是因为基于固网的PHS小灵通技术和移动电话竞争。在某种程度上讲,是小灵通毁灭了中移动在城里安稳的日子,逼着中移动下乡把移动电话带入农村。

同样的道理,本来电信运营商可以通过IPTV和传统广播电视运营商打开竞争。广播电视和有线电视之间也应该有充分的竞争。但是,在中国的现行分业监管体系下,IPTV的牌照审批权和有线电视牌照的审批权竟然都在广播部门。就算我们不学习国外的模式,我们也没必要把审批权都放在既得利益者手里吧!

更让人担忧的是,我们在改革的过程中,非但没有意识到强化监管、协调监管的重要性,反而总是与之背道而驰。其实我也很同情电信管理局,因为它的大部分监管职能都被分走了。通信行业的长期规划权力在工信部的规划司,产业政策和标准权力在产业政策司,即便是监督管理通信市场这个核心职能,也要与通信发展司、通信保障局、无线电管理局分权。而对于电信业务资费的监管,本来只涉及批发价格和零售价格,可是,我们竟然也能搞"三权分立",把零售价格的拟订和监督权划给通信发展司,把网间结算的批发价拟订和监督权划给电信管理局,把价格反垄断权力划给发改委反垄断局。而我们的电信监管部门竟然无权负责对电信运营商的反垄断日常监管,更没有对三大电信运营商的违规行为进行处罚的权力。

第二道防火墙是反垄断部门。遗憾的是,我们的反垄断部门还太年轻,对于行政级别比自己还高的电信运营商,一直是奉行"非礼勿视、非礼勿听"的监管理念。这个我要特别谈谈,因为我们根本不晓得反垄断有多么重要。我们对美国电信运营商之间的合并也有很深的误解。我们国内有一种说法,认为当年美国反垄断部门靠反垄断强令肢解 AT&T' 是错误的。其中有两个非常有力的证据:第一,AT&T 当初被美国司法部拆分成了一个专营长途电话的 at&t(商标由大写换成了小写)和七家独立的地区电话运营商(即"贝尔七兄弟"),但是,2005 年西南贝尔兼并了 at&,成立新的 at&,随后在 2006 年新 at& 又兼并了南方贝尔。第二,2000 年,美国的监管部门审批通过了美国在线(AOL)和时代华纳的合并。这两个案例似乎都在说明美国觉得当初的拆分是错误的,而合并做大做强才是对的。

我告诉各位,这是因为我们只看到表面而没有看到实质。虽然美国在 1996 年电信法颁布之后对电信行业放松了监管,但是对维护公平竞争的市场秩序从来没有放松过。上面所说的并购表面上被通过了,但却都被监管部门加上了非常苛刻的限制条款。而这些限制条款的目的都是为了保护其他竞争对手,鼓励竞争。

我先说第一个,表面上来看是美国监管部门允许当年八家公司里的三家合并。但各位晓不晓得,在2005年被西南贝尔收购之前,at&t因为一连串的错误决策已经身负巨额债务,不得不把自己的三大核心业务——移动电话、有线电视和宽带通信分别出售。而西南贝尔不过是买了个商标,因此才能获得监管部门的批准。

再看第二个,美国在线和时代华纳的合并。美国在线是美国最大的拨号上网服务商,而时代华纳运营着有线电视网。很多人都是瞎分析,说什么前者是互联网巨头,有美国最大的在线聊天工具ICQ;后者是好莱坞巨头,有很多电视、电影资源。其实完全搞错了。它们两家要合的是电信业务,拨号上网和有线电视网都是基础电信服务。因此,美国联邦通讯委员会明确要求合并以后的企业,第一,不许欺压其他的上网服务商(IsP);第二,不许干涉网络链接成功后的登录首页,不许默认成美国在线;第三,不许排斥别的付费系统;第四,美国在线的ICQ必须保证通讯协议是开放的,不许屏蔽别的通信软件。正是因为美国的反垄断部门保护了市场充分竞争,所以美国在线和时代华纳最后发现合并也没啥好处,于是在10年之后就干脆分手了。

如果我们学到第一点,就不会出现中国电信打压广东铁通的事情。而第二点和第三点,我想我们国内很多知名互联网企业是不是都有类似的不良习惯?你们在我们的浏览器里究竟动了多少手脚?你们又是怎么和黑客勾搭在一起的?这不正是孕育密码泄密门的温床吗?更让人生气的是我们的工信部,遇到这些问题只能约谈一下,不能罚款,更无权制定任何限制条款。这怎么能保证公平竞争呢?

人家美国在2000年做出的裁决中,都能预见到这些问题,可是我们1999年第二次电信改革,2002年第三次电信改革,2008年第四次电信改革,这之中从来没有想到反垄断的问题。我们特别有意思,反垄断法在美国、德国都被称为经济宪法,但是,我们却把这么重要的权力拆碎,负责审查合并的不是发改委反垄断局,也不是国家工商总局,而是商务部反垄断局,行政级别比三大电信还低。而反垄断法通过后的 2008 年,在第四次电信改革中,基本找不到这三个反垄断部门的身影。

三、如此依赖 iPhone 对吗? 回头看。3G 发牌是不是晚了?

我希望大家千万别放过这次拷问宽带的机会,因为如果电信和发改委"私了",后果将会很严重。前车之鉴就是中国联通的"iPhone 门"。

2010 年 12 月 1 日起,中国联通 iPhone 4 开始实行机卡匹配,联通的新合约用户如果将合约机的 sIM 卡换上其他运营商的 sIM 卡,中国联通有权"对客户号码作停机处理、对 iPhone 终端进行锁定"。这背后的问题在于,联通把未来全绑定在一款手机上了。其实,当初 iPhone 进入中国的时候,首先是和中国移动谈的,但是中国移动不愿意答应苹果的苛刻条件。而联通都答应了。那么结果怎么样呢? 我这里有组数据,每年 iPhone 带给联通的收入大概是 31.2 亿元人民币,但是联通仅 2011 年上半年就补贴了 39 亿元人民币,联通中期业绩因此同比下降 61.8%! 到了 2012 年,中国电信也答应了苹果的苛刻条件,同样,这给电信带来的更多的是赢利压力,而不是赢利。据估计,电信的盈利会因此下降 18%。

当然,我希望大家不要误会,我之所以没说这些年中国三大电信运营商取得的成绩,是因为它们自己平时说的已经够多的了,我没必要再重复。我是想透过联通过分依赖 iPhone 这件事来提出几个问题。

第一,3G 之后网络标准本身是不是最重要的? 我们是不是对 TD—SCDMA 和 CDMA2000 都缺少系统的反思? 移动互联网在全世界最发达的市场是日本,87% 的日本手机用户使用手机接入互联网,25% 的互联网流量来自手机。日本移动互联网起步早,早在向国际电信联盟(ITu)推荐 3G 技术标准时期,日本电信技术委员会就和 90 多家日本企业合作建立了 IMT — 2000 研究委员会。除此之外,更是以举国之力,抢先实现了 WCDMA 商业运营。所以,日本拥有全球最多的 3G 用户,而且在 3G 的数据业务方面处于领先地位。美国虽然起步比日本晚,但是能迅速意识到自己的问题,放松不必要的监管,鼓励不影响公平竞争下的企业整合,迅速修订本国电信法,然后迎头赶上。

可是,我们到现在都缺少一个系统的反思,3G 牌照发放得这么晚,是对还是错? 到现在,特别是电信,虽然标准成熟,可是因为我们起步晚了 8 年,所以等中国电信推广网络时才发现,美国这个标准的手机都是机卡合一的。于是,中国电信还要再花大力气培养自己的手机终端产业链,推广成本之高、难度之大和中移动扶植自家的 TD 不相上下。如果当初电信早点推出这个标准,那么,如今美国的 CDMA 肯定都是机卡分离的中国手机。同样,如果中国移动能同意中国联通、中国电信同意的标准,那么,在苹果手机强大的整合能力带动下,没准 TD 标准早就跟着走出国门,扬威海外了。

第二,中国电信运营商的目标究竟是什么? 是利润最大化,还是在保本微利的基础上不断提升效率? 现在的管理模式是不是太粗放了? 难道只是母公司给地方分公司确定 KPI(关键绩效指标)这么简单吗? 这些运营商的董事会究竟都应该考虑什么利益? 国资委又该怎么考核和激励三大电信的管理层?

我们现在的移动电话的格局是:中移动懒得改革,联通和电信赔钱抢占份额,利润都靠传统的语音电话,数据业务根本没增长起来。更让人担忧的是,我们的三大运营商现在都惧怕改革,惧怕新生事物,除了中移动因为 TD 3G 标准不成熟而一直潜心研究 TD IXE 4G 标准之外,其他都没有什么动作。但是即便有中移动,北美的 IXE 市场也还是继续领先全球,2011 年第四季度用户总量达到 530 万,占到全球 LTE 用户总数的 71%,使北美继续保持全球第一大 L,TE 市场的领先地位,其中美国最大的移动运营商 Verizon 已经在 38 个美国城市部署了 IXE 网络。而与之竞争的另一个 4G 标准 WiMax,最多的用户也是在美国,由另一家美国大型移动运营商 Sprint 经营。而在中国台湾地区,主管部门就已经发放了六张 WiMar 运营牌照。可是 wiMax 在中国大陆却遭遇了小灵通一样的命运,因为遭到了三大运营商的抵制,所以连中国通信标准委员会的审定都通不过,更不要说工信部根本不考虑颁发牌照和频段。

第三,我们能不能打破这种垄断的格局,给民营企业一定的成长空间?引发宽带恶斗的核心是网间结算费,而网间结算最重要的是基于主干网的 IDc 业务。网民的大部分流量都集中在大型门户网站,而大型门户网站的服务器一般都交给 IDC 托管。2007 年之前这个业务主要是民营企业在做。可是,2007 年 2 月,抢在反垄断法颁布之前,中国电信和中国网通签署了一份规范竞争合作协议,由此,民营企业不仅利润大幅下降,而且从此还要面对两大电信 IDC 业务的直接竞争。

可悲的是什么?我们很多人口口声声说要深化改革,却在打着改革的大旗大踏步地后退。最典型的就是社科院设计的第五次电信分拆方案,短短的六页纸,却建议将两大电信的 IDC 业务直接划给广电网络,和广电网络的下一个高速宽带(NGB)以及广电系统的光纤网络等合并成立"国家广播电视网络集团公司"。民企现在在双寡头之下已经是举步维艰了,若是按照这个方案改革,岂不是要把民企彻底逐出市场?

离谱的是什么?美国根本不监管互联网,可是我们对互联网却一直是该管的不管,不该管的一直以监管之名行垄断之实。在美国,互联网属于信息服务产业,所以基本不受联邦通讯委员会的监管。我们可倒好,互联网接入的 ISP 服务、ICP 服务,均属增值电信业务,互联网数据传送属基础电信业务,统统受到严酷监管限制。这些本来是民营企业都能做的行业,我们要不然将其归类到基础电信业务而完全禁止民营企业进入,要不然就以年审增值电信业务的方式对其他企业重重设限。但是,我们对电信和联通滥用垄断地位的种种行为却视而不见!

四、该怎么改善我们的电信监管？

我们电信行业之所以存在这么多弊病，正是由于电信监管部门的不作为。

通信质量没人管：有些地方的手机信号非常混乱。比如说，在燕郊居住的北京上班族，在楼下接电话，还算是北京市话，没有漫游；而一旦走到楼上，即使是保持通话中，也立马变成在河北漫游了。

收费不合理：漫游费。全世界的手机厂商在自己的基站服务范围之内没有漫游费这一说。目前，联通的186号段开始施行全国无漫游，再次证明所谓漫游费根本就是不存在的。为什么电信部门不调查中国移动的漫游费是怎么回事？

"iPhone偷跑流量"问题：前段时间媒体报道的手机"吸费后门"事件，几年前曾经猖獗一时的"短信联盟"问题，都导致消费者蒙受了不小的经济损失，相关运营商也多难辞其咎，但基本上是只见改正而不见赔偿。可与之相比的是，2010年10月份，美国最大电信运营商Vel4zon（韦里孙）刚刚许诺向1.500万美国手机用户支付可能高达9 000万美元的补偿金，因为它之前曾经因为类似手机吸费的问题多收了这些用户的数据流量费和上网费。Verizon之所以向消费者低头有两个原因：其一是美国集体诉讼制度比较发达，如果与消费者真打官司输了，赔偿额要远超9 000万美元；其二是有美国联邦通讯委员会执法局这样的权威主管部门一直在替消费者向Verizon施加压力。那大家有没有听说过中国移动或中国联通向消费者赔偿的事呢？

总而言之，与欧美发达国家相比，我们电信企业的运行成本非常低，因为我们电信企业不需要向政府缴纳高昂的手机运营牌照费。就像我们在国企垄断一章中所讲到的，电信频谱是属于每个老百姓的自然资源，运营商拿这个免费的资源来盈利，当然要给老百姓分红交钱。在欧洲，运营商为3G无线频谱运营牌照支付的费用，平均下来相当于给每个老百姓支付了219欧元。而欧洲电信运营商的利润都是透过支付牌照费，给老百姓预分红之后创造的。可是中移动呢？按照欧洲标准，中移动应该给我们每个老百姓预分红 1182 亿欧元。可事实上呢？中移动既不支付牌照费用，也不给老百姓分红。那在这种状况下，我们的话费应该比欧美发达国家低对不对？但实际情况却是我们的移动电话收费要比欧美发达国家高很多。

为什么呢？其中一个最重要的原因就是我们的效率太低。而且，相比美国联邦通讯委员会，中国的电信管理局只是工信部下属的一个部门。面对几亿消费者，我们这个监管部门似乎更喜欢不作为，既不负责调查电信价格歧视和市场垄断，也没工夫理会老百姓的投诉和质询。那我想请问，如果我们对这个低调而又远离民意的电信管理局不进行彻底的改革，只是在电信运营商内部进行整顿，究竟能起多大效果呢？

第三篇　金融系统问题丛生

第十章　民间信贷紊乱：谁制造了高利贷？

这一年民间信贷系统极度紊乱，很多地方都爆发了系统性民间金融风险。比如民间资本最为活跃的温州，债主竟然集体玩失踪。在最高峰的一个月，温州至少有 20 起以上的借贷人"跑路"。还出现了利息高得吓死人的高利贷，江苏泗洪县的民间借贷竟然出现了月息 5 毛的全国纪录，也就是说，借 100 元，一个月的利息 50 元，一年利息是 600 元。

民间借贷如此疯狂，现在举国上下都在对高利贷进行声讨，对民间金融进行打压。这让我真的很担心，我担心这样一刀切的后果，就是把民间借贷全部一棒子打死。如果这样的话，我们的小企业将遭受更巨大的困难，即使愿意付很高的利息，也借不到钱了。所以，我不想再去谴责那些所谓的"民间金融家"，因为也不起什么作用。我想跟各位谈一个更深层次的问题，那就是究竟是谁制造了高利贷？

一、参与高利贷的不乏银行国企

首先我们应该搞清楚一个问题，都有哪些人在放高利贷。在调研过程中我们发现，其中最为活跃的竟然是我们的银行和国企。它们是怎么放贷的呢？大概有这么几种方式。第一种，通过银行进行的高利贷。2011 年以来银根收紧，企业贷不到款，于是有人从中看到了商机。是怎么操作的呢？我来具体解释一下。第一步，A 先生通过高息回报的方式让 B 先生到温州的银行开户存钱，A

开出来的利息是10%，假如银行利率是3.5%，剩下的6.5%由 A 先生付给 B 先生。第二步，A 先生要和银行搞好关系。由于存款增加银行的贷款额度也会相应增加，银行在收到 B 先生的存款后，就能增加一定额度的贷款，银行必须将这些贷款放给 A 先生的客户，因为如果不这样做的话，A 先生会找其他银行合作。第三步，A 先生的客户从银行拿到贷款，但他支付的利息不是根据银行的官方利率，而是他和 A 先生约好的利率，可能是20%。就是通过这样一个运作方式，A 先生能赚到10%的利息差，企业也借到了高利贷。

这么容易就能赚到钱，银行怎么会错过？这就是我要讲的第二种，银行自己放高利贷。按照国家规定，银行自己不能随意提高利率，那怎么办呢？银行在放贷的时候就和客户私底下约定，我可以给你贷款，但是你必须把这笔贷款存到我指定的银行。等你需要用钱了，再用这笔存款做担保，重新贷款。这样，银行轻轻松松就赚到了双倍的利率。我们看到银行标出来的一年期贷款的利率是6.6%，这是给国企的，而且在实际操作中可能比这个更低，但只对国企。对中小企业放贷则完全是另外一码事，利率至少要在标准利率的基础上翻上一番，另外还可能要给银行办事人员一大笔好处费。

当然，银行很聪明，它们还有其他方法赚到钱，我就不一一说了。我再说说我们的国有企业吧。其实，我们很多国企都参与了放贷，最典型的当属中石化。2011年2月7日，中石化四川销售有限公司被人实名举报"利用高息放贷抢夺借款企业四川金鑫房地产开发有限公司股权"。根据涉案律师的讲述，四川中石化挪用成品油销售款和银行贷款约20亿元用于放贷，其中当地有6家房地产公司拿到中石化的贷款，年利率竟然高达36%。更为严重的是，我们很多国企都有类似的业务，其中就包括中国移动、中石油。那我请问，连我们的国企和银行都带头放高利贷，你有什么资格禁止民间资本这样做呢？

二、高利贷是被一刀切整高的

透过我们对国企和银行放贷利率的计算，对比下来我们发现，民间借贷的利息也不是那么可怕。据央行温州市中心支行 2011 年上半年的《温州民间借贷市场报告》显示 2011 年 1—4 月,温州民间借贷综合利率分别为 23.01%、24.14% 和 24.81%,5 月利率达 24.6%,6 月则为 24.4%。即使是历史最高纪录,折合月息也就是 2 分多,而且大部分是短期借款。

其实,民间借贷不是什么新鲜的事物,而是早就有的。我们就以民间金融最发达的温州为例,20 世纪 70 年代末就有以家庭朋友为单位的"呈会",比如说几个朋友共同集资 1 亿元,轮流给彼此使用,使用者要支付利息。当然,利息也是大家协商好的。到 80 年代,温州就有了专门的"掮客",说简单点儿就是帮人找钱,然后考察那些需要贷款的人,觉得没问题就放款给他,自己在中间吃利息差。这种事情在温州再正常不过了。据人民银行温州支行进行的民间借贷问卷调查显示,有 89% 的家庭和 60% 的企业参与了民间借贷。

当然,不是什么人都能在当地做金融的,能做金融的一般都是具有公信力的人。比如曾被热议的郑珠菊案,很多人说她是骗子,可实际情况呢? 郑珠菊在温州做家电销售生意将近 20 年,是当地最大的家电代理和销售商,光豪车就有十几辆,绝对不是什么骗子出身。还有福州一个叫许火的村主任外逃。这个许火原来也是村里首富,经营家具城、娱乐城,还有已经经营了 10 多年的担保公司。

为什么大家对民间借贷有如此多的非议呢? 据我观察,这些非议基本也都站不住脚,我给各位具体分析一下。'

非议之一是利息这么高会导致许多企业破产。简直是胡说八道嘛,那我请问,企业借到了钱反而要破产,难道借不到钱就不会破产吗?

非议之二是民间借贷充满风险,一旦风险爆发后果不堪设想。这种说法更不靠谱。民间借贷其实是最没有风险的金融业务,因为他们都是一对一的借贷关系,如果发生毁约只涉及双方当事人。不像大的金融机构,一旦倒闭将会发生连锁反应,造成大面积的破产。而且事实证明,民间借贷的毁约率远没有大家所想的那么高,甚至大大低于国有银行过去的坏账率。道理也很简单,你想啊,借出去的都是自己的钱,要不回来的话自己就会受损,谁会轻易把自己的钱借给一个根本不靠谱的人呢?

非议之三是对利息率的错误描述。有媒体报道说民间借贷年利息率高达180%,但我告诉各位,这只是极为个别的例子。真实的情况是,民间借贷的年利息率一般为30%上下。而且这种借款都是短期的,有的只是几天、几周,顶多也就3个月。此外,民间借贷的手续非常简便,不需要抵押或担保就能很快拿到钱,还没有回扣、中介等费用。这么优质的贷款,就算利息再高点也没什么不可以的。

所以说,民间借贷本身没有错,它迎合了市场的需要。而民间借贷之所以有这么高的利息,也是市场所趋。为什么现在的民间借贷这么活跃?最根本的原因是,自2010年以来国家为了抑制通胀,收紧了银根,几乎完全拒绝给中小企业放贷,很多中小企业被挤出正规金融市场,缺少资金的中小企业只好转入地下,但地下金融市场的钱是有限的,当出现供不应求的状况下,贷款利率自然被推高。在如此高利润的吸引下,很多资金开始疯狂进入,其中就包括原本用于制造业的资金。在我们现有的环境之下,制造业几乎没有利润了,尤其是中小企业,利润率还不到3%。在这种状况下,如果你是企业主,即使有钱了你也不会想着扩大生产。道理很简单,拿去放贷轻松赚到的利息远远高于你辛辛苦苦做实业挣得的那点利润。

遗憾的是,我们现在已经开始严打了。那各位试想一下,严打之后的结果是什么?就是利率继续抬高。道理也很简单,因为风险和回报成正比,借款的风险被政府人为提高之后,利率自然要提高。

我实在搞不清楚为什么要严打,因为很多事实已经证明一个道理,那就是民间借贷不可能被禁止。我们看下人民网的数据:2005年至2010年6月,我国非法集资类案件超过1万起,涉案金额上千亿元,每年以2 000起、集资额200亿元的规模快速增加。民间借贷有增无减的原因非常简单,就是民间的资金从存款到信贷都被排斥在官方的金融体系之外。问题的起因在于官方银行系统不会对大量民间项目提供信贷支持,而这些民间项目本身既有盈利能力又有负债能力。

更重要的是官方银行系统内的风险评估机制出了问题,因此形成了民间信贷真空。官方信贷系统内的放贷实际上既不是看项目的前景,也不是看借款人的信用资质,在官方信贷评级系统内,实际上距离政府越近就越容易借到钱,首先是政府项目,其次是央企,然后是地方国企,再之后是这些政府和国企的技术设备供应商和服务商。对于民间借款人,官方信贷审核体系基本无效,最后因为国企放贷用的不是自己的钱,必须极力规避风险,所以,官方银行系统干脆放弃实际上的评级,对民间放贷其实只看抵押品是否足值。

而民间信贷恰恰是填补了这个真空。官方银行越是无法满足这些民间项目的信贷需要,民间信贷利率就会越高。民间的放款人很清楚,他们用的是自己的钱来放贷,或者是以自己的信用和身家性命为担保吸引来的存款作为放贷的本金,所以,他们也必须有自己的办法来评估项目风险,调查信用背景。我们去看香港最大的华人银行恒生银行,当年何善衡发家靠的就是填补这个真空,当年英资正规银行需要各种财报才愿意放贷,而何善衡熟悉华商企业,愿意给华商企业提供信贷支持,而这些企业做大了以后更是指定当年的恩人恒生银行做自己的资金清算银行。

一个鲜明的对比就是,官方银行吸收的是陌生人的存款,放贷的对象不是政府、国企就是陌生人,但是民间信贷机构只吸收熟人的存款,只对熟人发放贷款。只做熟人生意几乎是民间金融行业的军规,只要恪守的就能安然无恙,凡是倒下的、出事儿的基本都是犯了这个戒律。而这个戒律的存在,也使得一部分民间借贷完全游离于官方体系,你怎么清理都安然无恙。也是因为资金拆借都是在熟人之间进行,所以即便偶然还不起钱,也不会带来什么风波,这也是为什么珠三角的民间信贷不像温州民间信贷那么多事儿的原因。

20 世纪 70 年代,中国台湾的情况和我们今天也很类似。当时在台湾只有"国有企业"和地方政府主导的外销型产业能获得政府贷款。但是这不能阻止民间借贷的发展。从 1964 年到 1981 年,民间借贷的比例占整个贷款的 35.83%,民营企业 47% 的贷款都是民间借贷完成的。原因也是一样,民间信贷从存款到贷款是自成体系的闭合系统,民间信贷先天在风险评估和项目管理上就比官方信贷要强大,更因为民间信贷支持的民间项目长期的表现往往比政府的政绩工程要好,所以跟着民间经济繁荣起来的民间信贷自然繁荣成长,而所有想要人为地左右经济规律注定要失败。

所以,对于民间信贷,监管当局应该疏导为主,应该做到严格监管、严格保护。中小企业贷款的审批程序相对复杂,企业从申请到拿到资金都有一个放款期。财务审核、抵押品等一系列的流程下来,一个月以上很正常,往往一两个月后商机就已经没有了。但就民间信贷而言,放款人往往非常了解对方,知道对方的经营模式和真实业绩,他们出面自己放贷往往更有效率。

现在的情况是既没有监管也没有保护。小额担保公司、信贷公司、典当行等民间金融机构没人监管。比如要成立一个小额贷款公司,表面上我们对资金门槛要求很高,可实际上,借个 5 000 万元,只要我的钱到账了,工商部门就要给我营业执照,等公司成立以后,我再把钱还给人家,然后我干什么就没人监管了。到现在,我们连个放贷人条例都没有,以至于很多正常的股权投资基金都不敢为自己投资的企业进行债转股这样的安排。浙江现在做了个试点,结果竟然是工商局来管民间信贷。我就觉得很有意思,为什么银监会不愿意来协助管理,为什么地方的金融办也不愿意来管,工商局能有足够的管理经验么?进一步来说,我们表面上对小额担保公司、信贷公司、典当行有一堆批准要求,可是日常管理如何进行稽查呢?不知道,甚至即便让银监会来管,银监会也不知道监管民间信贷机构应该和银行监管有何不同。我们不去提高自己的监管水平,探索能够服务民间信贷的监管经验,反而一刀切干脆不许民间办金融。这种讳疾忌医的整治,只会让我们对民间金融越发感到无能为力。

三、聚焦吴英案:高利贷的源头是不让民资办银行。
不让市场决定利率

说到底,高利贷的源头就是不让民资办银行,导致民资只能潜伏在地下钱庄。因为地下钱庄没有保障、没有监管,所以吸收存款的成本就高,贷款利率也就不得不高。我们试想一下,如果给民资和外资一样的条件,那我们的民间金融就很有可能迅速正规化发展起来。

遗憾的是,我们的《银行业监督管理法》中明确规定:"未经国务院银行业监督管理机构批准,任何单位或者个人不得设立银行业金融机构或者从事银行业金融机构的业务活动。"这就从法律上彻底阻断了民营资本进入银行业的道路,相关审批部门可以不用任何充分的理由就可以拒绝民营资本。我给各位举个例子吧,2000年上海久先公司向人民银行上海分行申请设立"中国侨汇银行",被人民银行给拒绝了,给出的理由是"上海银行竞争已经十分充分"。我实在搞不明白,你凭什么就断定说上海银行竞争已经十分充分? 有什么证据吗? 对此,人民银行没有给出任何进一步的解释。还有2004.年6月底,由中瑞财团的四大股东——泰力实业、奥康集团、神力集团以及国光投资有限公司发起筹建的"建华民营银行"也没有得到审批部门的批复。后来长江金融研究所作的五个商业银行设计方案,也都被全部否决。

小额信贷公司就是表面上给你一条路,进去后却发现是死胡同。2008年,银监会决定开设"只贷不存"的小额贷款公司,小额贷款公司利率上限控制在基准利率的四倍以下。民营资本热情高涨,规模迅速扩大。截至2011年6月底,全国各地已设立小额贷款公司3 366家,贷款余额2875亿元,而且很多省份已经有超过100家以上的小额贷款公司,部分解决了民营企业融资难的问题。

但是这些公司开业了才发现市场前景没有那么美好,原因很简单,就是因为只贷不存。就好像制造业,盈利的核心不是毛利率,而是周转率,很多行业毛利都不高,比如快餐店、家电连锁商店和超级市场,但是因为其周转率足够高,所以这些行业里不少企业的股东资本回报率相当不错。那么在银行业,这个周转率就是资金周转率。如果只许使用资本金,那么银行的放贷能力就会被人为限制,这样,无论是经营成本还是税收成本都得不到摊销,银行利润就会很差。可是,作为小额贷款公司的竞争对手,正常的商业银行因为可以吸收存款,发放贷款,所以资金周转率是小额贷款公司的十几倍。

当然,我们的监管部门说了,不许吸收存款是为了保护公众利益,但其实,只要你不许放开小额存款就行了,比如在香港,信贷公司就可以吸收 50 万元以上的大额存款,这样存钱的人基本上都是有钱的小财主,也不是一般老百姓,所以也不会让小额信贷公司泛滥成到处拉存款。实际上,我们现在搞一刀切反而害了老百姓,小额信贷公司没有不拆借存款的,而我们与其一刀切全部宣布为非法,还不如干脆放个口子,对资金进行疏导,也能强化对小额信贷公司的资金监察和管理。我们一刀切不许小额信贷公司像在香港一样吸收大额存款,结果就造成只要是守法经营的小额贷款公司都活不下去。

无独有偶。作为小额贷款公司升级版的村镇银行还是死胡同。银监会发布的《小额贷款公司改制设立村镇银行暂行规定》指出,小额贷款公司满足持续经营三年以上,最近两个会计年度连续盈利,不良贷款率低于2%,引入持股比例不低于20%的银行业金融机构作为最大股东等一系列条件后,才可以申请设立村镇银行。同时,小额贷款公司转型成为村镇银行的条件之一,是民营资本不能取得超过50%的控股权。也就是说,要想成为银行,必须成为其他银行业金融机构的子公司。

但是这些都是表面上的门槛,很多实质性的门槛才真正让这些村镇银行无比头疼,比如说,很多村镇银行无法加入银联系统,所以无法发行银行卡,我们的央行更有非常复杂的大额支付等系统,这些都是对商业银行开放的,但却默认不对村镇银行开放,很多村镇银行连行号都没有。这样就算村镇银行发行出来了银行卡,这些银行卡也无法转账汇款,也无法接受别人的转账汇款,甚至你要去取钱也不能到 ATM 机,你只能在银行白天开门的时候,到银行柜台去办理业务。

除了门槛高之外,小额贷款公司和村镇银行还要承担非常重的税。我们的小额贷款公司和村镇银行不仅没有美国对信贷互助合作社那种税收优惠,还要就其全部利息收入缴纳 25% 的所得税、5.56% 的营业税及附加税。我对此做了个计算,即使在放贷零风险的前提下,只有平均利率达到 16%,年资本金回报率才能达到 10% 左右,而如果说有少许不良资产,贷款公司就会亏损。

正是因为我们给民营资本进入银行业的道路设置了重重阻碍,才使得民间借贷的发展越来越快。在发展的道路上必然会产生很多的问题,正是因为与民间借贷相关的很多问题还没有法律作为依据,所以对这些问题的态度就变得非常重要。就拿"吴英案"来讲,它已经不仅仅是一起简单的民间融资事件,新华网对这个事件的定性非常准确:"吴英案"引热议凸显中国金融体制改革急迫性。这篇文章里有这样一句话:计划经济时代不会有"吴英案",完善的市场经济时代也不会有"吴英案"。那我要讲的是,我对后半句还是有所保留的,我认为应该这样说,只要是正常的市场经济时代就不该有"吴英案"。

法院对吴英的一审判决是什么?因犯"集资诈骗罪"被判处死刑!什么叫"集资诈骗"?为此我专门研究了美国的证券法。首先,在美国现有的法律里,根本就没有这种罪名。美国的证券法只管公开发售的证券,法理也很清楚,只要你一公开发售就涉及公众利益,所以政府有责任出来保护公众。那各位晓得我们是如何判定集资诈骗的吗?就两个条件:一个是以非法占有为目的;另一个是使用诈骗的方法来集资。恰恰缺了美国最看重的条件,就是是否面对公众。那我们再回头看下"吴英案",吴英没有在报纸上打广告揽储吧?那么我们政府凭什么干预呢?为什么券商这种直接忽悠老百姓的事情不管,非得管这种私人集资?究竟是谁这么害怕私人集资?目前来看,一个是银行,因为它怕存款被民间银行家给吸走了;另一个就是地方政府,它怕集资出事,到时不好收拾。

其实，看到我们这两个犯罪要件，我就觉得很可笑。什么叫"非法占有为目的"？如果这个说法成立，那么上市集资都是非法的了，因为大股东的目的就是占有小股东的资金。那如果说这个罪名是冲着民间集资去的，就更可笑了，因为民间集资的组织者的目的从来都是透过拆借资金来赚取利息差和佣金，没有任何人的目的是占有存款本身。吴英呢？融到资金后巴不得赶紧拆借出去呢，怎么会占有？

还有，什么叫"用诈骗手段"？我给大家举个例子。雷曼迷你债券在香港特区引发了不小的社会风波，普通老百姓根本不知道什么叫迷你债券，更不知道这东西其实是极为复杂的金融工具，但是银行的业务员跟老百姓说这个和美元存款一样，定期派息的，这就是误导，但还算不上是诈骗。为什么说它是误导呢？因为这个业务员知道他的客户是小老百姓，根本不可能明白这东西。香港政府是如何处理这个问题的呢？香港金融管理局强势介入，要求各大银行自掏腰包全数返还。与此形成强烈对比的是另外一个产品，叫积累期权，英文是accumulator，大家给它起的外号叫 I killyou later，意思是"我过会就干掉你"。这个产品的误导性更厉害，基本上算是赌博，但是香港金融管理局基本不管。为什么？因为购买这个产品的都是有钱有知识的大客户，就是说你明明知道是怎么回事，但是因为你的贪婪才上当的，这算不上什么诈骗，政府也没有责任去保护你。那么，"吴英案"呢？11 个存给她钱的人全是职业高利贷放贷者。我觉得用常识都能感觉出来，就算是诈骗，也是吴英被骗吧。更何况这些人只是极少数人，完全谈不上什么公众利益。那我请问，我们有什么理由来瞎掺和呢？

更离谱的是，浙高院回应"吴英案"说她注册大量虚假公司，提供大堆虚假房地产协议和房产证。总之就是要给公众一个印象：吴英是个没钱的骗子，开的就是个皮包公司。可是，这么个"骗子"却能被警方查扣 100 多处房产、2 幢别墅、30 辆跑车。法院一直说她资不抵债，炒期货亏了几千万元，可她名下房产的价值根本不止 5 亿元。法院如此不公，但我呼吁舆论不要再纠缠法院了，因为在我们的司法制度下省高法乃至最高法只是进行"法律审"，而非"事实审"，对事实本身的侦查和认定只能依赖东阳警方和基层法院。东阳警方都干嘛了？竟然在法院终审判决前就迫不及待地处置这些资产，价值 1 600 万元的豪车只卖 390 万元，价值 5 000 万元的酒店竟然只卖 450 万元！法院呢，只根据证据依法判案。那我请问，这样的警察提供的证据有何公信力可言？法院在审判吴英的同时，谁来审判这些警察？

第十一章 银行信托乱象：
谁来管好理财产品？谁来管好银行？

一、政策利好尽出，股市为何不反弹？

2011 年 5 月 20 日，全国社会保障基金理事会理事长戴相龙证实 100 亿元社保资金入市；5 月 25 日，中石油宣布增持公司股份；5 月 31 日，央行的统计数据又曝出 4 月居民存款 4 678 亿元出逃。这些利好出现后，再看看我们股市的表现，2011 年 5 月份，上证综指下跌 5.77%，深证成指下跌 5.26%。上证指数在 4 月 18 日摸到年内最高的 3 067.46 点之后一路下行，且未有反弹迹象，截至 2011 年 6 月 2 日收盘的 2 705 点，一个半月内下跌了 11.8%。各位是不是也很奇怪，传统的三大利好都出来了，可为什么没看到股市上涨呢？其实，这些问题我半年前在电视节目里以及出版的书里都分析过了。看看今天的点位，我觉得之前的那些分析还算不失我一贯的水准。

首先，社保资金钱太少。100 亿元相对 25 万亿元 A 股市值来说不过九牛一毛，即使以成交额来计算，100 亿元也太少。仅 6 月 3 日一天。上证综合指数和深证成分指数的交易金额就达 1 352 亿元。

其次，中石油增持不过是做做样子，托市而已。中石油 2011 年 5 月 25 日通过上交所交易系统增持公司股份 3 108.47 万股，占公司已发行总股份的 0.017%。另外，中远航运、大唐发电、贵州茅台、攀钢钢钒、上海医药等国企也在出手。难道说中石油的股价已经到底了？不见得。万得资讯统计显示，截至2011年5月底，中石油A股出现102次增持，虽然涉及公司达51家，好像很多，但估算的合计增持市值也只有31.6亿元，相较25万亿元的A股市值和每天1300亿元以上的成交额实在是太少。

大家对中石油的托市无动于衷。中石油5月25日开始增持，当天收盘价为10.84元，到6月3日也不过10.71元，仍旧没能阻止下跌的趋势。从4月18日最高点12.11元到6月3日收盘已经持续下跌了10.5%。

社保基金和中石油入市规模太小，但是央行公布的2011年4月份存款出逃数据却不得不让人思考。4月份人民币存款增加3 377亿元，同比少增8 325亿元，各家银行4月份居民储蓄存款净减少额4 678亿元。照以往的经验来看，存款搬家股市肯定上涨。以2010年10月的存款搬家为例，当月新增人民币存款1769亿元，低于9月的1.45万亿元，也低于2009年同期的2 897亿元。存款搬去哪里了？就在央行公布2010年10月信贷数据的前一周，股市周开户数创当年11个月以来新高。存款搬家成为推动股市上涨的一个重要推动力，上证综指当月累计上涨12.17%，深证成指上涨16.56%，居全球主要股市股指第一。这次为什么出现例外了呢？

二、千亿存款去哪里了？不是股市，而是转身理财产品

那各位是不是奇怪，这么大一笔居民存款为什么从银行出逃？出逃的这笔资金既然没有流向股市，那去往哪里了呢？

其实应该每个人都深有体会，老百姓之所以要把存款取出来，是因为我们存款的利率太低。只要稍有点经济学常识的人都明白一个原理，如果我们的存款利率低于CPI的上涨速度，那我们存在银行的钱就是贬值的。那我们做个对比，据2011年4月26日公布的最新利率，活期存款年利率是0.5%。但是我们的CPI呢？4月份5.3%，保守估计5月份在5.6%以上。CPI比活期存款利率

高出 10 倍还多。虽然在过去的 1 年多以来,央行在连续加息。但一年定期存款利率也只有 3.25%,三年期存款利率是 4.75%,都明显低于 CPI 增速。

为什么这笔资金没有流入股市呢? 看看我们股市的表现就很明白了。截至 2011 年 6 月 2 日,2011 年上市的 142 只新股中,已有 112 只陷入破发窘境,破发新股占 2011 年上市新股的 78.87% – 。这种情况下谁还敢进股市?

就在老百姓感觉保值无门的时候,一种创新金融产品横空出世,屡创新高。这就是理财产品,这个产品最大的特点就是银行承诺保本,而且就是通过银行发行的,一年的回报率基本都在 5% 以上,有的回报率甚至高达 8%。

于是,理财产品"井喷"就顺理成章了。根据社会科学院金融所统计,2011 年前 4 个月银行理财产品的发行数量达到 5 429 款,同比增加 3 061 款,增幅达到 129%。而新发理财产品的募集资金规模超过了 4 万亿元,同比增长 172. 52%。这一规模已经超过 2010 年全年银行理财产品发行规模的一半。

但是,我请各位思考一个简单的问题,什么东西能有这么高的回报率? 动不动就有什么银行、地方政府或者企业承诺保本。如果真是这么好的投资机会,怎么可能会缺钱呢? 就算缺钱,怎么可能借不到钱?

大家可能猜到了,只有一个行业,就是房地产! 这是截至目前唯一一个一直在赚钱,却拿不到银行贷款的行业。那么,顺着这个思路我们就会发现一个惊天大秘密,原来我们这个创新产品就是美国房地产次级债券的一种翻版! 所谓保本的理财产品,所谓和存款差不多一样安全的替代品,背后竟然是风险极高的房地产! 中国信托业协会的数据显示,2011 年一季度投向房地产领域的新增信托项目金额达 710.9 亿元。可能有人会说,不是才 700 多亿吗,和 4 万亿元的集资规模或者 4 000 亿元的存款大搬家相比,好像不多吧? 那好,我再跟各位爆料两个消息。

第一,回报率最惊艳的理财产品几乎全是借理财之名,行房地产之实。新发行的各期限房地产信托产品预期收益均高于市场的平均值,尤其是三年以上的房地产信托产品,其预期收益率均达到 15%。比如,目前市场上收益最高的一款产品——鄂尔多斯伊金霍洛旗棚户区改造项目集合资金信托计划,它的最高收益率达到了120k,。

第二,现有的统计都是过去的情况,按照现在的趋势来看,将会有越来越多的理财产品是投资房地产的。2011年4月份新发行的信托产品中,有57款产品是投资房地产的,占比为23.270k,比3月份上升27个基点。5月最后一周,新发的房地产信托产品占比达到了47.83%。另外,据统计,2011年4月银信合作产品共发行803款,发行规模为4528.14亿元,和4月份转移的居民存款4678亿元相差无几。

三、本质的问题是不管怎么调控,保护的都不是储户股民

我们总是借着各种名义进行调控,调控的结果并没有保护老百姓的利益,反而使很多既得利益者越来越安全了。比如说我们要防止房价过快上涨,然后从2010年开始,证监会对上市房企再融资的申请采取一刀切的全面关停措施,并且对所有房地产企业上市一律叫停。我们证监会真的太天真了,难道房地产企业资金吃紧,就一定要减价卖房子吗?我们太小看这些房地产商了,他们能融资的方法太多了,他们可以质押手中的股票、发信托贷款、通过银行借委托贷款等。所以说,我们的调控根本打击不到那些大的房地产商,反正它们都已经完成上市了。真正打击的是谁?是那些还没有上市的房地产小企业,因为它们没办法上市融资了。最后的结果就是,透过这个所谓的调控保护了既得利益者,并且让这些既得利益者用更少的钱来收购那些缺钱的中小房地产企业。

还有,我们说是为了防止通货膨胀进一步升级,国家要收紧银根,对贷款进行严格控制。结果呢,最受伤害的还是我们的中小企业,因为贷不到款,它们要么转向民间借贷,支付高于标准利率好几倍的利息;要么就等死。更严重的是,在付出这么大的代价后,我们真的抑制住通货膨胀了吗?老百姓为此受益了吗?答案显然是否定的。

为了使自己手里的那点钱不至于被通货膨胀稀释掉,老百姓都开始去买理财产品。说实话,全世界只有我们中国有这么诡异的东西。各类信托产品有一个共性,就是都不能在二级市场上流通,这样一来,你想卖掉都不行。这种融资为什么不能发行债券呢?因为对于银行和银监会来说,怎么能容忍肥水流到外人田呢?若是这些企业可以随便发行债券了,那么钱不就被券商和证监会赚走了嘛!当然,这里又是中国神奇之处,在中国竟然有两个债券市场:一个是银行间债券市场,另一个是基于证券交易所的债券市场,而前者其实不仅仅是对银行开放的,还对机构投资者比如债券基金开放,而后者的市场规模由于种种原因非常有限,所以无法起到大规模融资作用。我们更神奇的是,除了交易市场不能互通互融,我们连谁来审批债券都是个大文章。我到现在都不能完全理解,发改委负责审批的企业债,和央行目前要探索的中期票据有哪里不同?更不明白,为什么此外还有交易所债券?也无法理解为什么证监会名字里虽然有个证券,却审批不了债券这个最基本的证券品种?

我们还有一个比较特殊的地方,就是我们中国的储蓄率一直是居高不下的。即使出现存款大搬家这样的问题,我们国有银行吸收的存款仍然很多。于是问题就出来了,你仔细想一想,银行既要上缴存款准备金给央行免费使用,又要不停再融资圈钱来补充核心资本。如果说这些多出来的存款贷不出去的话,银行是要自己掏腰包给储户付利息的。但是,由于存在很多无法预知的风险,银行又不敢轻易放贷。怎么办呢?银行就想到了最完美的产品——理财产品。你知道通过理财产品银行能赚多少钱吗?销售佣金竟然高达5%。说实话,这东西比放贷强多了,还款还得等上三年五载,而且搞不好就会被欠钱的地方政府赖账了。而理财产品呢,利润立刻拿到手,风险完全转嫁出去!实际上这也是银监会调控的思路,银监会不反对信托产品,但是反对银行为信托担保,所以现在看到的更多是地方政府或者地方国企为信托产品担保。所以对于银行来说,发行信托产品简直比美国贩卖次级债券还过瘾!

这还不算完,银行为了赚更多的佣金,竟然大举降低理财产品的门槛。之前信托类产品的门槛一直都很高,起步价至少在 400 万元以上,现在门槛已经越来越低。比如保障房类信托产品认购金额起点已经低至 50 万元,一年期收益率都在 8% 以上。而实际上你去银行里看,大部分理财产品都没有信托产品这么高的门槛。我到现在都觉得神奇,几万块钱也不知道究竟购买了什么东西,银行就付给你 4% 到 5% 的利息。我听到一个"不靠谱"的说法,可以跟大家分享一下。按照这个说法,很多这种理财产品其实就是变相竞争存款,但是对于银行来说,如果就叫存款,就不敢给你那么高的利息,否则被银监会或者央行抓到后果很严重。当然这个背后是因为银根收得太紧,银行实在缺钱,所以银行也没办法,为了完成总行的考核目标,不得已"曲线救国"。

而除了理财产品,银行还搞起了委托贷款。什么意思呢? 比如你想贷款,银行已经没有额度了,但是银行知道谁有钱,于是银行就撮合你们两个见面,具体贷款的利率银行不管,你们两个协商就行了,但一般年利率能达到 20% 左右。银行充当中介,收 5‰ 的手续费,且不用承担任何风险。其实说白了,这就是高利贷,只不过是由银行充当中间人。我没有见过比委托贷款更加糟糕的银行业务了。我请问,成立银行最原始的目的是什么? 资金融通过程中的风险保障。但是在委托贷款中银行干的是什么事情? 就是把风险直接转嫁给借贷双方,自己坐收渔利,而且一次性就把自己要赚的钱赚到了,只要合同一签,5‰就到手了。这简直就是打劫嘛。

我们银行做委托贷款规模之大,完全超出我们的想象。根据央行公布的数据,2011 年一季度委托贷款增加 3 204.亿元,是 2010 年同期委托贷款增加额的 2.1 倍。其中,上市公司通过银行至少已经发放 17 笔委托贷款,合计金额近 14 亿元,是 2010 年同期的近 4 倍。从利率来看,公布的 14 笔委托贷款的平均贷款利率达到 16.8%,其中最高一笔委托贷款利率达到 22%。

这么高的高利贷其实是个天大的陷阱。为什么这样讲,我给大家举个例子,大家自己评判吧。2010 年 4 月 30 日,宁波波导与青海中金创业投资有限公司签下委托贷款总协议,委托贷款 9 000 万元,月利率 13‰,年利率 15.6%,期限自 2010 年 5 月 5 日至 2011 年 5 月 4 日。结果,波导到现在都没有拿到还款。2011 年 5 月 23 日,香溢融通披露:此前该公司将自有资金人民币 5 000 万元、3 000 万元、3 000 万元委托宁波银行,分别贷款给宏业建设集团有限公司、台州宏业混凝土有限公司、临海市宏业混凝土有限公司,委托贷款期限均为 12 个月,月利率 12.5‰。这 3 笔委托贷款,均未能如期收回。其实,这些案例都清楚地揭示了一个运作模式:银行在拿到巨额手续费后,将风险转移给委托贷款双方当事人。一旦出现违约,双方当事人的权益都得不到保护。

第十二章　国有银行是否会重演日本悲剧?

一、国有银行为何被洋评委"唱空"?

2011年8月30日,国际三大评级机构之一的惠誉再次"唱空"中国银行业。针对近期关于银行业的几个关键词——地方融资平台贷款、社会融资总量、房地产贷款等,惠誉几乎提出清一色的质疑。惠誉的报告非常专业。但简单地说,其实就是三个理由、一个结论。

理由一。我们爆发银行危机的真正原因不是地方融资平台,但是地方融资平台会成为引爆这场危机的导火索。真正能让银行轰然倒塌的是一个链条,一旦地方政府还不起债,那么房地产、基础建设的开发商和分包商以及上下游的企业贷款都会出现困难。根据惠誉提供的数据,目前基础设施贷款占比最高的前五家中资银行依次为工行、交行、北京银行、建行和中行。其中,工行基础设施贷款占全部贷款的比例是32.5%,而截至2011年中期,工行地方融资平台贷款占比为7.5%。

理由二,我们的银行都在做假账,没有认真做好拨备。在近日举行的中期业绩发布会上,工行行长杨凯生称,工行信贷资产质量稳定。2011年上半年工行非正常类贷款都有所下降,"关注类贷款下降2.4%,次级类贷款下降0.3%,可疑类贷款下降3.4%,损失类贷款下降18.4%"。而这是因为,金融危机以来,大量释放的流动性帮助企业偿还了过去的债务。在2009年初,银监会曾鼓励中资银行对部分还款困难的企业贷款进行重组或借新还旧。而借新还旧的贷款一般很少被纳人不良贷款或关注类贷款的数据中。

理由三,为了满足谨慎监管的要求和保持表面财务实力。中资银行已经越来越多地将贷款重新打包成理财产品销售。但这种行为带来了隐藏的信用和流动性风险。而根据惠誉的估计,自 2008 年底以来,有 5.6 万亿元人民币的贷款和贴现票据被转移到银行的贷款组合之外。如果这其中仅十分之一成为减值贷款,商业银行的不良贷款余额至少会翻倍。例如农行的不良贷款率可能达到 8% 的水平。

因此,一个结论就是:中国 2013 年中期以前爆发银行危机的概率高达 60%。

二、要了解华尔街,就要了解他们在日本、韩国做过什么

遗憾的是,惠誉这些攻击是真是假我们根本无法判断。因为这些数据都是财报里没有的,我不知道为什么国有银行披露给外国评级机构的比披露给自己国家股民的还多。我们暂且不追究这个问题,因为我们面临着更严重的问题。我要提醒各位,对惠誉这种做法,我们是要警惕的,因为这种下三滥的招数,华尔街之前已经使过。

各位晓得花旗是怎么把日本第三大券商收人囊中的吗? 最开始,日本人很警惕,只卖给花旗 4.9% 的股份,也就是不到 5%。因此,花旗在董事会里连个议案都没资格提。但是,花旗不着急。花旗首先想要的是什么呢? 知情权,就是探知内部机密的权力。到了 2005 年,终于给了花旗一个良机,日兴证券通过会计违规手段将其净利润虚增了 33%。花旗把这个消息捅出来,于是日本证券交易监管委员会介入调查。日本人为了表明自己的严刑峻法,向日本金融厅(Financia]1 Services Agency)提议,就日兴证券的会计违规行为向其罚款 5 亿日元。这是日本金融厅有史以来开出的最大金额罚单。结果日兴证券股票下跌

超过 10%，东京证券交易所把日兴证券的股票列为观察名单，准备随时将其摘牌。

结果这时候来了个"救兵"——加拿大投资管理公司 MackenzieFinancial Corp.，愿意出钱给日兴证券注资，但条件是成为第一大股东。Mackenzie 是加拿大最大的共同基金公司 IGM Financial Inc. 的子公司。Mackenzie 公司的首席执行官同时也是 IGM Financial Inc. 的联合首席执行官 Sims 表示，该股份纯粹是作为投资用途。什么叫投资用途呢？原来就是两年之后，把这个股份转售给花旗，最终花旗用 77 亿美元把持股比例提高到了 61.1%。各位知道花旗为什么要这么做吗？不仅仅是赚钱这么简单的，是有原因的。2004 年，日本金融厅责令花旗集团关闭其在日本的私人银行业务，称这家银行存在不正当交易行为，而且可能从事与洗钱有关的交易活动。同时，花旗被禁止参与日本政府的债券拍卖，而且被禁止接受新客户的外币存款。日本金融厅给媒体的解释是，花旗"过于看重"利润，而且培育了一套"无视日本法律法规而逃避法律的销售体系"。

更有意思的是，从 2004 年开始一直到操盘把日兴证券吃掉，并且让花旗日本在东京交易所上市的是同一个人，这个人就是花旗集团在日本的首席执行官——道格·彼得森（。Doug Peterson）。也就是这个人，2011 年 9 月开始出任美国最大评级机构标准普尔的总裁。

类似的事情在韩国也发生过。美国孤星资本（Lone Star Funds）在亚洲金融危机之后收购了韩国最大的外贸和外汇银行——韩国交换银行（Korean Exchange Bank）。当时的收购价不过是 12 亿美元，之后转手卖给韩国国民银行的价格是 70 亿美元。他们是怎么做到的呢？首先把不上市的母公司买下来，趁着危机发布子公司的坏消息，把子公司股价打到最低，然后再宣布回购，以极低的价格把所有股票从小股民手里买回来，由此完成对所有股权的收购。

三、警惕日本长期信用银行的破产模式在中国重演

让人感到担忧的是,中国的国有四大银行非常有可能重蹈日本的覆辙。把我们前面分析的中国银行危机的三大理由,与日本最大的政策性银行——长期信用银行做个对比,会发现有着惊人的相似。

第一,日本长期信用银行也是过度依赖房地产贷款。这个银行有个大客户EIE,EIE用长银和其他银行的贷款在国外收购和建造了许多非常豪华的旅馆、饭店和观光旅游设施,颇受游客欢迎。但由于收购价格和建造成本都太高,导致连年亏损。对比一下我们的国内银行,大笔贷款也是用来支持地方政府的政绩工程、基建设施、宾馆酒店,还有铁道部的高铁,表面上非常风光,但是建造成本都很高,基本都不赚钱。

第二,不认真做好拨备,反而在政府压力下。不得不给还不起钱的项目继续贷款。在长银的直属非金融公司中,日本租赁公司、NIE公司和日本蓝迪科公司等三家公司拥有的不良资产最多,1997年时高达12 000亿日元。长银多次想清理这三家公司。但是如果清理,为这三家公司提供巨额贷款的日本农林系统金融机构和中小型保险公司势必陷入危机。长银不想成为金融危机的导火线,更不想失去信用。日本行政当局为了防止金融混乱,也不同意清理这些公司。在这种情况下,长银只好拖延。

第三。"为了满足谨慎监管的要求和保持表面财务实力"采取了一系列饮鸩止渴的措施。长银总行为了使资本充足率达到8%的规定,要求各营业部按规定指标减少贷款额,加速回收贷款。而同意偿还贷款的企业只是手头资金富余的大企业,经营不好的企业根本无力还款。这就使长银的优质客户不断流失,剩下的全是经营不好的企业的不良债权。这完全就是国内目前紧缩政策的翻版。

结果呢? 长银在很短的时间内忽然破产了。打出第一枪的不是别人,而是

长银和外国投资者合资的公司——长银沃巴格公司。这个公司于 1998 年 6 月 1 日开张营业,6 月 9 日突然抛售 150 万股长银的股票。为什么呢? 因为 6 月 5 日,日本影响力最大的月刊发表了一篇文章,这篇文章披露了大量内幕,通过对长银大量的经营数据和具体事例的详细分析,预言长银的破产迫在眉睫。哪里来的内幕呢? 在与瑞士银行商谈合作的过程中,长银向对方提供了主要的经营资料,瑞士银行对长银经营状况之差感到十分吃惊,而正是在这个过程中,这些内部资料被泄露出去了。

日本人为什么要和瑞士银行合资呢? 因为希望从瑞士银行得到 2 000 亿日元资金,瑞士银行本来承诺认购长银发行的'700 亿日元的债券和 1 300 亿日元的优先股。但之后以股票市场行情不好为由,推迟认购 2 000 亿日元的长银优先股和债券的计划。同时,要求修改相互参股 3% 的计划。经过多次协商,最后在 1998 年 4 月,确定相互参股 1%,但由于此时长银股票已大幅度下跌,长银并未得到瑞士银行那么多的资金。

日本股民可搞不清楚中间究竟出了什么状况,所以,当长银自己的公司大量抛售长银股票的时候,就引起市场恐慌性抛盘。当日收盘时长银股价从前一日的 181 日元跌到 140 日元,成交量是前一交易日的 30 倍,达到 2 900 万股。

随后,为了一举击溃长银,华尔街的投资银行和评级机构联合行动。6 月 17 日,美国摩根士丹利公司和高盛公司分别抛售 390 万股和 270 万股长银股票,再次重创长银股价,跌到 120 日元。6 月 18 日,美国信用评级机构把长银的债券等级一举下调三级,定为投资风险最大的"不适合投资"级别。

为了不给长银喘息的机会,华尔街又把炮火对准任何有可能重组长银的日本机构。6 月 26 日,长银与日本住友信托银行达成合并协议,政府亦表示赞同,暗示将在合并后实施援助,对长银的债权人给予保护。于是,华尔街投资者不惜一切代价做空日本住友信托银行,日本住友信托银行为了自我保护,只好退出收购。

最后这个拥有日本最多基建项目贷款的银行以 12 亿美元的白菜价卖给了

两个美国人——弗劳尔斯和柯林斯。弗劳尔斯原为高盛银行合伙人,后来自己管理一家私人股本机构;柯林斯是美国收购集团里普尔伍德(Ripplewood)的掌门人。而长银被出售之前,日本政府曾耗费 360 亿美元清理该银行的资产负债。后来在 2004 年,这两个美国人把长银重组并更名为新生银行(Shinsei Bank),并在东京证券交易所上市,首日股价即上扬 58%,市值高达 124 亿美元。

我们不是没犯过类似的错误。美国银行用 119.1 亿美元分批买下了建行 19.14% 的股份,而后抛掉了 15% 之后就套现了 194 亿美元,此外手里还有近 5% 的股权。英国的皇家苏格兰银行也这么操作过中国银行,高盛用同样的手法从工商银行大赚一笔。汇丰银行入股交通银行的持股成本是 1.86 元,而套现的时候股价是 5.14 元,现在还持有 18.63% 的股权。要知道现在交通银行第一大股东财政部也只有 26% 的股份,稍微有点风吹草动,交通银行就会成为下一个平安保险。平安保险就是在悄无声息之间,忽然让汇丰银行成为第一大股东的。

四、中国银行业的深层危机:管理粗放、模式畸形

中国的银行已经陷入了一场可怕的危机。我们的银行已经违背了其初创时的宗旨,成为一种暴利的行业。2011 年前三季度,中国商业银行累计实现利润 8 173 亿元,估计全年肯定超万亿元。都说烟草暴利,2011 年前三季度全国烟草行业平均利润增长率为 20%,而 16 家上市银行利润增长率为 31.49%。公司财务里衡量暴利的最重要指标是净资本回报率,如果单看这个指标,我们的银行已经比石油、烟草行业高出很多。

银行为何有如此暴利?透过调查我们发现,在银行收入中占比最高的是利息差。从全行业来看,银行收入中利息差贡献了 80%。央行规定的存贷利息差可以达到 3%—3.5%。我要提醒各位的是,这个还只是名义上的,只有地方政府、央企才能享受得到。对于大部分民营企业来讲,存贷利息差能达到 7%。可

是在美国、中国香港呢？这个利息差大约只有0.3%而已。除了赚取利息差，我们的银行还利用垄断地位收取乱七八糟的费用。中国农行行长张云曾撰文称，2003年10月1日出台的《商业银行服务价格管理暂行办法》明确银行收费的项目仅300多种，而现在《商业银行服务价格管理办法》中列出的收费项目已多达3 000种。

大家有没有发现一个有意思的事情，在我们的印象当中，美国抢劫案件的对象大都是银行，或者是美国大片中的毒枭，为什么？因为在美国，基本上只有这两个地方有现钞。欧美国家的老百姓一般都习惯用支票了，因为早在19世纪欧美国家的银行就已经开展提供免费个人支票簿的业务了。还有中国的香港，支票转账基本上都不要手续费，所以老百姓根本不会在身边放一堆现钞。这种事情只有我们中国内地有，就是因为我们的银行根本没想着如何给老百姓提供好的、便利的服务，而是把全部心思放在如何从老百姓身上赚取更多的钱上。据2011年中报显示，12家上市银行半年净赚4 000亿元，手续费及佣金净收入高达2 057.43亿元，普遍增幅在40%左右，几乎占到了净利润的半壁江山。我们的专家为此澄清说这个算法有点问题，手续费不完全是纯利，手续费应该和营业收入比较，这样看，银行20%的业务收入来自于手续费。但是不管银行怎样狡辩，一个不争的事实是，手续费和佣金收入贡献了上市银行净利润增长的三分之一。透过与美国、中国香港地区的对比，我们是不是该好好反思一下我们银行的盈利模式？

其实，最根本的问题是我们的银行是靠粗放经营赚钱的。什么叫粗放呢？就是靠疯狂圈钱，再疯狂放贷，然后吃着稳定的利息差来赚钱。建行、中行、浦发、民生、兴业都是如此，上百亿的资金三五个月就迅速花光了。大家有没有想过，如果A股没法融资了呢？如果我们只能以极低的价格去香港融资呢？结果就是必须贱卖股份。发达国家银行靠什么赚钱？我们都晓得，发达国家的银行进入门槛非常低，它们靠什么赚钱呢？服务。

在这一点上，中国香港地区的银行做得也非常好。香港银行业的服务和餐饮业差不多一样细致,比如说开通 24 小时的投诉热线。而且这些都不是作秀的,香港银行业内部有一套内控和管理系统来确保每个员工都会按照这套规范来做。再看看我们内地的银行,内地银行的管理到现在还停留在简单的数量化考核阶段上,比如说一天要接待多少个客户,一个月要拉多少存款,要卖多少产品,等等。总之,我们很少考虑怎么样才能把服务质量提升上去。我们内地银行的员工培训把大部分精力都放在所谓的业务上,比如点钞。而香港银行业的培训已经细致到从业人员的说话方式上了,可以不夸张地说,它们平时培训员工的方法跟我们训练奥运会、亚运会礼仪小姐是一样的。我们这套东西只是在奥运等重大活动的时候搞搞,平时业务繁忙的时候,我们银行的业务员不跟你吼就算不错了。比如说你去银行开个存款证明,银行的员工可以义正词严地告诉你,我们上面有规定,所以你先把钱付了吧,至于什么时候能办好,你下周再过来看看吧。还有,你要开个流水账单,不过是要他们打印出来而已,他们就得收你的钱,一句话,因为上面有规定。总之,国有银行陷入了一个恶性循环,总部管理越细,基层服务越差,动辄给你甩出一句,我们上面有规定。有国内记者专门采访过香港的银行,发现"这种问题连小孩子都知道"、"我们就这样"、"我不知道"、"我没有说过这样的话"、"绝对不可能"、"我不懂"、"这是规定"等都是绝对的禁语。可再看看我们内地的银行,这种话简直就是口头禅,办事程序麻烦得要死,收费比"黄牛"还黑。

银行问题这么多又这么严重,我们的专家是怎么建议的呢?有专家建议说,上调存款利息,对银行暴利征税。那我们看看对"两桶油"征收暴利税的结果是什么呢?油价更贵,油荒更甚。还有专家建议清理收费、请第三方机构监管、出台行政命令等等。不好意思,我觉得这些专家根本就没有抓住问题的本质。首先我们应该搞清楚一个问题,就是为什么我们的银行如此有恃无恐?

就是因为我们的银行有靠山。想想看,企业要借钱,只能找国有银行,因为只有国有银行才能弄到额度;你要存钱,就会发现所有银行的存款利息都一样,因此国有银行依靠政府,还算相对安全的。而如果有银行想以高息揽储,就会立刻遭到央行和银监会的严防死守。

当然,商业银行为此也是要付出代价的,首先要听话,要把钱贷给地方政府、支持地方 GDP 发展;其次要贷给国企买地卖地、搞房地产;最后实行低利率,以保证国债发行的低收益率。

五、银行危机或殃及人民币国际化

我们银行这种粗放式经营模式是可怕的,但更可怕的是,央行竟然不觉得有必要进行利率市场化或者放开银行业对民营资本的准入,反而在天天研究人民币国际化。国内对此的争论有很多,从整体上讲,讨论利率市场化的并不多,反而是讨论人民币国际化的非常多。其中有一种观点非常具有代表性,就是建议中国尽快完全开放资本账。也就是说,我们选择的路径是先开放人民币汇率市场,再开放利率市场,而不是选择先利率市场化,后资本账放开。

我无意挑起争论,但是这个逻辑非常值得研究。我先简单总结其观点:第一,如果不开放资本账,那么国际化只能完成10%。第二,中国 A 股市场开放度和境内债券市场的开放度都只有 o.8%。这是所有新兴市场国家中最低的,连越南都是我们的 10 倍。其他新兴市场经济体的股票市场开放度平均为 26%,债券市场开放度平均为 13%,均为中国开放度的几十倍。第三,"加速开放境内资本市场可以在保证宏观稳定的前提下实现",当然这个只是用模型推算出来的。第四,应该把银行间市场、人民币市场和国内金融市场更大地开放给境外机构。

我要告诉各位的是,在利率没有市场化和民营化之前就对资本账开放。是一个非常可怕的圈套。为什么?因为国外利率太低了,如果我们采纳了这样的建议,华尔街的资本就将席卷中国,拉美金融崩溃那--幕就很可能在中国重演。阿根廷是发展中国家里最早搞金融国际化的,结果呢?金融机构放贷热情高涨,国内资金供不应求,资金需求者转向利率较低的国际金融市场,最终导致外债短时间内急剧膨胀。如果我们现在就贸然放开,国外热钱会立刻涌来。要知道,我们现在的很多调控比如信贷调控之所以有效,就是因为我们的金融系统是基本封闭的。可是,一旦放开这个系统,就会因为我们现在的贷款实际利率是全世界数一数二的高,所以导致外国资金也愿意来中国放贷。我们在过去两年调控之际,尚且见到了恒大地产之类的在境外大举发行美元债券的情况,所以如果我们现在放开金融系统,那么国内的地产企业不用去境外,在境内和外国资金借贷,就能效仿恒大这样借美元贷款了。你国有银行不给放什么贷款,人家外资银行就来填补这个市场空白。这样,短时间内就会造成中国企业背负大量外债。而一旦这笔热钱投下去,将会带来新一轮的通货膨胀。

而如果在大量热钱涌入之后,美联储忽然对美元加息,或者华尔街忽然发动攻击做空本币汇率,或者是本国政府为了打压通货膨胀而打压经济,那么这些热钱就会大批撤退。如果这样,国内企业就完蛋了,比方说过去汇率是1:6的时候借了100万美元,本来只需要还600万人民币,一旦贬值到1:50,就得还6 000万人民币,这样大批企业就会因无力偿债而倒闭。这反过来又冲击了银行,导致银行破产。在1981年3月爆发的阿根廷金融危机中,就有70多家金融机构被清算,占商业银行总资产的16%、金融公司总资产的35%。要知道,阿根廷的金融国际化也就是1975年开始的,前后不过6年就被打回原形。而且,不仅仅是阿根廷,智利、墨西哥、牙买加这些国家都被美国金融资本洗劫过。

已经有极为清楚的证据表明,国际金融界已经悄然准备好了人民币离岸市场的突然崩溃。

根据英国《金融时报》2012年2月15日的报道,由世界各地近万家银行运行的全球支付系统Swift实施了一套机制,即便在离岸人民币市场完全失去流动性的情况下,这种机制也将使成员机构能够在相互之间完成交易。这个协定使银行有权在离岸人民币市场"失去流动性"、"不可兑换"或"不可转移"的情况下延缓付款,并以美元(而非人民币)结算它们的交易。而这竟然是由著名的国际互换和衍生工具协会(。ISDA)拟定的,要知道这个协会目前有来自46个国家、超过 600 个机构会员，其中包括世界主要从事衍生性商品交易的金融机构、政府组织、使用 OTC 衍生性商品管理事业风险的企业，以及国际性主要法律事务所。要知道，国际金融的三大主协议都是由这些机构制定的。

它们为什么这么做呢？Swift 的人民币国际化总监丽萨·奥康纳（LisaO' Connor）在接受英国《金融时报》的采访时说，因为"离岸人民币市场规模仍相当小，并容易受到外部冲击的影响"。2011 年 9 月，因为有部分国际投资者担心人民币升值幅度低于预期，所以抛出人民币，转而买进美元，导致离岸市场的人民币兑美元汇率与在岸市场出现了 2% 的差异。几乎在同时，香港的人民币储蓄资金池开始缩水，引发离岸人民币利率飙升。9 月事件说明了什么？说明国际投资者开始对人民币失去信心，而失去信心的结果就是他们决定提前料理后事以防人民币忽然崩溃。

那么，我们如何避免出现这种最糟的结果呢？我觉得我们应该考虑以下几个步骤：第一步，允许民营资本进入银行业；第二步，放开贷款利率管制，再放开存款利率管制，利息差消失，同时因为民间资本向民营企业放贷，民间利率会下降；第三步，民营银行通过市场竞争吸收了国有银行储户的部分存款，国有银行对地方政府的基建投资就会减少，通货膨胀就会消失，这时候利率就会下降。等到我们的利率和国外一样低了，并且经过前面三个阶段，中国企业逐渐习惯了利率波动，然后再搞人民币国际化，企业和金融机构就能比较容易适应外部波动所带来的利息波动了。

第十三章　股市乱象：
为什么我反对国际板？证监会该如何改革？

一、国际板就是重复中石油套牢股民的故事

什么叫国际板？证监会的定义是，不在中国注册的企业，而到中国股市来上市。我给各位一个更直观的定义：就是在香港股价是 1.6—1.7 港元一股的股票，在上海就能以人民币 16.7 元一股上市，更能炒到 48 元一股的天价。这就是国际板！

大家总是对国际板有着非常美好的憧憬，但我要提醒大家，2007 年回归 A 股的中石油就是今后国际板的缩影。实际上，所谓国外注册的公司和国内注册的公司不过是改个注册地而已，而且又是以人民币计价的，而人民币又不能兑换，所以，这个国际板根本就还是 A 股，只不过放宽了一个条件，就是注册地在海外也能在 A 股圈钱！

你以为这样就能引来汇丰银行、高盛、可口可乐在中国上市吗？我们也太天真了。为什么这么讲？首先，这些公司根本不缺钱，即使它们来上市，也是为了坑我们，而不是帮我们。它们只会模仿中石油，绝对不会像眷顾本国股民一样来照顾我们。

我不是没有底线地反对国际板，而是要和大家说清楚：如果证监会和上交所能做到 A 股的国际板市盈率和港交所、纽交所差不多，那么我无条件支持开

国际板；但是，我们根本做不到。所以我要呼吁相关部门，不要总想着圈老百姓的钱了！

各位知道什么叫港交所的标准吗？巴菲特又为什么那么传奇？就是因为他看中了符合香港规矩的中石油。中石油在国内让无数散户被套牢，但是在香港呢？巴菲特从中赚了277亿港元。巴菲特后来解释了为什么投资中石油："我讲一下投资中石油的案例，大约8年以前，我做的所有事情就是在办公室阅读它的年报，报告是英文的，写得非常好。我读了报告，对自己说，这个公司应该价值1 000亿美元左右，然后我看了一下公司的股票交易市值，发现只有350亿美元。""中石油非常有意思的一点是，公司在年报中写他们将把利润的45%拿出来进行分红。在其他大的石油公司中，没有任何一个曾经这么写过。但这非常重要，我几乎不记得有美国的哪家公司曾经作出过这样的承诺。中石油信守了承诺。"

这是什么意思呢？巴菲特认为中石油的股价是1 000亿美元，相当于6 500亿元人民币，港交所当年在中石油刚上市时候的估值是打了三五折，而中石油回归A股之后的市值却是3万亿元，相当于是460%。所以，在香港认购新股之后，持有到今天一股是10港元，相当于当时认购价的6倍。但在内地，持有到今天是人民币11元，相当于当时认购价16.7元的66%，所以你被套牢了。

再看看分红方面的差距。以最近的2010年为例。2 153家A股上市公司净利润17 612.28亿元，分红760亿元，分红比例为4.3%，而中石油承诺在H股的分红为45%，相差了10倍。除此之外，在我们内地，上市公司、交易所、券商、税务局、大股东拿走的比小股民拿走的要多。我们透过两组数据来看小股民赚了多少。先看2010年，上市公司通过新股上市和再融资圈走了1.01万亿元。税务局印花税收入544亿元，券商靠交易佣金收入1 230亿元，上交所和深交所手续费收入140亿元。最后留给股民的只有760亿元。

第二组数据统计的是从上交所和深交所成立到2005年，中国上市公司一共从股民手里融资圈走了8 000多亿元，而印花税和交易费4 500多亿元，分红派息仅。700 多亿元,但是,大部分派息其实还是被大股东拿走了,真正分给小股民的也就一两百亿元。

二、国际板引入的又是另一帮国企

我还要告诉各位,我们引入的不是汇丰和高盛,而是又一帮国有企业!为什么?我们的国有企业非常可爱,有一部分注册地在国内,还有一部分注册地竟然在海外。前面这部分当然可以在国内上市,也可以在中国香港上市,这个叫"H 股"。后面这部分只能在中国香港或者美国上市,在香港,后面这类被叫做"红筹股"。

那么,这个阵营都包括谁呢?按照市值大小,前十几名分别是中国移动、中海油、中国联通、中银香港、中海外、招商局、中信泰富、华润创业、华润置地、昆仑能源(中石油旗下的)、华润电力、华润水泥。

这些红筹股公司一共多少家呢?98 家!H 股不过才 132 家!红筹股里面因为有中国移动、招商局、华润这种央企巨头,所以整个市值高达 4.4 万亿港元,和 H 股总体 5.4 万亿港元的规模不相上下。

所以,大家明白了国际板是怎么回事了吧?就是国资委有两个孩子:老大呢去境外念书,没拿绿卡,叫"H 股";老二呢也去境外念书还顺便拿了绿卡,叫"红筹股"。现在因为国内股市比较容易圈钱,所以老大像中石油这类的,都回来了,高价圈钱,赚得盆满钵满。老二就眼红了,说怎么能这样呢?然后就游说证监会搞个"国际板",以"国际"之名让中国移动这类拿了绿卡的老二也能回来圈钱。

如果让我们所有的红筹股都回来圈钱,似乎不太好看,所以证监会为了粉饰门面,肯定还要允许几个外资企业比如汇丰银行、花旗银行之类的也来国际板,那么,国际板的容量会和现在的主板差不多。这样,在没有更多资金入市的前提下,我们完全可以期待上证指数跌掉一半。

三、为什么外国交易所欢迎中国企业？

在推出国际板的问题上，目前上交所方面热情非常高涨。特别是国际板各项规则以及技术准备工作均已基本完成，上交所方面显然对国际板的推出充满了期待。为什么？因为它也要挣钱，所以它有动力推动这件事。

我们经常看到哪个企业又去纳斯达克上市了。这在国内都属于巨大新闻。其实这种事情根本没有各位想得那么难，纳斯达克在中国有专门的代表，就是负责向中国企业推销纳斯达克的。原因很简单，人家交易所也要挣钱啊。各位晓不晓得在纳斯达克上市的成本和维护费用有多高？我给各位作个对比吧，比如发行一亿股，以全球精选市场为例，在纳斯达克进场费是 225 000 美元，约合人民币 150 万元，以后每年的维护费是 68 500 美元，约合人民币 44 万元。如果在港交所主板上市，进场费是 350 000 港币，以后每年的维护费是 356 000 港币，约合人民币 30 万元。上海证券交易所呢，在 A 股上市费最高 30 000 元人民币，美国是我们的 50 倍，中国香港是我们的 10 倍；上交所每年的维护费上限是 6 000 元，美国是我们的 74 倍，中国香港是我们的 50 倍。

这还仅仅是第一笔买路钱，更大的一笔钱来自于交易费和结算费。从港交所自己的年报上也可以看出，以 2010 年为例，收入是 75.66 亿港元，其中交易费及交易系统使用费 28.4 亿港元，结算及交易费 15.7 亿港元，上市费不过才 9.5 亿港元。除此之外，还有市场数据费、存管费、托管费及代理人服务费等。和其他公司没什么两样，港交所也会给自己的股东派息，只不过它所从事的业务是找到全球的买家和卖家，自己设"赌场"，然后让大家来赌。

纳斯达克也一样，它甚至还去收购其他交易所。2007 年 5 月，它用 36 亿美元并购了北欧最大的证交所 OMx 集团。2007 年 11 月，击败纽约泛欧证交所等对手，最终以 6.5 亿美元的现金成功夺得费城证券交易所。这和正常的公司并购没任何区别。

在这里我要给各位纠正一个错误,就是我们国内有很多人说微软是创业板成功的例子。说1986年3月,微软选择在纳斯达克上市的时候,资产仅200万美元。其实完全不是,微软不是大家想象中的在小额资本市场上市的,而是一开始就在纳斯达克的全国市场上市,它的净资产远远超过了纳斯达克全国市场的额度。1985年底,微软公司净资产达5 444万美元。净收入1.4亿美元,完全不是大家想象中的小公司。而纳斯达克也不是什么创业板,其实纳斯达克有三个交易板,分别是"全球精选"、"全球市场"和"资本市场",相当于深圳交易所的主板、中小板和创业板。其中,全球精选的上市标准比纽约交易所的主板还要高很多。

四、不破解"三高"难题,国际板也好不到哪里去

与其说我反对国际板,不如说我反对高价圈钱的国际板。如果上交所的国际板估值可以像香港一样低,那么我们的股民可以像巴菲特一样赚钱。只有这样的国际板,我们才欢迎。

我们之所以是现在的国际板,根本原因就是权力的傲慢。中国股市监管的思维就是证监会说了算,所以新股改革改了20多年也不见什么成效,就是因为证监会还是没把自己的权力放掉。全世界的发审委权力都在交易所,只有我们是在证监会。我并不是说要立刻把这种权力交给交易所,因为在我们目前这种市场环境下,如果把这个权力交给交易所只会更糟糕,因为两个交易所之间会恶性竞争,拿这个权力为自己牟利。

也正是因为这个权力的傲慢,我们证监会发审机构根本无法考虑资本市场的需要。截至2010年12月,中小板、创业板共计有26家中小企业LPO上市。26家中小板、创业板上市公司IPO计划募集资金93.47亿元,实际募集资金237.78亿元,实际募集资金平均超募了190.9%。也就是说,上市公司实际上只需要一元钱,但市场给了三元钱。这26家计划募集资金项目投资总额仅为

93.47 亿元,而网下配售、网上发行冻结的资金合计却高达 3.38 万亿元,整个市场打新股的资金相当于计划募集资金总额的 361.86 倍。证监会说会加快行政效率,但是,"发审委委员就那么二十几个人,却在负责着全国上千个 IPO 项目的审核,即使让他们不吃不喝、加班加点也无法满足市场需求"。

为什么我们的估值比香港高这么多? 在香港,如果市场上资金特别多,估值非常高,那么所有上市公司都会选择增发。这样就可以把资金吸掉了,股价就压下去了。而且,在香港增发 25% 以内是不需要证监会批准的,只需要股东大会批准,有的公司甚至只需董事会同意就可以了。

可是,在我们内地呢? 明明市场希望认购 3.38 万亿元的股票,可是因为证监会的效率低,而上市公司增发的核准权也在证监会手里,所以,证监会只批准了 93.47 亿元的股票上市,必然的结果就是股票稀缺,导致估值非常高。那么,证监会为什么效率低呢? 原因我不想在这里说了。

五、改革证监会:放权交易所审新股,废掉增发审批,学美国靠罚款为生

郭树清上任证监会主席以来,推行了一系列的政策,一直在治理中国股市。但是仅仅这些还远远不够,我呼吁对证监会进行三个根本的改革。

呼吁一　请证监会和交易所都放弃向财政伸手要钱。请证监会允许上交所和深交所直接竞争

2011 年中国证监会获得的财政拨款是 7.7 亿元,但是罚款收入却可以忽略不计。美国证券交易委员会 2005—2009 年期间,罚款总计 74 亿美元,都上缴给了美国财政部,财政部却只拿出其中的 45 亿美元给证交会作预算开支。

不止如此。在美国,纳斯达克和纽约证券交易所是相互竞争的。我们没有理由只许深交所做创业板。上交所天天游说开放国际板,很大程度上也是因为眼红深交所的创业板。同样,深交所当年不遗余力推创业板也是因为权重股只

能在上交所挂牌。既然这两家都喜欢创业板,那么证监会为何不退到幕后去,让这两家相互竞争呢?如果再出现当年的深发展 PK 长虹的乱象,证监会就不要客气了,直接对交易所罚款就是了。

我们现在证监会不仅对交易所是父爱,对上市公司也是父爱。我们看信息披露,这段时间里最有名的就是重庆啤酒事件了。证监会事后自己也承认自己的披露规则有很多不足。这个事情非常有代表性,一个啤酒企业要开始做疫苗,疫苗本身又不大,但是前景想象力空间非常大,所以财报里从来不需要披露细节,所有披露都要靠上市公司在临时公告里自觉披露。

更可怕的是,到现在证监会还在努力修改披露规则本身。这就完全搞错了,你证监会再怎么努力,你也没上市公司狡猾。应对这种情况最好的办法就是降低股民的诉讼门槛,从而让诉讼风险成为悬在概念制造者头上的利剑。比如说重庆啤酒,这披露是否重要,其实不需要你证监会来定义,让受损的投资者自己去找证据,而这里面究竟责任在上市公司披露不到位,还是机构有意渲染这个概念,你都可以让股民自己搜集证据,自己去法院寻求补偿。证监会如果把这个权力还给股民,那么每个股民、每个基金都是个证监会,这样打击概念炒作的力量自然大大加强。其实即便是证监会,你也应该学学美国,有时候定下来大体的原则就行了,细节的事情法庭上见,对上市公司不仅要讲理,也得罚钱教育。

我们再来看打击上市公司业绩造假,这个问题郭树清任内也很努力了,最有名的三个案子就是绿大地、胜景山河和科冕木业。三个案子都能显示证监会在不遗余力地打击业绩造假,但是,三个案子毫无例外都是高高地举起,轻轻地放下。绿大地从筹划上市就开始一系列的业绩造假,上市之后还持续虚构业绩,绿大地从资本市场获得了 3.46 亿元融资,但是罚款却只有 400 万元,公司高管被追究了刑事责任却都有几年的缓刑期,最后肯定就是不了了之。

问题是什么?直到现在证监会侦查完了,股民才能去追究上市公司。我们 A 股到现在都没有美国的那种机制,就是可以靠打假做空来获得盈利,以此鼓励专业机构和律师参与。证监会很卖力地追查,但是,绿大地这个案子判下来,所有的上市公司都松了一口气,原来如此彻底的造假也不过是几百万罚款,而且也没有坐牢的风险,更不用担心如潮水般涌来的股民诉讼。证监会应该直接对绿大地摘牌,再开出 3 亿元的罚单。这样上市公司虚假披露的嚣张气焰肯定会大为收敛。

同样要靠罚钱好好教育的还有中介机构。郭树清同志主政的证监会,不仅对胜景山河的保荐机构平安证券出具警示函,还对 2 名保荐代表人处以撤销保荐资格的极刑。对于保荐胜景山河的中审国际会计师事务所、湖南启元律师事务所,证监会采取了出具警示函的监管措施。两位签字会计师姚运海、吴淳被出具警示函,并在 36 个月内不受理其出具的文件,两位签字律师刘长河、张敬宇也被出具警示函,并在 12 个月内不受理其出具的文件。但是我觉得还远远不够,这些机构和当事人都应该被处以惩罚性罚款。要让巨额罚款像利剑一样悬在那里,让这些中介机构明白,不值得为那点儿钱冒那么大的风险。

呼吁二　请证监会砍掉自己的左手:废掉重组和增发审批权

郭树清同志有一个非常大的成就,就是他开始意识到,证监会本身就是个问题。所以,郭树清作了一个前所未有的改革,对任处级职务 5 年以上的干部开展大范围轮岗,以轮岗预防权力腐化和审批寻租。用证监会自己的话说,此次调整的核心内容,是发行部、创业板部、上市部、机构部、基金部、期货一部、期货二部、国际部、会计部这 9 个拥有行政许可审批权限的部门,其任处级职务 5 年以上的干部,经履行相关程序后,向没有行政许可审批权部门的相关岗位调动;而没有行政许可审批权部门的相关岗位干部,向上述 9 个部门的相关岗位调动。

同样,也是郭树清同志,让我们第一次看到了 IPO 的审核流程。现在,不仅实现了申报稿提前预披露,证监会发行部和创业板部还分别向社会公示了各自的审核流程,以及截至目前总计 515 家申报 IPO 企业的名单和审核进度。就这两点来说应该给郭树清同志满分。

但是,这不是说就没问题,证监会对涉嫌利益冲突的重组委委员第一次开出了免职的罚单,即便如此,问题的根源仍没有解决。如果要从根本上解决这个问题,证监会必须废掉自己的重组和增发审批权。要让基金通过参与公司治理、做空业绩造假的公司来赚钱,而不是炒作概念赚钱。我为什么要强调废掉审批权呢?因为重组和增发是基金公司绝佳的"勒索"上市公司的机会。必须得建立起来这样一个规则,就是只有基金和小股民同意上市公司重组或者增发的价格了,也就是上市公司的股票必须打折打得足够狠了,大家才愿意认购,才能赚钱。我就以汇丰银行为例,它在2009年增发的时候给股民的价格是每股2.54英镑,也就是28港元,而当时汇丰银行的股价已经高达46港元,现在汇丰银行的股价是62港元。为什么必须得打折呢?因为如果股价不打折,基金作为股东不会批准上市公司的增发机会。

大家可不要小看这点权力。大家知道为什么sT能赚钱吗?就是因为我们手里有与证监会一样的否决权,如果我们就是不同意的话,那么上市公司重组就会失败。比如说,从2009年到20lo年不到一年半的时间里,王亚伟所掌管的华夏大盘在NST昌河上赚了9 000多万元,其重要原因就是华夏大盘是流通股第一大股东,重组过程中上市公司为了获得重组成功自然要好好照顾其利益。所以,我们完全有理由相信,如果以后A股,而不仅仅是ST,把分红、增发、退市这样的权力都让证监会还给股民和基金,那么大家肯定每年都有机会要求上市公司廉价供股或者慷慨分红,没准儿中国还能出来个像IBM这种连续95年现金分红的公司。

当然,这需要证监会严厉打击内幕交易。因为只要还能透过内幕交易和各种传闻赚到钱,那么股价就会跟着这些散布消息的庄家起舞,而不会根据公司治理和分红这些基本面涨落。比如苏宁环球"涉矿"传闻都传了3个月了,可是直到12月才停牌发布公告,正式宣布新增经营范围包括"黄金等贵金属开发"、"有色金属开发"、"煤炭开采"。2011年的妖股,比如中茵置业,全都有这种毛病。所以,证监会必须清楚建立一个规则:只要是改善治理的,藏富于股民的,帮助股民打击和勒索上市公司的,都应该被允许,甚至恶意做空都应该给予包容;而对于破坏治理的,散布谣言的,通通都要施以重罚。这样,中国的股价才能合理起来,才能去除"全球经济增长最好,股市表现全球倒数第二"的怪相。

但是,仅仅打击内幕交易并不能重建对买方的系统监管。证监会对买方的基金管理缺少系统的改革思路。虽然郭树清主政后高调处理了抢帽子、领先集团和光华基金的内幕交易案,但是中国畸形的基金生态链丝毫没有好转。最近刚刚披露说211家披露年报的基金亏了846亿元,其实一点也不奇怪,因为我们的基金生态链就是完全畸形的。我说句得罪人的话:千千万万的基民们,你们千万别以为自己是基金眼中的客户。

在基金眼中,真正的金主是银行,因为在基金看来,销售了多少基金、赚了多少管理费,都是看能不能和银行搞好关系。2009年证监会出了新规,本来要约束基金销售的佣金,可是到现在,尾随佣金管理费竟然一路上涨到了40%,最高竟然达到70%。再考虑到基金的运营成本远比银行销售要高,所以,大部分管理费其实都被银行分走了,而不是留给了负责投资的基金管理公司。但是银行并不在乎发行之后的表现,银行赚的就是这个佣金,而这个佣金和基金投资表现没有什么关系。这样,对于基金来说,与其静下心来研究投资策略和分析股票,还不如多花点儿时间和银行搞好关系,多给你安排在好时候发行时髦主题的基金。

在郭树清治下,证监会到底开始放开第三方独立销售机构牌照,2012年2月22日,证监会公布了首批独立基金销售机构名单,众禄投顾、诺亚正行、好买财富、东方财富四家机构同时获批。但是,问题解决了吗?没有,这些独立的基金消费机构和基金谈出来的尾随佣金竟然还是4成。我们到目前为止,还是没能设计一个好的机制,让销售机构、基金管理者、基金投资者的利益都和长期投资回报一致,我们的基民也无权追究不负责任基金经理的法律责任。

呼吁三 请证监会砍掉自己的右手:废掉上市、退市审批权

我们现在的发审环节简直乱得一塌糊涂,为了过会,各家公司使尽了各种招数,比如高价更换大牌保荐人、临时抱佛脚引入创投机构,很多二次上会公司的每一步都显露着业绩包装和资本运作的痕迹。最离谱的是,有的竟然透过更换发审委委员的途径,实在太过分了。就拿珠海和佳医疗来讲吧,2011 年 7 月 11 日,和佳医疗首发招股说明书,但随即被媒体曝出一系列丑闻。湖南省政府官网上写得很清楚:(39 家医药企业被列入商业贿赂"黑名单"》,其中一个就是珠海和佳医疗公司,这一信息发布于 2008 年 7 月 18 日。按照我们证监会的规定,发行人 3 年内不得存在重大违法违规行为。按照这个规定,和佳医疗被取消了审核。但是,7 月 26 日,也就是距离首次过会失败不到半个月,和佳医疗竟然再次出现在创业板中。被市场誉为"史上最迅猛二进宫"。更可笑的是,--i! X 上会时,和佳医疗的相关财报数据没有作任何更改,而且连招股书都没有再次提交。为什么这次能这么顺利过会呢? 我作了相关调研,最后发现,唯一变化了的就是和佳医药在二次过会时,原来的 7 名发审委委员中引入了 2 名律师。

　　至于对重中之重的上市环节,证监会还是对股民缺少透明的交代。上市之中最大的黑幕就是二次过会,就是第一次过会被拦下来的企业,为什么信息披露没什么改进就过会了? 对于二次过会的公司我作了一个粗略的统计,目前成功案例中有 5 家公司临时变更了保荐机构,4 家公司变更了上市地点,另外 8 家公司引入了 PE(私募股权基金)/VC(风险资金)突击入股,以此为二次过会的顺利通过增添了筹码。突击入股为什么就能过会? 是不是新的股东在背后"做了工作"? 我呼吁,每一个突击入股都应该交给司法机关进行调查,这背后搞不好都有重大的腐败案件。

　　当然,很多恶劣的案子比如和佳医疗,并不是郭树清同志任期的事情,但是,他对二次过会的披露并没有什么改进。而且到目前为止,股民都不能对证监会的发审委委员提起诉讼,而且绿大地案件虽然把涉案的上市公司高管和中介负责人都调查了,却没人对核准绿大地的发审委委员问责。到目前为止,没有任何手段,无论是诉讼还是问责,能够让股民确保证监会工作人员遵守证券法。

我认为,最好的应对办法就是干脆废掉证监会发审委,交给两个交易所去审核,深交所也要有大型权重股,上交所也要有中小板和创业板。这样放开竞争,证监会对两个交易所进行监管,如果交易所到时候再出现这种发审乱象,证监会完全可以对其作出严重的处罚,比如罚款几个亿,或者暂停其上市。

不仅是上市,连退市的权力证监会也应该考虑还给股民。当然,我们要承认,郭树清同志还是很有勇气的,据说今年上半年终于要对创业板和主板落实新退市制度了。但是,到目前来看,还是不可能把权力完全还给股民。实际上在 A 股市场,只有证监会有权让一个公司退市,比如证监会发起调查认定你的利润是造假的,这样才能逼你退市,但是我们证监会从来没兴趣做这种事,而且就算证监会认定你是亏损了,最不济大股东把上市公司当作壳卖掉也能赚一笔,而小股东对此一点发言权也没有。

美国呢?这个权力不在监管当局手里,而是"藏权于民",把退市的权力交给小股东,因为本来上市公司的最高当权者只有股东。纳斯达克的退市制度非常简单:中小公司股价不许低于 1 美元,大公司股价不许低于 5 美元,且无论如何,你这个公司股东至少要有 400 户。所以,退市的标准不是什么利润这种特别容易被上市公司玩弄的东西,而是你的股东是否认可你的价值,就算你现在亏钱,但是只要你的股东认可你的价值,任何人也不能逼你退市。小股民如果不认可你的价值,就会卖掉股票,而股价一旦跌破一美元,大股东就害怕了,就肯定要出来接盘,可是你大股东一接盘,就会导致股东变少,最后股东少于 400户你就被摘牌了。

第四篇　民营企业节节败退

第十四章 淘宝大战背后：那些迅速消亡的实体店

2011 年最火爆的网络事件除了 3Q 大战，就是淘宝事件。在淘宝大战的最高峰，5 万人 17 次"攻打"淘宝商城上的大卖家。事件的起因很简单，淘宝商城 2011 年 10 月 10 日决定：2012 年的技术服务费由以往的 6 000 元提高到 3 万元、6 万元两个档次，商铺违约保证金由以往的 1 万元涨到 5 万、lo 万、15 万元不等。中小卖家对此极为不满，他们通过百度贴吧和 QQ 组织起来，利用货到付款和给差评的方式攻击大卖家。这个事件看起来很热闹对不对？那大家晓不晓得这场大战对于中国的经济有多重大的意义吗？

一、网购的飞速增长反映了商家对低成本交易的渴望

当然，这些中小商家的行为本身可能已经涉嫌违法，但我先不和大家讨论这个问题。我想提醒大家的是，这种行为恰恰反映了中小商家对于低成本经商的渴望。淘宝是学习 ebay 模式的，但是在 ebay 上交易的商品 80% 是二手物品；而淘宝上流通的 90% 是新品。为什么会这样？因为淘宝的门槛很低，在淘宝上进行交易基本不用缴什么税，只要交保证金，然后注册一个支付宝账户就行了。其实，这是在我们中国特定环境下的一个特殊产物，我总结了几个特点。

网购零售额增长速度迅猛。根据中国互联网络信息中心（CNNIC）最新发布的《第 28 次中国互联网络发展状况统计报告》显示，2010 年我国网购市场交

易总额是 5 231 亿元。是 2009 年的两倍还多,2009 年是 2 500 亿,2008 年是 1 281 亿,2007 年不过是 560 亿。

网购交易金额增长速度迅猛。按照 20lo 年的数据,我国网购已经占全球网购金额的七分之一。要知道 2010 年底我们的 GDP 还只占全球的 10% 不到,但网络销售竟然占全球的 14%。而且还在以几何级上升。

网络销售增长不是因为我们网络普及了。我们的网络普及率远远没有日本、美国那么高,可为什么它们的老百姓不像我们那么积极呢? 透过对比我们发现,美国的网络零售商品更多的是电子书、软件。而我国的网络零售商品几乎全部是生活用品,如衣服、鞋子、书、化妆品等。

网络销售增长是因为它的价格合理。请注意,我没有说我们的网购价格低。我以最火爆的一款手机 iPhone4 为例,它在淘宝商城的售价是 4 400 元,在淘宝集市的售价是 4 100 元左右。大家知道它在香港官方网站上售价是多少吗? 4 688 港币,折合人民币 3 845 元。也就是说,淘宝集市的最终售价就是从香港买过来的手机价格再加上 200 元利润。之所以在淘宝上能卖得动,是因为苹果手机在实体店里的售价是 4 688 元人民币。除了手机,很多人还会在实体店选好大小和颜色,然后到网上买,至少能便宜 30% 以上。一双一模一样的皮鞋,实体零售店卖 899 元,网上卖 600 元。实体店的价格为什么这么高? 主要有两个原因:一个是税太重,另一个是租金和员工工资不断升高。

二、开实体店铺太难催生了畸形的零售市场

各位晓不晓得,在我们内地,开一个杂货店要办的手续一点儿也不比开一个百货公司少,而且税项也不能获得减免。一个杂货店要缴的税费主要是:营业税 5%;增值税 4%—17%;城建税,税率是营业税与增值税之和的 7%;教育费附加,税率是营业税与增值税之和的 3%;地方教育费附加,税率是营业税与增值税之和的 2%;还有印花税、城镇土地使用税等等。我数了一下,大概是 15

项税,和大超市的税是一样的。除此以外,还要根据各地情况交各种费,如工商行政管理费、文化局审批收费,如果是特许经营的,比如盐、烟、酒、药等,还要到公安局去办理有关登记与备案,当然这也会收费。

有人说,小企业不用缴税,因为按照规定,月营业额在5 000元以下的可以免缴增值税、城建税、教育费附加。那我告诉大家5 000元的营业额意味着什么。北京一个早餐点一早上的营业额都在500元以上,相信再没有商店比它还低吧。即使按照20%的利润率计算,如果一个月的营业额只有5 000元,这样的收入连吃饭都成问题,更何况,有几个杂货店能达到20%的利润率呢?透过这个计算我们发现,99.99%的杂货店都是要缴税的。

除了税费,还有各种租金和人工费用也在上涨。我的一个朋友告诉我,他住的楼下有一个叫"大馅儿饺子"的饭馆突然关门了。为什么呢?老板说,以前的租金一个月是6 000块钱,现在一下子涨到15 000块。工人的工资以前是800块,现在1 200块都招不到人。就这两项开支就把利润都吃掉了,根本赚不到钱,只好关门了。所以我们看到,北京的杂货店变得越来越少了,几乎全是大商场和大超市。就连李宁公司都快办不下去了,2010年底,李宁公司以改革为名关闭500---600家店铺。虽然公司高管说是为了提高效率,但真正的原因是,李宁公司的很多单店效益太差,根本做不下去。那各位想想看,其他的中小零售店,不论是卖服装的,还是卖日用百货的,还能做下去吗?

对于超市来讲,只要超市的定价比大街上的杂货店、水果摊便宜一点儿,就能吸引到顾客。因为我们买东西的地方除了商场、超市,就是杂货店。杂货店的税这么高,又没有规模优势,商品的价格又贵,所以肯定不受欢迎。

更有意思的是,在全世界的消费市场,只有中国才有所谓进场费这种零售模式。什么意思呢,就是供货商的商品要先交钱才能上架,然后,在商品卖完以后,超市还不会立马跟供货商结账,还要占压货款。同时,大型超市还透过压价等方式拼命压缩供货商的利润。家乐福就是透过这些方式实现了低成本的快速扩张。

这样做的结果就是：一包出厂价 1.2 元的锅巴，零售价卖到 3 元。有记者特地作了一个调查。在北京锦绣大地批发市场，某种品牌的杏仁每 100 克 4.8 元，腰果 7 元，开口松子 7.2 元，生核桃仁 6.6 元，葡萄干 1.2 元，开心果 6.6 元。到了北京的一家物美大卖场，发现同一品牌同样产品的价格已发生翻天覆地的变化，每 loo 克杏仁变成了 15.9 元，腰果变成 14.2 元，开口松子变成 25.8 元，生核桃仁变成 19 元，葡萄干变成 3.29 元，开心果变成 17 元。6 种产品平均下来，超市价格是批发市场价格的 2.85 倍！

那各位试想一下，如果开杂货店、便利店、水果店变得非常容易，没有那么多税费，会怎样？答案很明显，就是商品的价格下降。

而且，这些小店一般都开在居民区或者 CBD 周围，所以就会有很多老百姓选择去这些地方买东西。

这样超市就没有那么多人了，那超市为了争取更多的客源就必须降价，这样最终受惠的就是广大老百姓。除此之外，这些杂货店、便利店还能解决不少人的就业问题对不对？如果大家都能在家门口买蔬菜、水果，那交通堵塞这样的问题是不是也能得到缓解？

透过以上的分析我们发现，是高税收、高租金消灭了就业，消灭了 GDP，消灭了内需，制造了商场和超市的畸形。而我们的网购之所以这么发达，就是因为网上的东西在减去税收、租金之后，比实体店便宜了很多。

三、中国香港、日本的零售业都是为了繁荣个体户、促进就业

我们再看看中国的香港，那里的 CBD 或者居民区到处都是商店、小酒馆、商铺。在任何一条街上，5 分钟之内至少有两家 7—11 或 OK 便利店，每一个十字路口肯定有便利店。

为什么？因为在香港开个便利店或杂货店非常容易：以公司的形式注册，从申请到批准最长不超过 12 天，购买现成公司的话，当天就可以走完所有程

序。公司注册以后呢？可以卖水果，也可以卖香烟、卖文化用品。

如果你愿意，卖黄金也可以。没有行业限制，也不需要重新注册。根本不会像内地的这样，必须向卫生部门、工商部门、文化部门、公安部门分别申请。

而且，香港的税率特别简单。相比内地至少15种税，香港只有2种：一种是注册时按照注册资本的千分之一交印花税（内地也有）；另一种就是17%的利得税。

而这个利得税是赚到钱以后才缴的税，没有盈利根本不用缴。不像我们内地，只要开门儿就要缴税。这种低税率使得香港的零售业异常发达。

可以这么说，低税率造就了繁荣的香港。大家晓不晓得，香港是没有沃尔玛和家乐福的，因为这些大超市在那里根本生存不下去。而香港老百姓买菜，首先去菜市场，全香港有90多个菜市场（香港叫街市），其次就是便利店。当然，香港也有中小规模的超市，如百佳和惠康，以满足中等收入以上人群的消费。

日本和我们的香港非常类似，日本的大型卖场和超市在20世纪90年代开始走下坡路，取而代之的是大量的便利店。

它们极大地方便了日本人的生活，解决了大量就业。目前在全日本有便利店4万多家，仅东京地区就集中了6 121家。北京呢，目前只有4'704家便利店。要知道东京人口是1 256万，而北京2000万都不止。

日本的零售业保持了充分的公平竞争。比如，日本快餐店与便利店进行着快餐盒饭的价格竞争，日本的麦当劳不得不以半价销售。

日本的连锁药店也得和便利店进行价格和品种的竞争，不像国内只愿卖贵的、不愿卖便宜的药。连日本的食品商店都得跟着竞争，要卖盒饭、卖自助式快餐，并且将营业时间延长到深夜12点以后。这么做的好处就是给老百姓的生活带来了巨大的便利。日本是怎么做到的呢？就是因为日本一直有保护中小零售店的法律，过去是《大店法》，即便是美国施压，还是有《大规模零售店地区选定法》、《大店立地法》等一系列法律，最大限度地遏制了大店的负面作用。

其实,很多发达国家都对大型店铺有严格的限制。比如法国,法国的家乐福跑到中国来到处扩张,但它如果在本国开店的话,就必须在开一家的同时关闭另一家。英国呢,在1996年出台了《大型零售设施开发的第三次国家方针》。因为在这之前,英国的大店铺迅速增加。为了防止这种态势的蔓延出台了这个方针,之后,英国的食品自选商场开始快速发展,小型店铺也恢复了发展。而国内大店铺的新建因为受到遏制,所以开始向东欧各国转移。还有德国,德国政府颁布了《建筑物使用条例》,规定1 500平方米以上的大型店铺只能开在政府规划确定的特别区域;1986年把允许开设的大店面积下调到1 200平方米;90年代中期又降低到800平方米。1996年德国又修改了《闭店法》,规定大店铺要缩短营业时间,以照顾中小店铺经营。

四、我们该怎么帮助个体户?

第一。学习法国,政府介入,防治垄断超市欺压供货商的行为。首先,超市收取的各项费用,比如促销费、过节费、上架费、进场费等必须在合同里面全部写明。如果收取额外费,可以向法庭起诉超市扰乱经济秩序。其次,超市必须明确规定付款期,不能长期占用供应商货款。食品类不超过30天,其他商品不得超过90天。最后,超市不能随意中止供货关系,每年2月15日之前零售商必须签订采购合同。一旦两者发生纠纷,超市必须承担取证的义务。

第二,要想从根本上解决问题,就要给小商店免税。而且必须简化成立的手续。目前15种税费,剩下一种企业所得税就足够了,社区里面30平方米以下的小商店不挣钱不用缴税。一个社区里可以有好多家小商店,互相竞争。小商店价格低,超市的人流就要下降,为了吸引人群,它的价格必须更低,进场费、上架费、压货等行为一定会消失。否则供货商就不来了,直接走便利店渠道就可以了。

最后,我想提醒一下广大网商,不要以为马云收你几万就不得了了,更大的挑战还在后面呢。2011年6月,武汉国税局开出了首张个人网店税单,这个店2010年的营业额是1亿元,连增值税、企业所得税、滞纳金,共计征税430.79万元。有消息称,在武汉的淘宝皇冠级以上网店都将被纳入税收征管范围。那你要好好想想了,如果对网店开征增值税和所得税了,你该怎么办?这才是更大的挑战啊!

第十五章 达芬奇的眼泪：
中国知识产权危机

自 2011 年 7 月 10 日央视曝光达芬奇家具销售假洋品牌家具以来，不仅购买天价达芬奇家具的"大款"消费者密切留意事件进展，连普通老百姓也极为关心。在这个信用缺失的时代，"真假"二字已变得尤为敏感。连日来，北京、上海、广州等各地工商部门积极介入该事件，努力为公众还原真相。15 日，广州工商局确认已对"达芬奇"广州店进行立案调查。之后，"达芬奇事件"迅速扩大化，大量企业如惊弓之鸟，担心成为舆论下的"达芬奇第二"。此前"洋奶粉"施恩、澳优被一一曝光，发现均是国内生产。不少服装均是国内品牌，却起了个"洋名字"，比如卡尔丹顿、美特斯邦威、森马、鸿星尔克。当然，没有有力证据能证明达芬奇确实造假，但是由此引发的对中国品牌的信任危机却是真真切切。

一、中国制造业的深刻危机

我们先说达芬奇事件本身，达芬奇本来是国外家具的销售代理商，代理的家具有卡布丽缇、珍宝、好莱坞、阿玛尼、范思哲、芬迪和兰博基尼等 100 多个品牌，这些产品价格都非常昂贵，一个电视柜 18 万，一张床 30 万，一套沙发上百万。根据央视的调查，达芬奇在代理卡布丽缇的同时，按照这些产品的尺寸给一家东莞家具企业下单，制造同样的产品，之后，达芬奇为这些家具办理全套的进口手续，就成为达芬奇所说的 100% 意大利原装、"国际超级品牌"家具了。根据央视的说法，这种伪造的所谓原装产品大概占了达芬奇 10% 以上的销量。

对于达芬奇究竟有没有造假,我不想作推论。我想和大家探讨的是这背后的问题——中国制造业的深刻危机。各位晓不晓得,从 2005 年开始,中国家具出口产值就超过了意大利,成为全球第一大出口国。我们每年出口给欧洲和美国的家具都在 100 亿美元以上。这样一个家具生产大国,竟然要靠抄袭外国的设计才能造出来好家具。

在这里我要说的是,之所以出现达芬奇事件,主要责任在于政府的监管部门。

第一,我们不保护知识产权,也不打击假冒伪劣,消费者仅靠自己怎么能看出达芬奇家具的原产地、用料、工艺呢? 正是监管的不作为,才让消费者的知情权和利益无法得到保障。我想请问,为什么商品销售时质检部门从来没有检查过它的产品质量,而总是出问题以后才查处?

第二,最为重要的消费者保护组织——消协,也不作为。我们消费者很难判断产品质量好坏,发现问题之后向商家索赔也非常费事。本来揭露这种问题的就不应该是媒体,而应该是消协。我不晓得我们的消协都在忙什么? 该它出面解决问题的时候基本都找不着。我们看看我们香港特区的消协在忙什么? 在忙着对市场上各种产品进行抽样和送检。比如香港最近市场上有不少仿瓷餐具,很便宜,但是究竟和陶瓷餐具有多大差别呢? 他们就抽查了 39 款仿瓷餐具。结果发现,里面有甲醛,还有三聚氰胺,更有 4 款验出过量有机物质,6 款蒸发残渣超标。

我们很多商家经常搞概念来忽悠消费者,其实这个时候消协就应该出面,而且这本来就应该是消协的责任。就比如说,有一年冬天香港特别冷,市面上推出很多保暖内衣。究竟哪一种保暖内衣最能保暖? 商家各说各的好处,其中就有很多商家说自己的保暖衣原料是"天蚕",保暖效果有多么多么好。这时,"消委会"就组织了对这些保暖内衣的测试,并将测试结果予以公布。测试的样本为 4 款合成纤维保暖内衣,与传统的羊毛内衣相比较,这些自称"保温透气性能极高"的新款内衣,保暖程度却比不上羊毛样本,只是款式较为新潮。最后

"消委会"给出了建议:消费者可根据测试结果和个人喜好进行选择。

再比如说,我们消费者打官司非常费劲对吧。其实,这个也应该是消协的责任,但我们的消协懒得管。香港的消委会是怎么做的呢?香港消委会成立有消费者诉讼基金,等于是帮大家组团打官司,为权益受到侵害的消费者索取赔偿。我给大家讲个很典型的案件,这是1995年的一桩楼宇买卖。地产商并没有地段的业权,也没有获得授权开发,没有动工就开始出售房屋。在真相揭露后,买家纷纷通过"消委会"向诉讼基金求助。诉讼基金经过查证,迫使地产商承诺向受害人分12期发还170万港元的款项。但是,地产商从第三期开始就不履行协议。诉讼基金随即向地产商发出法定付款令,并向法庭申请清盘令。在法庭和警方的协助下,该案在1999年获得了解决。

第三,因为不能很好地保护知识产权,也不保护消费者的权益,所以国内企业要不然是抄袭别人,要不然就是忽悠老百姓。有的商家把合资家具当作进口家具卖,如一套2+1中外合资沙发只要1.6万元,如果打着纯进口的幌子,就可以标价7万—8万元,相差4—5倍;有的在展厅摆放的是进口家具,送到消费者家里的却是国产货。这么做的结果就是中国自己的品牌和企业都起不来,外国品牌独占这个高端市场,并垄断了定价权。也正是这样一种暴利的空间让达芬奇敢于铤而走险。最后我们发现,中国企业只能做利润最低的制造环节,平均利润率不到3%,恶性循环的结果就是中国家具和牛奶一样都是全世界最差的。

二、其实是因为我们没能控制产业链

产地其实是次要问题,连在欧洲和美国买到的家具都是欧洲设计、中国制造的,我们在中国买到的意大利家具,其实是中国制造的并没什么不对。这就好像我们大骂苹果公司,说你这个iPhone竟然是中国制造的,凭什么卖那么贵啊?但我想提醒各位一下,苹果并没有说自己的产品是100%美国原装的,而是在所有产品上都标注着:美国加州设计,中国组装。

但是,我想请大家思考一个问题:苹果用的配件我们中国手机企业也都能采购,苹果的代工厂也就是富士康,在深圳或者成都都有工厂,可是,为什么我们的中国企业就是造不出来 iPhone 呢?我们曾经引以为豪的所谓山寨手机,现在三分之二以上的山寨手机企业都倒闭了。不仅中国企业不是对手,就连全球最大的手机生产商之一诺基亚都不是对手,2009 年第三季度苹果的手机利润超过诺基亚,而那时候苹果进入手机这个行业仅仅不到 2 年。

苹果为什么这么强悍?就是因为它不仅仅牢牢控制了产业链最上游的设计,还稳固控制了产业链最下游的销售。如今每季度访问苹果位于全球 326 家零售店的总人数,已超过了 2010 年访问迪斯尼四大主题公园的 6 000 万游客的数量。即便不包括网络销售额,苹果零售店每平方英尺的年销售额也高达 4 406 美元。这一数据远超过珠宝时尚品牌蒂芙尼(rI iffany&co.)每平方英尺 3 070 美元的销售额,和奢侈品零售商 Coach 每平方英尺 1' 176 美元的销售额。而如果将包括 i' runes 在内的网络零售额计算在内,苹果零售店每平方英尺的年销售额达到了惊人的 5 914 美元,与 IV 相比也毫不逊色。

但是大家有没有想过,苹果靠什么来掌握这些最重要的环节?我告诉各位,就是靠知识产权。美国整个经济基本上都是以知识产权为基础的,这和美国对华出口的结构也基本完全一致。美国出口到中国的商品排名第一的是计算机软件、信息系统及电子元器件,第二名是大豆这类的农产品,第三名是医药及化工品,第四名是飞机等运输设备,这四类都是一年有着 100 亿美元以上的出口额。而这四类产品都是以知识产权为核心的,包括大豆,为什么?因为美国出口给中国的是转基因大豆,它产量高、价格低,但不能繁育后代,或者后代产量非常低,或者非常容易感染病,所以美国豆农必须向拥有专利的孟山都购买种子,买种子的钱里面大部分都是技术专利使用费。知识产权产业(包括化工、制药、信息技术等依赖于专利保护和软件、娱乐、出版等依赖于版权保护的产业)被称为美国经济的第一产业,创造的价值占整个美国经济活动的 17.3%

和整个私人经济活动的五分之一,知识产权存量占美国整个上市公司总价值的比重大约为三分之一。

三、洋品牌凭什么控制产业链

有人说达芬奇之类的问题是因为中国消费者崇洋媚外。但是,请大家想想,为什么打着洋品牌的旗号,我们的产品价格就能翻几番? 这其实就是品牌的力量,这些企业透过品牌垄断了定价权。比如之前置于风口浪尖的兰蔻,据贸易统计资料显示,兰蔻日霜(产地法国),进口价大约是每公斤50欧元(约463.5元人民币),按照这个来估算,50克日霜进口价仅23元人民币,税负即使达到50%,所缴纳的税也不到12元,但是在我们国内竟然卖到600多元。

为什么中国企业做不到? 最根本的原因是我们中国的企业从一开始就没有想过如何去满足老百姓的差异化需求。我们中国企业做的这些行业和产品都是人家外国企业做过的,也都是人家现在不愿意做的。人家早就经历过国外的同质化竞争了,能有今天这样的市场号召力就是因为掌握了满足差异化的能力。我们就说LV吧,为什么这个牌子的包包做得这么有名? 因为这东西就是人家发明的。第一次工业革命后,火车出现,在那个时候,坐火车旅游是非常拉风的事情。今天我们出门都习惯拎个皮箱,但那时候没有这东西,只有帆布袋、篮子之类的。路易·威登就看准了这个市场,下海自己在巴黎创办了首间皮具店,主要产品就是用"Trianongrey"帆布制成的箱子,这种箱子很快便风行了整个巴黎的上流社会。但是,LV这个商标和它的品牌策略是什么时候才开始有的呢? 是距离创业42年之后的1896年,这又是为什么呢? 因为遭遇了严重的被抄袭和仿冒的危机,所以威登家族决定在Monogram帆布上印制了著名的"Lv"商标,并开始全面运作品牌。

再者,外国企业从一开始就掌握了时尚的全球话语权。比如说爱马仕旗下最有名的是凯莉包,为什么以凯莉命名呢? 这里面有个故事,就是后来成为摩纳哥王妃的女星葛莉丝·凯莉在怀着卡洛琳公主时,出席了一个公开活动,被美国的 Life 志拍摄到一张她以该款皮包遮掩住微凸腹部的照片,该款皮包因而声名大振,经过王妃的同意,Sac—a—eroire 遂于 1955 年正式改名 Kelly。凯莉包从鞣皮、选皮、染色、剪裁到缝合,全部以手工完成,需花费 3 天才能完成一个皮包。在皮包内侧,还会标示制造的工匠代码,以后要送修、保养,就由同一个匠师来为你服务,并且会帮顾客缝上个人英文名字。这样讲究的制作流程与后续服务,使得它的价格居高不下,且必须事先预订,有时甚至得等上数年才能买到。

再比如说爱马仕的另一个名牌柏金包,也有一段有趣的故事。某次爱马仕总裁杜迈在飞机上巧遇在英伦出生但走红法国的女歌手珍·柏金(Jane Birkin)。因为她常常到各地巡演,柏金希望能有一个方便她放婴儿尿片及奶粉的袋子,以便她带着女儿外出时,可以将这些东西全部放在一起。就是这个愿望后来促成了柏金包的诞生。而这种包由于容量大、易放置文件,许多职场女性都喜欢把柏金包当作公事包使用。

四、最根本的问题是我们深深陷入知识产权危机

因为我们不注重保护知识产权,所以中国企业根本没有动力去搞研发,也没有动力去引进人才、抢占设计研发制高点。很多人认为现在的抄袭是件好事儿,是发展过程中的必由之路,因为日本当年也是靠抄袭起家的。但是,我告诉各位,日本的抄袭跟我们的抄袭完全不是一个概念,就拿 1957 年日本尼康的主力单反照相机 SP3 来说,它的外形基本上和德国的莱卡 N3 一致,但是尼康的 SP3 却有更宽大的水平观察窗,能满足经验丰富的专业摄影师对高科技的追求。

再比如说丰田,其实丰田第一次进军美国遭遇了惨败,但是丰田并没有放弃,而是积极研究美国市场,根据美国消费者的需求,选择了双开门汽车作为突破口,专门为美国研发了 Celica 1600,外形是美国人偏爱的类型,但是内在的发

动机和零部件完全采用的是日本技术。这个车的价格、保养维护费用、油耗都比美国同类的车低得多，但是性能却毫不逊色。

还有，锅具看起来很简单吧。可是，在中国不锈钢刀具市场里单价超过 120 元人民币的产品中，德国的双立人占了 90% 以上的份额。而目前在中国市场出售的双立人四星木制插刀架 10 件套装能卖到 8 800 元人民币。就是这么高的价格，竟然销售火爆。双立人的年销售规模已经达到数亿元人民币，双立人在国内的单店年销售额最高达 2 200 万元，淡季时一个月的销量也可以达到 100 万元左右。为什么德国人能做到？原因很简单，德国人会专门去研究怎么用钢铝钢、钢镍钢夹层的复合锅底来减少油烟，会去研究怎样让锅盖放下后不会转半天才停下来，锅口边缘在什么角度可以保证锅内倒出来的汤汁成水柱状，怎样的材料能让锅具烧东西不会糊底。而这些，我们中国企业根本不会去研究，这就是我们不注重保护知识产权的恶果。因为即使我们研究出来了，被同行抄袭了，我们企业的权益也得不到保障。那我们干嘛要费那个劲呢？

第十六章　中小企业减负：
为什么干打雷不下雨？

一、前所未有的危机：不敢接单

大家知不知道我们中小企业现在的日子有多苦？我们的中小企业现在正面临前所未有的"不敢接单"的危机。2008年中小企业的困境是得不到订单，而这一次的困境是企业不敢接单，"因为利润只有1%－2%，甚至不赚钱"。我举个例子，温州东方轻工实业有限公司，目前有500多名员工，每年出口额达上千万美元。但是企业辛辛苦苦经营一年后，所得的利润还没有老板的儿子开的一个小小的蛋糕店多。除了利润低之外，结算周期又长，现在订单的结算周期是3—6个月，资金周转方面等不起。同时，还要承受汇率变化等风险。所以，自2011年以来，这家企业已经放弃了好几个几千万甚至上亿元的大单子。

究竟是什么原因让我们的中小企业陷入这样的困境？透过调研我们发现有三个最重要的因素。

第一个是四大银行不信守承诺，官方银行对民营经济给不上力。2009年四大银行的行长与时任工信部部长的李毅中签署了一份协议，这份协议规定，四大银行每年对中小企业的贷款要达到两个不低于指标，即增量不低于上年同期增量，增速不低于当年全部贷款平均增速。也就是不要歧视中小企业。但实际情况是怎样的？据统计,在2008—2010年3年当中,中小企业贷款余额占全部企业贷款比重的增幅在连续下降,分别为3.7%、2.5%和0.6%。

四大银行如此不给力,中小企业怎么办？只能找小额贷款公司,无抵押贷款的月利息一般为1.3%,还要加上1%的风险管理费和1%的服务费,相当于月利息为3.3%。也就是说,如果20万元借半年,那每个月的利息是6 600元,以大部分小额贷款公司普遍采取的"本金加利息"的定额还款方式,算起来每月还款近4万元。

第二个是原材料价格波动太大。据统计,2011年上半年,长三角的制造业企业各类成本同比上升了10%左右,但是这些企业的产品议价能力有限,所以出厂价格只上扬了6.2%。当然这只是平均,实际上很多企业都比这要惨,比如上虞、临安的节能灯企业,荧光粉成本上涨了近10倍,90%以上的节能灯企业都出现了减产。单边上涨其实还好办,但大家都如此,价格也就随行就市往上涨,可是这一年,像棉花、铜等原材料成本一直大幅波动,所以搞不好,产品还没出仓,这单生意的利润就已经被高位建立的库存跌价吃掉了。而我们的企业很可怜,我们目前的官方期货市场完全满足不了它们的风险对冲需要。要不然就干脆不做,要做就得提心吊胆。

第三个是中小企业的税负重。我们国家最重要的税种是增值税,表面上这个税率特别给中小企业优惠,一般企业税率是17%,但是中小的工业企业增值税税率是6%,中小商业企业的增值税税率是4%。表面上这个税率很低,但是却根本不许像正常的企业那样对进项税进行抵扣,所以小企业的实际税负其实往往比大企业还要高出10%。不能抵扣的结果就是对于民营小企业,增值税根本没有带来增值税的好处,基本上就是营业税。而除了税,让中小企业更加难受的是费,我们的行政收费非常多,表面看不多,不管大企业还是小企业都一视同仁,但实际上这些收费往往对大企业不值一提,对于小企业却贵得要命。比如说环评,一个环评就得12万元左右,对于大企业来说不算什么,可是一般小企业都受不了。

二、上海政府一片好心,两年努力盼来税改试点

2011 年 10 月 26 日国务院总理温家宝主持召开国务院常务会议,决定开展深化增值税制度改革试点。这个试点的文件很复杂,我解释一下,就是逐步以增值税取代营业税。这个影响到我们每个人,为什么? 大家可能不知道,我们吃饭的时候,跟餐馆要的那个刮奖发票就是营业税。

在我看来,在所有税种里,最可恶的就是我们的营业税。它的可恶就在于不管你企业赚不赚钱,只要你开张就要按照营业额缴 3% 的税。这是很可怕的,为什么这样讲? 打个比方,对于大企业来讲,如果利润率为 30% 的话,缴 3% 的税后,还能留下 27%;而小企业呢,小企业的利润一般都少,如果利润率只是 3% 的话怎么办? 逼得小企业不得不想尽办法偷税、漏税,否则根本活不下去。更让人无法理解的是,我们对制造业企业不收营业税,却专门收服务业的。

不仅如此,营业税最大的毛病是重复征税,因为营业税还是地方税,所以要在每个地方都得缴一遍。2011 年 5 月 14 日中央电视台《经济半小时》节目作了一个调研:将货物从广州运往海口,1 000 多吨货物的运费是 1.9 万元,物流公司的净利润是 216 元,需要缴纳的税额是 1 345 元,其中重复缴的税是 657.35 元。在广州一个大型仓库,租金是 24 万,承租人一个月营业额是 60 万元,净利润是 2.4 万元,而要缴纳 8.5 万元的税,但是,其中重复的税是 4.5 万元。如果是用 3% 的增值税,而不是营业税,那么前面的企业就能开出增值税税票,这样后面的企业就不用缴这笔税了。

钱没赚多少,但是税缴了一大堆,而且物流行业是非常典型的专业分工行业,并且也有大量的本来可以抵税的资本投入,所以本来应该使用增值税,这样又能抵扣,又能促进企业分工。可是,我们非但不抵扣,反而每个地方都收你增值税,每个环节都收一遍营业税,所以,最后物流成本里大部分都是税费。物流成本居高不下的结果,就是连我们吃的一个牛肉干里,都有一半以上的税。

我们收营业税时，根本不看你赚钱与否，只看你的营业额，更重要的是，营业税不可抵扣，所以，我们看前面那个仓库的例子，税务局就是对出租人24万的营业额、对承租人60万的营业额都收营业税，尽管24万是60万的成本。因此，中国物流学会副会长贺登才说："盈利性好的企业，最后的总收入有一半或者一多半是要用来纳税的，如果说这个企业经营状况不太好，也就是出现亏损的话，也是照样要缴税的。因为营业税是你只要有营业，你就要缴税。"

我们为什么会有这种税？有专家说了，我们是和国际接轨，说美国也有。为此我特意查了相关资料，美国联邦政府没有收这个税，州政府中只有两个小州——华盛顿州和西弗吉尼亚州——有这个税。我们的特区香港也没有这种税。我实在搞不懂我们的专家是如何定义国际惯例的？也实在佩服我们的专家如此聪明，就那么几个极为个别的例子都逃不过他们的"法眼"。

所以，这个我们应该感谢上海市的努力。上海市为了这个事情，前前后后和中央争取了两年。早在2009年，上海市就开始想办法突破服务业发展的税制、管制、体制、法制瓶颈。研究了半天，就发现专门针对服务业的营业税是个大问题。因此，上海开始琢磨怎么以增值税取代营业税。

三、本来想减税，实际税负却更重了

但是，不要高兴得太早，你千万别以为所有重复的税都不用缴了。我算了半天，只能很不幸地告诉大家一个事实：税改之后很可能你要缴的税更多而不是更少了。问题出在哪里呢？就拿增值税来讲吧，从理论上讲能够把成本用来抵税，理论上税务局只收增值部分的税收。但是，实际情况是，税务局根本不看你实际成本是多少，而只看你从供应商那里拿了多少增值税发票。

还以物流业为例吧，这一行业有五大成本，分别是设备成本、工资成本、汽油成本、过路费和会计成本。

第一个，设备成本。小企业的设备大都是过去购置的，没有增值税发票。

而大企业每年都有新的设备采购，还有不少固定资产投资，比如说新建或扩建物流中心，这些都能抵扣。

第二个，工资成本。邮政快递。EMS这样的大企业自动化程度高，东方航空和上海机场这样的大企业设备集中、用工不多。可是民营快递企业都是劳动密集型的，里面人员工资、差旅费、办公费等是成本的大头。可是我们增值税条例有这么一条："80万营业额以下的小规模纳税人销售货物或者应税劳务的，不得开具增值税专用发票。"所以民营企业很难抵扣自己的工资成本。

第三个，汽油成本。这个大企业和小企业都能拿到增值税发票。

第四个，过路费。都不给开增值税发票，这个大小企业都拿不到。

第五个，会计成本。大企业规模大，会计成本所占比例很低。但是营业额在80万以下的小企业，做账的成本比能抵扣的增值税还高，所以还不如不申请成为增值税一般纳税人。所以税改之后，小企业肯定选择按照营业额3%缴纳增值税，但这种增值税，税务局不许企业进行抵扣，这就和缴营业税没有什么差别。所以，中金证券发布的报告结论是：受益主要集中于大中型企业，没有独立完整的会计制度的小微企业很难受益。

总结起来，小企业的纳税负担是大企业的3倍左右。我可以给大家一个公式，如果你能弄到的增值税发票低于营业额的47%，那么你就得缴更多的税了；如果高于47%，你可以获得减税；要是能超过65%，还能享受退税。

这样，你如果是大企业，特别是国有的航空公司、航运公司，进口设备的进口增值税都可以抵扣了。所以，安信证券发布报告说：此次税改对净利润增厚幅度最大的依次为亚通股份、东方航空、海博股份、锦江投资、上海机场和上港集团。很好，全是上海国企。如果11%的增值税将来向全国推广，那么类似东航这种大型交通运输仓储业的税负可以减少476亿元。如果邮政、信息传输、计算机服务和软件业等现代服务业也进行税改，大型企业可以减少税负约703亿元。

当然，这些都是理论上的计算，实际上呢？连大企业都受不了，原因非常简单,这些运输设备都是过去买的,特别是现在经济形势不好,企业也不会再大规模采购新设备了,于是乎,理论上的抵扣根本没东西可扣,这样,连大企业的税率都迅速上升,企业的利润因此下降。中物联调研测算上海交通运输行业的税负平均上升了1倍左右,其中上海德邦物流2011年1月份实际税负比营业税税负上升约3.4个百分点,增幅高出1倍还多;上海佳吉快运有限公司1—2月实际负担税率上升了189%;上海中远物流公司1月份实际负担税率增加了215%。

营业税时代,如果你想想办法,比如低报营业额、不给消费者发票,可以逃避掉不少营业税。我这里有个数据,是广州税务局抽样出来的,说广州餐饮业90%的营业额都逃掉了营业税。而我们在用快递的时候,极少快递公司会给我们开具发票。

那么,换成增值税以后呢?大家要晓得,一旦全行业都推行增值税,这是完全联网的,想逃税几乎就不可能了。我们还拿前面的例子来讲,一个月60万营业额的物流公司交给业主24万租金,之前物流公司不一定跟房东要什么税票,因为没有什么用嘛。可是现在就不一样了,物流公司肯定要找业主要,因为业主开出来的税票可以抵扣增值税。所以增值税的可怕之处就是所有客户都变成了"征税员"。

四、该怎么给小微企业减负?

各位晓得我们的税负究竟有多重吗?2010年,美国税收占GDP的16%,而中国税收占GDP的比例超过18%。如果再加上非税收入、各种基金以及强制性储蓄,譬如养老金和住房公积金,就占到GDP的36%,这多出来的18%在美国都是没有的。要知道,2006年的时候我们的财政收入不到4万亿元,2008年突破了6万亿元,2010年突破了8万亿元,2011年突破了10万亿元。按平价购买力调整计算,我们的税收收入已经超越美国,成为世界第一收税国了。

当然了,最近财政部也提高了营业税起征点,可基本都是象征性的,没起到什么作用。我们基本上年年都出台一堆文件说要给中小企业减负,但是基本没用,原因很简单,一是缺少落实,二是缺少减税系统工程。

减税就像鼓励民资的"新36条",出台了一个又一个文件,但是之所以有新文件,就是因为老文件的东西还没"落实"。落实的最大阻力,是因为减税减负的本质是要政府各部门放权。但是,各部门怎么会放权呢?我给大家讲个真实的故事吧,东部某地工商局为了落实36条里的第32条,决定大幅简化公司注册和工商登记手续,结果被省里的工商局叫停,原因很简单:什么都不用我们了,我们是干什么的?

2011年什么落实得最好?可以说是保障房吧,定了1 000万套,你别管里面有多少福利房、多少动迁房,但是这个开工量基本上是真的,400多万套基本封顶了也差不多。为什么?中央财政1 000多亿先拨款到位,然后就层层落实目标任务,比如江苏,省里定的目标还比中央高20%,各市再往下落实,同时,与土地指标、银行信贷有关的国土资源部和央行、银监会也都层层落实,没有央行支持,也不可能让保障房贷款占到房地产开发贷款的一半以上。这叫落实,就像我们管理企业一样,先要定下目标,然后分解任务去执行,最后再评估、问责、考核,这样才能落实。但是,36条根本没有这套管理体系,减税、减负也没有这套目标考核机制,你怎么落实?更何况你这样落实下去,就是让地方各部门放权,这不是与虎谋皮,怎么可能落实呢?就像营业税改增值税,既然有关部门真的意识到了营业税的弊端,你干脆改成3%的增值税,多好?又何必以更高的增值税税率替代营业税呢?

我们现在年年出文件,但是从来也没一个综合法案。我建议以后与其出台文件,不如直接发一把"尚方宝剑"。每年直接画一条线,年营业额低于10万元的企业统统免税,不管是行政性收费,还是增值税或者营业税,不管是中央的税种还是地方的税种,不管是企业所得税还是城市建设附加费、还有按比例提取的残疾人就业保障金,统统不许收。只要是这些企业去政府部门办事,小到一个营业执照，大到什么环评，政府统统免费服务。遇到经济不景气就大幅提高这个线，比如说年营业额低于100万元但用工超过20人的企业，也享受这块一刀切的免税金牌。我向来反对一刀切，但是，在这件事情上，我希望政府能一刀切帮小企业免税。

这个一刀切是对小微企业的，那么对于中小企业怎么办呢？我建议政府引入最高纳税上限综合法案。我们每个企业都是按照行业进行工商登记的，所以，每年政府都干脆出台一个最高纳税上限税率行业指导目录，目的就是把实际税负直接降下来。什么意思呢？比如你是洗车店老板，年底的时候你就去税务局查一下这个目录，这个目录里比如规定了是10%，也就是说你这个行业的企业，这一年下来缴的增值税、营业税、所得税、地方的城镇建设附加费和教育附加费等，包括你去政府部门办证的费用，乃至摊派给你的卫生费，只要是政府开出来的收费单据你都留好，这些加在一起不许超过你营业额的10%。凡是超过的部分，地方税务局要退税给你。当然，不同的行业，政府应该有不同的指导税率，就业特别多的行业比如洗车、餐饮，这个税率就不要超过10%，至于可以承担较重税率的行业，比如金融业，完全可以加到30%。

最后，还应该按照行业和产品来降低增值税税率。我们应该借鉴欧洲的经验。欧洲一些国家都很积极地游说欧盟同意它们进一步削减增值税税率，法国就希望对餐饮业中的正规餐馆实行增值税低税率，英国和爱尔兰希望童装童鞋业可以享受低税率，而郁金香之乡荷兰希望低税率政策向花卉行业拓展，德国已经成功游说把酒店业的增值税税率降到了7%。为什么这些国家都这么积极呢？原因就是这些行业能创造大量的就业机会。我们为什么就不能像它们那样积极主动地为我们中小企业减负呢？

第五篇　中国经济改革路在何方？

第十七章　中国经济改革应重塑三大目标：共同富裕，藏富于民，真正做到以民为本

一、立足点不平等，先富无法带动后富

共同富裕应该成为中国经济体制改革的首要目标。邓小平有句话说得一针见血，他说："贫穷不是社会主义，共同富裕是社会主义的本质特征；鼓励一部分地区、一部分人先富起来，先富带动、帮助后富，最终达到共同富裕。"

怎么达到呢？我们可以从中美比较中找到线索。实际上，我是最早横向比较中美物价的，现在《人民日报》也开始关心起来了。《人民日报》发了一篇文章作了三类比较：第一类是北京比纽约贵的；第二类是纽约比北京贵的；第三类是两个城市价格都差不多的（表17—1）。我觉得这个分类非常好，好在哪里呢，好在透过这种对比我们一下子就知道该怎么实现共同富裕了。

第一类说明的是中国富人的消费水平比美国还高，说明我们收入差距太大。

尽管很多人对这篇文章表示了不满，但是我觉得这篇文章还是基本靠谱的。这第一类告诉我们的道理是，在中国凡是面向少数富裕阶层的，都比美国贵。为什么呢？因为中国的富裕阶层爱炫富。从汽车到房子再到皮包，一般老百姓越是望尘莫及的，越是激发了富裕阶层购买的欲望。而这些东西的税负一

般都非常重。就拿汽车来说吧,同样的 3 万美元,在美国能买宝马这样的车子,但在中国只能买个帕萨特、而且还只是裸车的价格。如果把税也考虑进去的话,3 万美元估计只能买出租车这种水平的车,比如现代的索纳塔。在中国最便宜的汽车是 3 万元人民币。最贵的车子价格高达上百万甚至上千万人民币。而且,即使再贵的车子,在中国都会有人买。这说明什么? 说明我们的贫富差距有多么的严重。

表 17-1 中美物价比较

	对比项	北京市区	纽约市区
北京比纽约贵的商品和服务	李维斯(Levi's)牛仔裤	699—899	256—576($40—90)
	耐克运动鞋	300—2 000	288—832($45—130)
	Coach 包	2 000—5 000	640—1920($100—300)
	苹果笔记本电脑(低配置)	7 698	6 394($999)
北京比纽约便宜的商品和服务	男生剪发(人/次)	10—30	128—256($20—40)
	家政服务(每小时)	15—30	128—192($20—30)
	公交车(人/次)	1—4	14($2.25)
	租车(天)	100—400	512($80)
	肯德基标准套餐	15—30	38—51($6—8)
	房租(CBD 附近一居)	3 000—6 000	6 400—16 000($1 000—2 500)
两地价格相当的商品和服务	猪肉(每公斤)	20—40	26—45($4—7)
	牛肉(每公斤)	25—45	20—50($3—7.75)
	鸡肉(每公斤)	7—18	11—19($1.75—3)

第三类说明中国老百姓的生活成本和美国差不多,可见我们日子有多苦。

第三类中中美价格差不多的东西是什么呢? 猪肉、牛肉和鸡肉。这说明我们的收入是第三世界的,但生活成本却是和第一世界"接轨"的。在纽约,耐克运动鞋一双最高为 832 元人民币,在北京是 2 000 元人民币,与人均年收入相比较:纽约为 0.26%、北京为 6.9%,北京是纽约的 26.5 倍! 纽约猪肉价格每公斤最贵是45元,北京为40元,与人均年收入相比较:纽约为0.014%、北京为0.14%,北京是纽约的10倍! 纽约CBD附近一居室的房租最低为6 400元人民币,北京为3 000元人民币,与人均年收入相比较:纽约为2%、北京为10.3%,北京是纽约的5倍。其实这个还只是《人民日报》自己调查的数据,按照我们自己的调查,美国曼哈顿的房子面积都相对较大,按照同样面积来找,北京金融街附近的房租最低也要7 000元。换句话讲,我们的租金也已经和美国"接轨"了。

比房租更离谱的是房价。以曼哈顿为例,曼哈顿是纽约房价最高的区域,2009年12月曼哈顿区住房的中间价格为每套81万美元(约550万元人民币),折算下来,每平方米约为2.75万元人民币。除此之外,根据美国普查统计局公布的数据,2009年12月美国新房销售的中间价为每套22.13万美元(平均每套200平方米左右),约合每平方米7 500元人民币左右。要知道美国98%以上的老百姓都住在城市里,所以这个价格就是城市的房价。而且美国人住的房子根本不是我们的"鸽子笼",套用中国开发商的定义,美国大概只有两种房型,一种是曼哈顿的酒店式公寓,另一种是乡村别墅。透过这个对比,想必各位已经知道我们的房价早就赶英超美了。

收入低、生活成本高,结果就是老百姓根本没有多少可支配收入,所以内需乏力。原本打算靠内需扩张的企业,现在都亏得一塌糊涂。更可怕的是,由于我们的生活成本节节攀升,劳动力成本自然也水涨船高,廉价劳动力的优势已不复存在。发达国家已经将代工转移到其他劳动力低廉的国家。比如,2010年以前中国是耐克产品最大的生产国,但自2010年后,越南已经取代了中国的"老大"位置。最让人担忧的是,劳动力价格的上升让我们企业的利润降至最低,又加上汇率等风险的存在,很多企业面对上千万甚至上亿元的订单根本不敢接。

最后我们说说第二类,第二类说明的是一般老百姓的收入比美国低得多,指出了什么在妨碍共同富裕。

第二类是什么？不是价格，而是收入，而且是我们今天大部分就业人员所在行业的收入。我们的富有阶层买的是第一类产品，而且能支付比美国高得多的价格，可是我们老百姓的收入却只能靠为社会提供第二类产品，且这个价格远比美国低，当然就没法富裕起来。这种反差恰恰说明了中国社会不断拉大的贫富差距。

为什么这么讲？我给大家讲个经济学模型，就是刘易斯模型。这个模型非常简单，我们把国民经济看成两个部门：第一个部门是有技术优势的，生产率非常高；第二个部门是服务第一个部门的，也就是《人民日报》比较的第二类，比如说剪头发的、当保姆的、开公交的、开出租车的、做饭店服务员的。

那什么叫共同富裕呢？就是美国这种，因为它的第一个部门生产率非常高，比如美国苹果公司，它的软件工程师有几档年薪，从9万美元到12万美元不等。同时又因为美国的教育水平高，所以美国年轻人只要脑子不是太笨，都能读计算机或者软件专业。而且，美国的教育质量好，在美国开发 App Store 程序的就是刚刚完成了基础教育的大学在校生。我们中国大学生跟人家完全是两码事，我们的学生都在通宵忙着打游戏，而不是开发游戏。

苹果现在忙得不得了，因为全世界的企业都找它开发，所以它就大量招聘。如果大部分劳动力都被苹果这种企业吸走了，那么，即便是给苹果公司卖电脑的蓝领也会牛气起来，好啊，你不雇我，我就去卖牛仔裤去，反正劳动力紧缺。如果你零售店的老板不给加工资呢？那我就干脆不干了，去读个大学，去苹果当软件工程师。所以说，美国的白领和蓝领之间的收入差距并不大。大家知道在美国，苹果体验店里卖电脑的服务员工资是多少吗？每小时工资 11.63 美元。再加上销售提成，人家一天赚的就比我们富士康工人一个月赚的还多。所以，这就是共同富裕，这就是"先富带动后富"，就是要让第一个部门的工资把第二个部门的收入带起来。

我们中国呢，正好选择了与美国相反的道路。我们的大量劳动力被强制吸入第二个部门，由此导致第二个部门劳动力过剩和第一个部门人才紧缺。结果是什么呢？就是中国的研发能力非常差，所以，我们得去美国采购飞机、软件产品，然后去德国采购机床、汽车、成套设备。这其实就等于为美国和德国的第一个部门作贡献。另一方面，中国第二部门劳动力严重过剩，导致我们工人的工资奇低无比。而且，在第二部门工作的人很多都是因为各种原因没有接受过良好教育的，这就是为什么在中国剪头发、雇保姆、坐公交、叫出租、吃快餐都比美国便宜得多。

所以如何实现共同富裕呢？首先要给所有老百姓一个起码立足点的平等，废除户籍制度，实现教育平等；给企业一个公平的服务型政府，给民营企业减负，让民营企业创造更多的就业机会，当第二部门的劳动力供不应求的时候，工资自然会向第一部门靠拢，从而缩小白领与蓝领之间的收入差距，从而实现"先富带动后富，最终实现共同富裕"。

二、藏富于民就是要让大多数老百姓成为稳定的中产

那如何藏富于民呢？2011 年的"十二五"，政府将 GDP 增长预期目标调整为7%，将城乡居民收入增长的预期目标从5%提升至7%以上，并且加了一个注释，明确提出收入增长按照不低于国内生产总值增长预期目标确定，在实施中要努力实现和经济发展同步。这个让我感到欣慰，因为这意味着我从2008年就开始呼吁的"藏富于民"的理念终于开始付诸实施了。我想给我们政府一个更具体的建议，就是想要做到真正的藏富于民，就要"劫富济贫"，做好转移支付。

为什么我们这么累？因为没有藏富于民

我们不妨透过一个同样的群体——大学毕业生，来看看中国和美国的差别。

首先来看看美国大学毕业生。

关于收入。在美国，大学毕业就意味着步入中产。美国一个大学毕业生起

薪4万美元左右,相当于人民币26万,如果是名校毕业生,年薪可能有五六万美元。这是什么概念呢? 美国约80%的家庭年收人在5.76万美元至9.973万美元之间。也就是说,如果两个大学生一毕业就结婚,他们的家庭收入已经步人中产了,甚至还偏上一些。

关于买房。美国政府公布的新房销售中间价为20万美元,这能在绝大多数城市买到不错的别墅,有后院、有车库。这对年收入在8万—10万美元的大学毕业生夫妇来说,也就是两年多一点的时间就能买得起。当然,在美国大学生很少一毕业就买房的。

关于孩子。在美国,生孩子、养孩子的成本很低。根据美国农业部2011年6月9日公布的年度"家庭育儿开支"报告,把2010年出生的小孩抚养到18周岁,要花22.692万美元,包括托儿所、日常饮食、居住等全部开支。因为教育是免费的,所以这基本是美国把一个孩子抚养到18周岁的所有成本。平均每年是1.26万美元,相当于一对夫妇年收入的八分之一。

其他开支。两个人吃饭每月400美元左右,两辆车的油费每月约200美元等。当然,我们做计算的时候假设的是这对夫妇的薪水没有增加,两个人都没有失业。当然,在美国即使失业也能领取6个月的相当于工作时80%的薪水。

再看看我们中国的大学毕业生。

关于收入。北京大学毕业生平均工资全国最高,每月约3 000元,加上奖金年收入4万元人民币。

关于卖房。北京房价呢,五环内找不到低于每平方米2万元的房子,就连北京的郊区通州一个60平方米的房子也要120万元。也就是说,中国的大学毕业生要不吃不喝40年才能买得起五环外的一套60平方米的房子。

其他开支。如果一个大学毕业生租房的话,也必须跟别人合租。因为在地铁附近租一个60平方米的房子最便宜的也要2 500元,另外还要加上水电费、物业费、上网费、有线电视费等,每个月至少要3 000元。如果两个人合租,一个人一个月1 500元。吃饭一个月需要1 000元。除去这两项必需的支出后,还剩下 500 元可以自由支配，这要包括每月的交通费、手机费、偶尔和朋友应酬等所有开支。也就是说，我们的大学毕业生的收入只能维持基本的温饱。不能生病、不能买房、不能买车，甚至没钱孝敬父母，至于生小孩，每个月 500 元的零花钱估计连尿布都买不起。

转移支付做好了，就能减轻老百姓负担，从而藏富于民

和美国比，为什么我们养孩子贵、上学贵、买房子贵、工资低、压力大？到底是哪里出了问题？透过研究我们发现，最根本的原因在于美国公共财政的转移支付系统做得比我们好。什么叫转移支付？简单来讲，就是中央把地方财政部分钱收上来，然后进行重新分配，给穷的地方补贴，给穷人补贴，还有给教育部门专项补贴。

我们就以教育为例，美国的 12 年免费义务教育是由地方政府提供的，那如果一个地区比较穷，学校教学条件差，甚至无法承担免费义务教育怎么办？这时候就要中央财政的转移支付功能发挥作用了。联邦政府按照国会通过的法案中所确定的公式，参照州和地方的人均收入、城市人口规模、税收征收状况等因素计算出具体拨款额度，为比较穷的学区提供教学帮助。全美大约三分之二的小学得到过此项拨款。还有住房，美国公共财政转移支付里也有专项补助。如果老百姓的住房支出超过了收入的三分之一，政府就会进行补贴，或者提供廉租房，或者给租房券，或者抵税。

其实，全世界的税收都是以促进公平为目的进行转移支付的，简单地说叫"劫富济贫"。中央政府利用财权保证全国老百姓得到基本一致的公共服务。缩小地区之间的贫富差距，缩小地区内部百姓之间的贫富差距。在这方面，我们可以借鉴一下德国的经验。1990 年东德和西德合并，当时东德比较穷，相当于我国的西部。那么，德国是如何给东部投资，并逐步拉平国民的贫富差距的呢？

第一步，投资 1 810 亿马克，由联邦政府和东部的几个州负担。1990 年 5 月，联邦政府为扶植东部发展设立了为期 5 年、数额 1 150 亿马克的"德国统一

基金"。其中 200 亿马克通过"团结互助税"征收,其余的通过金融市场借贷,基金的本金及利息由联邦政府和以前西德的几个州负担。1995 年至 2004 年,联邦政府每年又向东部地区投资 66 亿马克用于改善基础设施、调整经济结构。

第二步,税收共享,均等分配。以增值税为例,联邦政府把税收上来以后,其中 25% 按各州经济能力分配,平均收入低的州就多分一点。另外 75% 按各州的人口进行分配,这个人口都是清楚统计出来的,所以每个州能分多少是清清楚楚,也不会像我们各个地方只好"跑部公关"才能要到钱。从而真正体现"均等化"原则。

我们也有转移支付,可是完全变了样

我们的转移支付和美国根本不是一个概念。我以上海为例,从上海市财政局公布的预算表中可以看到,上海市 2010 年的医疗卫生支出是 160 亿元。按照第六次人口普查的结果,上海有户籍人口 1 400 万,外来人口 900 万。将这些人全部算上,政府一年平均给每个人补贴了 700 元。

各位晓得这是多么高的福利标准吗? 我们去看重大疾病的 10 万元商业保险,以国寿康恒重大疾病保险为例,投保 10 年的,一年保费是 6 500 元,那么考虑到政府实际上给每个人是终身补贴,也就是投保 70 年,那么一年对应的保费也就不到 930 元,再考虑到时间这么长的复利回报,实际上一年保费也就 700 元不到。也就是说,如果上海市政府把钱都用来直接给大家买保险,那么,在政府医疗开支一分钱不增加的情况下,老百姓能在患恶性肿瘤、心肌梗死、冠状动脉搭桥手术、重症肝炎等 29 种重大疾病的时候都得到 10 万元救助。不仅如此,要是因病亡故,还能获得 lo 万元的亡故保障金。

其实你可以想想,对老百姓来说,究竟是看个感冒不用花钱重要,还是遇到重大疾病不用花钱更重要? 这说明什么? 说明不是我们地方政府没有在医疗上花钱,而是花的钱很低效。

转移支付在中国基本无效的原因是:转移支付体系是个半拉子工程。前半截改革很好,中央集中了财权。1993 年,我国的中央财政陷入极度困境。当时,朱镕基副总理带领着 60 多人的谈判队伍飞遍了 17 个省、市、自治区和地方政府谈分税制改革。经过讨价还价，最终相互妥协，大都以 1993 年的基数为标准把税收返还给地方，新增部分以增长率的 30% 返还给地方，余下的都归中央所有。结果，中央财力大大增长，财权集中到了各个部委手中。

后半截改革不彻底，集中了财权但是没解决好怎么花钱。之后，在转移支付改革还没有完成的情况下，改革的步子停下来了。

为什么说还没有完成？因为转移支付在中国起不到补贴欠发达地区的作用，我国的"西部大开发"和德国"东部开发"结果完全不一样。实行分税制以来，中西部地区财政在全国的地位下降了，中西部省、市、自治区政府的财政收入占全国财政收入的比重逐年下降，与东部地区的差距进一步扩大。

为什么呢？因为转移支付金额的多少是以 1993 年的财政收入为标准的，当时谁的多以后也不会减少，由于当时欠发达地区的基数低，所以以后的拨款也不高，而且到目前为止，都没有具体规定如何对中西部地区补贴。

而且转移支付没有专业的、系统的领导机构，没有相应的法律，钱拨出去了没有监管。

没有统一的管理部门。财政部只是名义上的统一管理机构，但在很多关键层面都形同虚设，因为 37 个部委都有权动用这些资金。地方政府看到漏洞，为了要更多的钱，就同一个项目去不同的部委要钱，结果竟然都能要到。

缺乏监管。项目资金到位后的挪用现象极为普遍。2006 年，审计署对 20 个省（区、市）地方预算进行抽查，这些省（区、市）2005 年本级预算共编报中央返还收入只有 3 444. 亿元，而中央实际转移支付 7733 亿元，56% 的资金没有纳入地方财政预算。

没有相关法律支持。截至目前，我们没有出台关于中央转移支付的法律。我们每年有几万亿元的转移支付资金，但是我们只有财政部门制定的《过渡期财政转移支付办法》，这个只是对转移支付的原则性规定，具体操作的漏洞和空间都很大。

如何让老百姓过上真正的中产生活

藏富于民其中一个最重要的指标就是让大部分老百姓都过上中产生活。那什么叫中产呢？在这里我要给各位纠正一个误区，我们一直习惯用收入作为标准来界定中产，比如，国务院新闻办就"中国的发展和未来走向"举行新闻发布会，说年收入8万—11万就是中产，预计到2020年我国会有7亿中产。2011年6月社科院发布的2011年《商业蓝皮书》则定义，月收入6 000以上为中产，到年末会有1.04亿中产。我们完全搞错了。当然，我不是说收入多少不重要，而是说收入不是最重要的，更不是唯一的标准。就拿美国来讲吧，美国是典型的中产社会，那美国是如何定义中产的呢？首先，受过良好教育，具备专业知识和职业技能；其次，有一定空闲时间，追求高质量的生活；最后，具备良好的公民、公德意识及修养。所以说中产更多是一种幸福稳定的状态，是能过自己喜欢的生活，而不是具体收入多少钱。如果我们非要定一个标准，那就是能够不为衣食住行操心、能定期旅游、做自己喜欢做的事，这就是中产。

我觉得，当务之急我们应该想一想如何透过收钱、花钱实现再分配的公平合理。在收钱方面，我们的现状非常不合理，尤其是财产性收入和个税税率都应该作进一步的改革。而在给老百姓花钱上，首先要考虑的是如何促进公平，做到真正有效的转移支付。转移支付的目的是均衡政府间财政能力的差异，实现全国各地公共服务的均等化。因此转移支付资金投放要有较强的方向性，应投向教育、医疗、交通、社会保障、劳动就业、环境保护、社区发展这些与老百姓切实相关的领域，使各地居民都可以享受到相同或相近水平的公共产品和服务。比如说，基础教育要按人头拨款。而不是像现在这样不公平。我们对比一下北京与河南，河南有人口1亿，2010年教育支出606亿元，人均教育支出606元；北京有1 400万人，教育支出188亿元，人均1 342元，是河南的2倍还多。

除此之外，转移支付要透明，让地方停止"跑部钱进"。要做到透明，首先要对各级政府的支出责任及相应的税权进行划分，都用法律明确规定下来；同时，政府间转移支付的目标、原则、规模、标准以及具体的技术性操作程序和方法等,都要通过立法的形式加以确认。只有标准透明了,才能把该给老百姓花的钱花出去,使各地的老百姓享受相同的公共服务,使大家普遍得到较好的教育、医疗保障。

三、以民为本,引进《吹哨法案》让人民自己保护自己

我们的经济改革还应该确立一个目标,就是以民为本,让人民能够自己保护自己。我们改革的本意是好的,可改到最后发现所有的改革成本都由老百姓来承担。

要做到以民为本,就要搞懂人民的意见

如何知道人民的意见呢?最简单的办法就是透过国民统计和民意调查。可是,我们的统计局是如何作统计的呢?它让部委自己汇报,让企业自己填表,根本不作实际调查。这可是统计局自己讲的。统计局每年披露《国民经济和社会发展统计公报》说,城镇新增就业、登记失业率、社会保障数据来自人力资源和社会保障部;企业债券、国家工程研究中心、企业技术中心、新兴产业创投等数据来自发改委;教育数据来自教育部;艺术表演团体、博物馆、公共图书馆、文化馆数据来自文化部;国有建设用地土地供应、综合地价等数据来自国土资源部;环境监测数据来自环境保护部等。这充分证明,我们的统计局根本就是一个汇总部门,而不是一个统计部门。

大家还记得统计局统计的房价吧,2010 年 2 月,统计局公布全国 70 个大中城市房屋销售价格平均上涨 1.5%!而实际数字究竟比这个高多少,相信大家都深有体会。为什么会这么离谱?就是因为它们的数据是统计局数据调查队从房地产开发商那要来的。

除了房价,还有住房支出的统计。国家统计局公布的 2010 年国民经济核算中对居民消费支出的统计结果,中国城镇居民人均消费性支出为每月 1123 元,其中占比最多的前四位是:食品类月支出 400 元,交通和通信类 165 元,教

育文化娱乐服务类 136 元,衣着类 120 元;而每月住房支出仅 111 元,排在衣食住行的末位。我实在搞不懂是怎么得出这个数据的?因为我实在不知道在中国什么地方能找到月租 1 11 元的房子。

各位晓得为什么之前讨论的个税起征点是 3 000 元吗?也是统计局的"功劳"。因为这次个税调整的依据是国家统计局的国民经济核算结果,2010 年度中国城镇居民人均消费性支出为 1123 元/月,按平均每一就业者负担 1.93 人计算,城镇就业者人均负担的消费性支出为 2 167 元/月,由此财政部和国税总局得出结论,起征点在 3 000 元已经足够高了。

还有一个我搞不懂的问题,就是根据我们统计局的统计数字,我们的失业率一直都在 5% 以下。可我们温总理在出席中国发展高层论坛 2010 年年会时还说:"我知道美国有 200 万失业人口,这让政府十分焦急,但中国失业人口有 2 亿。"我们一共有 13 亿人口,2 亿人失业,失业率是多少?15.38%。而 2010 年统计局公布的城镇登记失业率是 4.1%。那我们应该相信谁呢?

还有更让人搞不懂的,比如说 CPI,到目前为止我们都不知道政府是如何测算 CPI 指数的,测算指标是什么,测算方法是什么,不同种类物品的权重是怎样的,因为它们都一概保密。就算学者想通过统计局的数据做自主研究,也根本不可能。

我不晓得我们统计局的这些数据反映出来的究竟是什么?但我晓得这肯定跟我们的民意没什么关系?什么是真正的民意?我告诉你,不是这些空洞的统计数字,而是实实在在和老百姓息息相关的东西:比如小区附近是不是应该有个幼儿园,是不是应该有一个社区医院,是不是应该有个银行的 ATM 点,是不是应该有个邮局等,这些才是真正的民意。

就拿幼儿园来讲吧,由于很多基层的统计局工作都不到位,结果出现什么状况呢?幼儿园不够用,高中学额空缺。搞笑的是,预测本片区有多少新生儿入学的任务竟然落到了幼儿园园长身上,他们要在没有统计局数据、没有计生委指导的情况下自己调整招生人数。这不是开玩笑吗?本来预测每个小区新生儿人数以配置幼儿园和学校,以及根据每个小区的老年人数量研究是否需要加开社区医院或诊所等,都应该是当地统计局应该做的。

让人痛心的是,现在的统计局已经不是为老百姓服务了,而是成了地方官员升迁的工具。2010 年 6 月 7 日,刚刚卸任的国家统计局原副局长林贤郁曾向《中国新闻周刊》记者说:"一位地方的统计局长在电话里向我诉苦,统计工作压力很大,有些事情无法左右……在核算数据时,某些领导把统计官员叫到办公室,说'你是不是核算错误了,我感觉不准确,你再回去算算'。"因为地方统计局的人、财、物等都归属地方管理,统计局想要顶住压力太难了,所以就出现了全国各省的 GDP 加在一起一定是高于全国 GDP 的状况,而且年年如此。

我们在这方面真应该学学美国,学习怎样把统计局变成民意调查局和经济分析局。准确地说,美国没有和我们对应的统计局。我们常翻译成统计局的那个机构英文是 u. s. Census Bureau,它实际上是美国商务部下面的一个机构,叫人口普查局,也负责经济数据的统计。另一个真正的统计局是 Bureau of Economic Analysis,直接翻译是"经济分析局",关于美国经济的所有数据在这里基本上都能拿到,完全透明,绝对公开。

民意调查方面,在美国是由私人机构来做的,名气最大的是盖洛普,类似的民调机构美国有 2 000 多个,它们有方方面面的调查给政府决策作参考。当然,我们也有民意调查机构,叫"国家统计局社情民意调查中心",但它的主要职责是承接中央和国务院有关部门委托的社情民意调查任务,和老百姓的实际生活基本没什么关系。

美国的政府决策是哪里来的,就是根据这些机构提供的数据分析得来的,数据是真实的、客观的,政府自然能作出相应的决策。我们呢? 官员为了政绩,自己造假,拿这些假的数据作为依据作出的决策会怎样? 其实,我们很多部门都知道这种状况,比如说银行,银行要贷款给某企业的时候,不会去看企业的财务报表,而是去看企业的水表、电表、海关报表这些东西,因为这些东西相对不容易造假。

我以统计局的人口普查为例,看中美两国统计在政府决策上的作用。我们的方法是抽样,然后估计,调查的目的是看全国有多少人口,性别比例怎么样,每个省有多少人,披露出来的这些东西对于政府决策基本上没用。对什么有用呢?我举个例子,在2011年的人口普查中我们发现有1 300万人没有户口,怎么办呢?地方政府就要求这些人交社会抚养费,然后才给他们上户口。

美国做人口普查不是抽样,而是覆盖每个家庭、每个社区。统计结果将决定总额达4 000亿美元的联邦拨款如何分配给各州和地方政府,并决定国会众议院435个席位的分配,同时决定每个社区将获得多少用于学校、医院、图书馆和其他公共服务的政府拨款。更重要的是,美国这个普查资料对基层政府特别有用,基层都拿这个来分配财政资源,促进社会公平,可是我们的普查好像只是给中央了解地方用的,而不是给基层用的。所以,你在美国能清楚了解每个社区有多少人,有多少不同民族,以及人口的年龄段和老百姓需要什么样的公共服务。而美国人口普查的内容绝对保密,即使美国总统、联邦调查局或者国税局来打听某人问卷内容也不行,如果人口普查局人员透露给他们了,那么普查局的这个人就要被追究法律责任——5年监禁和25万美元罚款。你看我们的普查,就是不该保密的保密,普查完只公布国家层面的,不公布省级、市级、区级层面的,而该保密的却不保密,结果很多没户口的或者暂住人口干脆躲起来,成了普查的漏网之鱼。

让人民有权力保护自己的利益才是最好的保护

那怎么做才能最好地保护人民的利益?我告诉你,让老百姓有权力保护自己的利益才是最好的保护。我举个例子,2011年"瘦肉精事件"公开后,大家都不敢买猪肉了。后来政府和专家出来辟谣说,绝大部分猪肉是安全的,可是大家就是不信。类似的还有"三聚氰胺事件",无论政府查处力度多么大,说得多么好听,老百姓还是去香港买奶粉。为什么会这样?很遗憾,是因为我们政府的公信力在下降。而公信力的下降正是因为类似的事情一出来,我们的政府就出来做担保,还派官方学者出来"辟谣",之后呢,老百姓又发现类似的事情还是在不断地发生，最终导致老百姓不敢再相信政府、相信专家了。

其实，我想纠正一个误区，就是政府不是万能的，不是说什么都能管得住的。还拿瘦肉精来讲吧，我们最常说的"瘦肉精"其实就是盐酸克伦特罗，这东西既不是兽药，也不是饲料添加剂，而是肾上腺类神经兴奋剂，是用来治疗哮喘病的药。但是没有人会直接卖盐酸克伦特罗片这样的成品给养猪人，而实际上用来喂猪的瘦肉精是盐酸克伦特罗原粉，这种东西的生产工艺十分简单，只要有一个化学反应谱，连家庭作坊都可以制造，很多化工厂都直接供应这种原粉。而另一种瘦肉精"莱克多巴胺"也一样，都是从化工厂里流出来的。成品当然容易管，可是那么多原料，那么多中间体，你政府怎么管？

那怎么办呢？我们应该充分利用非政府组织。就说碘盐这事儿吧，碘盐防辐射这个谣言是被谁粉碎的呢？不是政府，不是专家，而是一个叫"科学松鼠会"的群众组织。他们的方法很简单，就是把科普知识用严谨但易懂的方式给大家讲出来。同时，又因为没有任何利益在里面，就更加具有公信力了。但现在的问题是，在中国，注册一个非政府组织是一件非常难的事情。

除了发挥非政府组织的作用外，我们还要给老百姓更多的权利。我举个例子，河南省汤阴县北里于村地下水不能喝了，因为被化工厂污染了。怎么处理的呢？竟然是化工厂负责从其他地方买水给这些老百姓喝。化工厂每到晚上就开工生产，老百姓睡觉的时候都会被呛醒。当地政府也睁一只眼闭一只眼。可是，如果我们立法允许老百姓去告化工厂呢？如果我们规定这种事情的举证责任倒置，也就是让化工厂自己证明自己无罪呢？如果我们允许老百姓得到巨额赔偿呢？

所以我们迫切需要引进美国的《吹哨法案》。这个法案的目的就是想尽一切办法让你拿到赔偿并且保护你的人身安全。我举个例子，诺斯罗普·格鲁曼是全球第四大军备制造商、世界最大的军舰制造商，它收购过一个名叫 TRw 的公司，TRw 公司的一个员工叫罗伯特·费罗，他发现自己公司为美国空军制造的卫星有缺陷，可能导致卫星失灵。于是他向公司提交了报告，但公司向美国空军隐瞒了这一信息。后来卫星在运行中出现异常,公司依旧没有向美国空军报告。随后罗伯特·费罗依据《吹哨法案》把收购 TRw 的诺斯罗普·格鲁曼告上法庭。最后诺斯罗普·格鲁曼同意付 3.25 亿美元解决此事,罗伯特·费罗为此得到 4 880 万美元。

如果我们有了这个法案,很多事情就好办了。双汇的员工知道企业用"瘦肉精"喂猪,就可以通过这个法案告双汇,然后得到巨额赔偿。检验检疫人员发现了这样的事,报告了上级主管部门,如果主管部门不理,他就可以透过这个法案去法院打官司索赔。甚至一般老百姓如果愿意去检验肉制品,只要发现不合格,就可以去告,然后获得巨额赔偿。这样政府多省心啊,公众的安全得到保证了,"告密者"也得到实惠了,大家都能从中获益,何乐而不为呢?

第十八章　只有改革预算才能实现藏富于民

一、财政预算的重点应从投资转到民生

2011 年这一年通货膨胀很厉害。通胀来了,我们在干嘛呢? 在借此为债务减息。中国人民银行自 2011 年 2 月 9 日起将金融机构一年期存贷款基准利率分别上调 25 个基点,五年以上存款利率提高了 45 个基点,五年以上贷款只加了 20 个基点。结果,五年期存款利率和一年期存款利率之间相差 260 个基点,而五年期贷款利率和一年期贷款利率只相差 54 个基点。两者有 206 个基点距离。什么概念呢? 我给各位做了计算,因为 4 万亿投资引发的 10 万亿贷款需求均为长期贷款,206 个基点的优惠就等于给地方政府每年豁免 2 060 亿元的利息。对于老百姓呢,2010 年底全国居民储蓄总额 20 万亿元,按 4.9% 的通货膨胀率和 3% 的一年期存款利率计算,相当于损失了老百姓 4 000 亿元利息收入。两者相加 6 060 亿,等于我们每个老百姓交了 466 元的货币税。

同样是通胀,看看中国香港是怎么做的。在香港,每个 18 岁以上的永久居民都获得了 6 000 元现金,薪俸税应纳税额度削减 75%,特区政府代缴两个月的公屋租金,向每个电力住宅用户按户口提供 1 800 港元的电费补贴。对老百姓来说每一项都是实实在在的。那各位晓不晓得,香港特区政府所公布的每一项政策都是老百姓参与的结果。就拿派发 6 000 元现金来说吧,香港特区政府原本计划给每人发 6 000 元注入公积金账户的。但是有人对此做了一个计算,

说管理公积金的基金公司一年因此可以多赚 5 亿港元,而市民却不能马上用这笔钱。老百姓觉得没有得到实惠。最后令曾俊华财长紧急调整预算案,把原本要存入公积金账户的 6 000 元改成派送现金了。

　　透过这个案例我们发现,香港的老百姓基本都是懂得财政的,而这也正是香港政府想要达到的效果。那各位晓得香港政府是如何做到的吗?从 2009 年开始,香港推出财政预算案咨询漫画,免费派发给中学生。意图很明确,就是让中学生都能读懂,从小培养公民意识。到了 2011 年,对于香港的财政预算,立法会议员向政府提出了 3 900 多条问题,打破历年纪录。2011 年香港的财政预算案真是一波三折。2011 年的预算案公布之后,民众很不满,民调结果显示,对预算案不满意的受众高达 41.3%,总体评分只有 46.9 分(100 分制)。社会普遍表示不满。很多议员也认为目前的预算案不能保证公平。最后,政府表示会研究具体回应方案,并会尽快作出公布。这说明香港老百姓真正搞懂了财政预算的本质,而且知道要参与其中才能看得住政府。

　　在这方面做得更好的就是美国。先不说美国国会的预算,那个太复杂。就看看弗吉尼亚州威廉王子县的财政预算过程吧。这个县的预算来源有两部分,一部分是州和联邦的专项拨款,包括中小学教育、图书馆、医疗补助、修路等。另一部分是地方政府本身的财政收入,这是和老百姓息息相关的,因为这就是本地居民缴纳的税费。县议会提出的 2011 财年总预算为 19.91 亿美元,需要地方财政自己负担 8.78 亿美元。老百姓就问,为什么 201 1 年地方财政收入比 2010 年高了 4% 呢?政府给大家解释,现在劳动力、材料和贷款利率都比较低,一些拖延了很久的项目建设成本降低,现在正是招标开工的机会。这些项目包括三项道路拓宽工程、两个图书馆和一个消防站。老百姓知道了,说那好,可以建了。然后政府就和老百姓商量,这 8.78 亿美元应该如何收呢?最后大家决定收房产税,税率为 1.213%。平均每户人家要缴 3 401 美元。因为大家很清楚政府收了多少钱,要干什么,所以都没什么意见。而且老百姓会时刻看着政府,因为一旦政府乱花钱,大家下一年就要多交钱来弥补空子。

透过比较我们发现,我们的财政比中国的香港、美国都要有钱。因为按照国际标准,税收以外政府收入,比如社保、收费、土地收入,都应该纳入政府收入中去,这样,人家的大财政占 GDP 的比重也就是 30%。我们呢,仅仅是纯粹的税收性质的财政收入,不算社保、行政收费、土地出让金,占 GDP 的比重基本上就达到了 30%。所以说,问题的关键是政府收了这么多钱是否都花在老百姓身上了。就拿北京来说吧,北京算是福利最好的吧。北京 2011 年本级财政 3 006 亿元,给老百姓花了多少?教育 240 多亿元,社会保障 102 亿元,医疗 75 亿元。这几项开支在全国各大城市里基本都算是最高的。但是,这里面任何一项和 5 463.9 亿元的城镇固定资产投资相比,都是微不足道的。即便按照狭义口径,政府对城乡开发投入也是 447.5 亿元,也比上面这些加在一起还要多。更何况,教育里最大的支出竟然是 49 亿元教育基建支出,在本质上还是投资。

当然,在改革开放的头 30 年,这么搞的确能拉动经济。但是现在我们东部沿海的基建条件已经比美国和欧洲还好了,在这种状况下,靠投资拉动经济已经行不通了,投资的边际效益直线下降,举债投资的负面效果愈发显著。到了这个时候,我们真是应该好好想想怎么转变预算的重点,如何实行民生预算了。

二、因为不公开透明,预算就是给老百姓花了钱。
老百姓也不见得买账

在国务院召开的廉政工作会议上,温家宝总理强调,要推进财政预算公开,让老百姓清清楚楚地知道政府花了多少钱、办了什么事,能够有效监督政府。之后呢,我们各级政府也都披露了自己的年度财政预算。可是,看到政府披露的财政预算才发现,这玩意儿老百姓根本看不懂。更让人生气的是,个别领导还振振有词地说,老百姓看不懂是正常的。这一句话足以证明我们距离财政民主有多远。

我真的不敢相信我们的财政民主竟然在黑暗中摸索了这么久。1951 年颁布的《保守国家机密暂行条例》规定，"国家财政计划，国家概算、预算、决算及各种财务机密事项"属于保密内容，是国家机密。1997 年，国家保密局和财政部制定的《经济工作中国家秘密及其密级具体范围的规定》指出，财政年度预、决算草案及其收支款项的年度执行情况、历年财政明细统计资料等属于国家秘密，不得向社会公开。2000 年第九届全国人民代表大会第三次会议上，代表们看到的部门预算资料上面都印着"秘密、会后收回"的字样。直到 2007 年，国务院政府信息公开条例将"财政预算、决算报告"和"财政收支、各类专项资金的管理和使用情况"列为公开的政府信息。这是第一个涉及预算公开的制度文本，但是各地政府并没有执行。

试想一下，如果我们的老百姓都能看懂政府的财政预算会怎样？2009 年的时候，广州市财政局将广州市 2009 年本级 114 个部门的部门预算全部都公开并放到了"广州财政网"上。虽然"三公"消费还是没有被单独列出来，有些项目老百姓还是看不懂，但至少已经非常具体了，绝大部分是能看得懂的。比如教育局的支出，预算细致到每一所学校的各种支出。社保局的预算，1 个行政单位以及 15 个事业单位的收入支出都一一列出了。这是全中国第一个把财政预算公开出来的地方政府。虽然老百姓对其中一些支出提出了质疑，但大部分人对这种做法是持肯定态度的。

之后，在离广州公开财政预算不到 3 个月的时间，财政部就下发了《关于进一步做好预算信息公开工作的指导意见》。在这个指导意见中，政府所有的支出被切成了 23 类，以前的 114 个部门被综合到这 23 类里面，地方政府要公开只能做填空题。这意味着什么？我举个例子吧，之前在广州市 2009 年公布的 114 个部门预算里面，我们能清楚地查到每个学校本年度拨了多少钱，现在呢，改成了教育总支出。也就是说，我们再也没有办法知道这些钱到底是怎么花的了。

更让人搞不懂的是，这 23 类里专门有一项叫"其他支出"，其他 22 项里面细分支出有 12 项都包含"其他支出"。在一些地方政府或部门的财政预算里，"其他支出"竟然能占总支出的 40%，这样的预算案老百姓怎么可能看得懂？

各位是不是好奇,"其他支出"到底都包括什么? 我们看看新华网 2011 年 4 月 14 日的报道:在安徽省宿州市灵璧县审计局的审计中发现,"其他支出"中有扶贫慰问、捐款赞助,但更多的是支付奖金补助、吃喝招待、参观学习等。而在 2009 年被调查的湖南省浏阳市广电局原局长的奢侈消费清单中,在足浴中心、餐厅包厢、西餐厅、水疗中心等的消费都是通过"其他支出"列出的。

其实,可以肯定地讲,这样的财政预算,我们很多人大代表也看不懂,可是为什么到最后都投票通过了呢? 为什么我们从来没有出现过像美国那样,因财政预算不被批准而差点让联邦政府关门的状况呢? 答案只有一个,就是因为我们本质上是没有预算的。

三、我们的预算根本不叫预算,所以高铁狂飙、地方卖地

因为没有预算,才出现很多荒唐的事情。比如说高铁,铁道部建设高铁的钱是怎么来的? 我们看看 2011 年中央本级政府性基金支出预算表,其中铁路建设基金预算支出一共是 682.9 亿,就是说这是国家准备给铁路花的所有钱。我都怀疑我们财政部是不是在跟大家开玩笑,要知道,到了 2010 年底,高铁贷款已经是 2 万亿了,按 5% 的利率计算,仅利息支出,一年就要 1 000 亿。也就是说,国家拨给铁路部门的钱全部加到一起都不够还利息。那我请问,这样的预算有什么意义? 还有这个 2 万亿。我实在搞不懂,是谁给铁道部这么大的权力,让它能绕过全国人大自己借款 2 万亿,我们的预算有什么用?

高铁之所以能狂飙,除了铁道部不受任何制约,随意举债,还有我们的地方政府,为了 GDP 也"助纣为虐"。自 2005 年以来,铁道部相继和全国 30 多个省、自治区和直辖市签署合作建路的协议,地方政府或以拆迁成本入股,或拿出真金白银。以京津城际铁路项目为例,铁道部和天津市分别出资 27 亿元和 26 亿元,北京市也出了 17 亿,中海油因为在天津有大量投资也投了 17 亿。在京沪高速铁路股份有限公司 1150 亿元的注册资本金中,地方政府的出资比例就

超过了21%。

那我请问,地方政府投资建高铁经过人大同意了吗?预算里面告诉大家会投资多少钱在高铁上了吗?都没有,完全是瞎搞。而且当初发改委批复的京津高铁总投资是123.4亿元,2008年建成通车后发现概算总额升至215.5亿元,超出预算74.6%!事后没人解释为何会超标。原来的总经理冯启富在2008年经审计署审计后被撤职,这事情就算结束了。

各位晓不晓得为什么美国至今没有高铁?奥巴马总统也是力推高铁的,并且提出在25年内让高铁覆盖全美80%人口的目标。但是迄今为止,没有一个高铁项目开工,为什么呢?因为州政府说负担不起,老百姓也不愿意为高铁埋单。我给各位举个例子吧,奥巴马想在佛罗里达的奥兰多与坦帕之间修建一条长135公里的高铁,联邦政府投资24亿美元。结果州长拒绝建设高铁,说这条高速铁路总计可能将花费30亿美元,余下6亿美元左右的亏空,我们的纳税人承担不起。于是把奥巴马拨来的24亿美元退了回去。这在美国不是个案,除了佛罗里达州拒绝了,俄亥俄州和威斯康星州最近也退回了联邦拨款。而美国国会批准的另一项连接旧金山和洛杉矶的高铁修建计划,耗资预计达430亿美元,虽然已经从联邦政府获得30亿美元的拨款,预计2020年动工,但这只是预计,至于是否真正动工还要再论证9年。

各位试想一下,如果这种事情发生在中国会是什么样?如果铁道部对地方政府说,我们要在你那里建一条高铁,我出24亿,你出6亿怎么样?那我们的地方政府会不会说,不好意思,6亿太多,纳税人不答应啊!我可以很肯定地告诉各位,不会的。实际情况是我们的地方政府在求着铁道部来建高铁。地方政府也不会拿不出钱,因为地方政府花钱是不受控制的,压根儿不需要通过预算。

地方政府除了喜欢建高铁外,还喜欢卖地。为什么,因为卖地收入是归地方政府随意支配的,不需要上缴中央政府,不需要在预算中列出,属于预算外收入。至于如何使用,是由地方政府相关部门自己协调。在任何一个有预算的国家,这都是荒唐至极的,政府怎么能在预算外还有收入呢?所有的收入不都应该放到预算中,让人大通过和审议吗?

对于土地出让金的管理,我们财政部其实是有规定的,但是我们的地方政府根本就不按财政部的规定使用。就拿廉租住房保障资金来讲吧,按照规定,土地出让净收益中提取廉租住房保障资金的比例不得低于10%。但是2011年1月17日审计署发布的审计报告说,北京、上海、重庆、成都等22个城市从土地出让净收益中提取廉租住房保障资金的比例未达基本要求。不仅这些城市,全国没有一个城市达到财政部要求的。而且之后也没有人追究,都是不了了之。为什么会这样?就是因为这些钱根本不在预算之内,按照规定,这些钱该怎么花也根本不需要经过人大和预算的。

四、我们现在的预算状况和美国 1910 年前后差不多

我们现在的预算机制其实和1910年前后的美国差不多。当时,美国的财政预算中"其他支出"也非常多,名目也是五花八门,比如1908年的纽约预算,除了"三公"消费,还有800万美元的"特殊税收债券",占总预算的6%。什么是"特殊税收债权"?说白了,就是上一年胡乱花钱留下的窟窿。除此之外,还有突击消费,就是说该预算期间快要结束了,还有很多钱没花完,于是政府会在下一个预算期间到来之前把这些钱迅速花掉。纽约市当时政府雇员的月工资为417美元,到了12月份预算内的钱没有花完,工资一下子就发了1 583美元。我们和当时的纽约非常类似,年终突击花钱现象非常严重。我这里有一组数据,数据表明自2006年开始,每年第12个月的财政支出都占全年财政支出的25%以上。

美国是怎么解决这些问题的呢?1921年美国国会通过了《会计与预算法》,把预算的权力交给行政首脑,总统专门成立一个预算办公室,每年向国会提交预算。美国的州和地方政府也一样,由州长和市长提出预算,并对此负责,同一级别的议会成立一个拨款委员会负责审核和执行预算拨款,同时由独立的

审计机构监督,各司其职,非常清楚。1974 年国会又通过了《国会预算和扣押控制法案》。这样,国会也有了提出预算的权利,如果反对党控制了国会,就能自己提出预算案。

而且,美国政府还意识到,要监督政府,就要让老百姓真正参与进来。如何让老百姓自愿参与进来呢? 最有效的途径就是让老百姓清楚地知道自己缴了多少税,老百姓心疼自己的钱,就会关心这些钱会被如何花掉。每年 4 月初是全美国人"交作业"的日子。这段时间,大家都熬夜钻研上百页的税表和填表须知,找出家里各种账单收据,回忆自己过去一年中的收入和花销,目的都是一个:在 4 月 15 日午夜之前完成自己过去一年的个税申报。可能会有人觉得奇怪,问:美国人平时不缴纳个人所得税吗? 当然缴了,美国联邦政府是要求雇主在给雇员发薪水的时候代扣个税的。但美国是用累进税率计算所得税,缴税周期是一年。这样就需要你将过去一个自然年内的所有收入相加——比如工资、版税、遗产所得、小费、房租和股票等等,才能得出自己所处的税率等级。在每年的 4 月 15 习之前,所有纳税人会用国税局发出的表格计算出自己去年应缴和已缴税额的差距,然后,要么附上应补税额的支票,要么就坐在家中等待国税局返还自己银子。有一件很有意思的事情,就是在美国联邦政府的所有税收中,个人收入所得税占到一半以上。这也就是使老百姓和税务部门之间成了老鼠与猫的关系。曾经就有人在临终时要求自己死后被火化,然后将骨灰寄至国税局并附言:"Now, you have my everything!"

五、以预算改革破解采购腐败的三大痼疾

前面我们说了这么多关于预算的问题,归根结底,其实就是三大痼疾:一是预算和采购没什么关系。二是预算的集约化和集权化不够,三是对预算采购缺少事后监督和审计。

先说第一个问题,我们的采购跟预算基本没什么关系。我们现在的预算根

本不叫预算,我们就是给各个部门划一笔钱,至于你拿这钱采购什么东西,按照什么标准来采购,我们的预算部门基本无权过问。预算本来的目的就是要防止经手官员徇私舞弊,防止在采购过程中随意操作,而且,预算二字的本来意思就是花钱之前预先算算账。可是,我们现在越到基层,预算越是走形式。连采购都管不了的预算,还能叫预算吗?

我给各位举个例子,四川地震以后,北川打算通过政府采购中心购买越野车,其中就包括价值110万的兰德酷路泽,62.6万的丰田普拉多。但是在发出采购招标后,网上民怨沸腾,议论很大,于是,北川县政府就决定不买了。你不觉得奇怪吗?明明应该是年初搞预算的时候,就得透过预算公开让大家来讨论到底买不买车,买什么标准的。所以,当初搞预算的时候完全就是走过场,老百姓也不知道,结果预算已经把钱拨过去买车了,却又可以随时说不买就不买了。

在德国政府,如果你要买什么东西,得很早以前就预先报上去,最起码得在前一年3月份报预算。也就是说,德国政府部门想要买什么,最起码得提前一年就计划好,这还只是第一步。3月份各部委报完预算以后,财政部就开始代表内阁审读。5月份财政部开始车轮大战和各部委谈判,比如说你这个车不能买啊,你那个电脑修一修也还能对付用,总之就是要最大限度地削减你的预算。然后,内阁总理也有自己的想法,他也要说服部委砍掉一些预算,好给总理要抓的大事儿腾挪出来资源。总之一句话,就是把钱掰开花。而所有这些讨价还价必须赶在11月份之前结束,因为这时候预算必须送交议会了。议会又会围绕每一笔钱该不该花,每个东西该不该买再吵一个月,通常还会给政府退回去,要求再改改,然后再吵两个月。就是经过这样一个反复修改的过程,最终预算才能成为法案。

不仅如此,德国各个部委为了严格控制预算,每年3月份不是只编下一年的预算,还要同时预先编制出未来3年的预算。也就是说,虽然接下来9个月只围绕下一年的预算讨论,但是大家对未来3年的预算也要心里有数。除此之外,为了防止预算不停膨胀,德国政府干脆在3年预算之上,再提前编制4年税收规划,给税收先套上个紧箍咒。哪像我们都是每年到了年底才知道收了多少税,然后今年收多少,下年就都花光。

而且在德国,预算即是采购。因为德国的预算里面包括了联邦政府下一年的全部需求,内务部就简单统计一下,看看财政部、环境部这些部门都需要多少电脑、多少纸张,分类汇总一下,就能集体招标了,就这么简单。

我们呢?预算是预算,采购是采购。打开政府采购信息网,到处都是各地方政府的招标信息。随便举两个,宁夏回族自治区地下车库采光顶棚项目招标公告,福建省武夷山监狱信号屏蔽系统招标公告。更有意思的是,各地方政府自己规定投标人的要求和资质,还可以不公开投标者的信息。这怎么能叫政府采购呢?分明是政府自己办了个淘宝集市,哪个单位想买东西了就上来发个信息,想买谁的东西就加一些苛刻条件限制一下,这怎么能叫政府采购呢?没有任何制约,没有任何规模优势。

而且,目前我们预算下的采购都集中在办公设备等物资领域,在工程领域只是走走过场而已。同时,又只集中在公务员系统,我们的事业单位、国有企业,特别是经济职能部门的关联企业基本没有预算,也没有采购监督。我这里有个数据,说2011年中央各部委、中央级的事业单位其采购规模为9 000亿元人民币,采购的都是什么呢?主要是电器设备和办公用品,比如说电视、电脑、桌子、椅子、墨盒、打印纸之类的东西。

更严重的是,我们的事后监督和审计简直形同虚设。怎么审计的呢?就看看有没有发票,有的话就不过问了。比如动车腐败,审计署就是看铁道部是不是有招标、和车辆供应商之间是不是有合同,有的话就没问题,不会往下审了,根本不去查这个供应商是不是有问题,也不去查铁道部在认定自己定点企业的过程中有没有腐败。

那各位晓得香港是怎么做的吗?香港审计署每年要发布两个报告书。我要提醒各位的是,香港的审计署是独立编制,完全不和其他政府部门来往的。每次发布报告书之前所有部门都睡不好,因为无论事情大小,审计署都是要问责的。比如最近一份第57号报告,从道路保养到档案维护,从食物标签到湿地公园,甚至连接受公币的海事训练学院,自来水的跑冒滴漏这些事情都有问责。所有这些问责都会被审计署公开披露出来的,这样任何政府部门的负责人都要面对公众和媒体的穷追猛打,搞不好仕途都会受到影响。

更典型的是第56号报告,审计署在这里面竟然专门对入境事务处执法科的运作进行问责,这根本不是查账,而是把过去五年里每种大类执法行动都审查一遍。调查完之后,审计署署长亲自致函入境事务处处长,告诉他们问题在哪里、有什么建议。香港入境事务处处长不能爱理不理,而是必须就此回函,之后审计署会把这个回函披露出来。披露看起来是小事,可是因为香港审计署是独立运作的,而且每年都会轮换审计重点,所有政府部门负责人都知道,自己早晚会被审计的,如果自己干得不好,就会被审计公开,所以时刻都会有危机感。正是因为这个,香港的官员不会把审计当成过场,不会对审计部门的意见置之不理。

六、打击工程腐败。改革政府流程刻不容缓

前面我们说的采购领域只是小腐败,但是,在每年30万亿元的固定资产投资里,动不动就会有上亿元的腐败事件出来,比如说招投标腐败。经过十来年的运作,我们这套招投标制度不是越来越完善了,而是漏洞越来越明显了。就拿动车腐败来讲吧,据媒体披露,动车上一个纸巾盒就要1125元,一个自动洗面器竟然要72 395元。我请问你,什么样的纸巾盒要1125块?什么样的洗面器要7万多块?价格高的也太离谱了!后来经调查发现,这些天价商品的代理人都跟原铁道部副总工程师、负责高铁项目的张曙光有关系。比如说高铁上的集便器,其幕后的真正代理人就是张曙光的妻子王兴。还有,高铁上的衣帽挂钩、灯罩、电路开关等配件的生产厂家是张曙光家乡的企业今创和新誉。从表面上看是没有问题的,因为他们是透过合法的招投标成为铁道部供应商的。

那为什么会出现这么离谱的结果呢？最根本的问题是我们的预算体系和决策体系在招投标和工程项目上出了系统的漏洞。就动车腐败来说，按照规定，成为铁道部的供应商必须有两个资格：一是获得铁道部装备部的认可；另一个是经过中国铁道科学研究院的认证。而张曙光在铁道部除了分管装备部之外，还是铁科院首席专家。这还不够，他竟然还抓质量监督。各位晓得这意味着什么吗？意味着张曙光一个人就握有决策权、标准权，还有问责权。也就是说，在整个招投标程序中，前面两个环节和最后一个环节都被张曙光一个人拿走了，剩下的中间采购执行环节，其实就等于是被架空了。因为张曙光自己就能直接宣判任何供应商的"死刑"。各路老板为了巴结张曙光，都挤破了头。

究其原因，就是因为我们的《招标投标法实施条例》本身有严重的漏洞，比如说其中第四条规定："国务院工业和信息化、住房和城乡建设、交通运输、铁道、水利、商务等部门，按照规定的职责分工对有关招标投标活动实施监督。"本来预算的决策权、标准权就在部委手里，然后还让它们自己监督自己，怎么能不出事呢？

那么怎么办呢？我觉得德国的经验特别值得借鉴，它们把决策、标准、执行、问责四大环节切开得非常彻底。它们是如何做的呢？第一，每个财政年度开始前，联邦德国政府各部门根据自己需要提出采购计划，报送财政部审核并经议会批准后，即成为法定的政府采购计划。第二，财政部把资金拨给申请单位，但是申请单位无权去买东西，而是必须把资金给内务部，由内务部的采购部门与供应商签订合同并支付货款，办公用品、机动车辆都必须这样购买。第三，由德国的联邦反垄断局负责审查和监督所有的招投标活动，甚至拥有秘密监听、跟踪调查、查封证据这样检察院的权力，以此全力打击招标腐败和工程腐败。

当然，德国没有我们特殊的标准权或者资格准入的问题，这个我们该怎么解决呢？我的建议是：第一，分拆铁科院这种握有部委的标准权的事业单位。第二，把这种资格尽可能变成国际标准化组织（ISO）这种模式，就是政府起草一个标准,但是认证环节留给民间去做,让私人企业去竞争。这就像招股书,让券商的投行部来做;对于财报是否合规,让彼此竞争的审计师们来做,政府退到后面简单看看就行了;而是否合规,让专业人士来审核就行了。这样就废除掉了行政垄断,真正避免了腐败。

实际上,效率高的政府都非常类似,都是透过切割工序流程来预防腐败。比如美国联邦政府采购中,负责决策的是白宫直属的预算管理局 OMB,负责执行的是联邦事务服务总局 GSA,负责审计和问责的是国会领导的美国政府问责局 GAO。那么,在香港呢,负责决策的是政府总部的各局,负责执行的是各个署,而负责审计和问责的审计署只对特首和立法会负责。也就是说,都把决策、标准、执行、问责四大环节完全切开。

最后我想提出我的建议,就是我们能不能有点创意,让民间懂采购的人去监督政府,去给政府提意见?比如说我们可以请苏宁的董事长张近东牵头成立一个政府采购评估委员会,纯粹"业余奉献",写完建议报告就立刻解散。英国就一直有这个传统,请社会贤达来牵头写报告,给政府部门的长期改革提供建议。2009—2010 财年英国政府就请了菲利普·格林爵士做这个"义工",他发表的关于开支效益审计的报告揭露了英国政府的浪费。比如,政府采购标价 2 000 英镑的笔记本电脑在网上只要花 800 英镑;固定电话方面,每年花费 20 亿英镑,如果政府和供应商集体谈判,可以减少 40% 等;每年英国中央政府办公用品采购支出达 8 400 万英镑,由 5 家大型供应商和 83 家小供应商提供,但是,同样采购一盒纸,有的只需 8 英镑,有的却高达 73 英镑,价格相差达 9 倍。

因为格林爵士本人是英国时尚零售巨头阿卡迪亚集团(。Arcadia)的老板,他从零售业采购的角度对政府采购进行了全方位的剖析,并给出有针对性的采购建议。这既能给政府部门带来压力,也能从专业的角度提升采购的效率。这就好比学生和家长的关系,学生要是知道家长会看到成绩单,就会很紧张。基于同样的道理,政府官员要是知道自己的每一笔开销最终都会被外部审计和评估,那么从一开始就会非常紧张,就不敢乱花钱,更不敢中饱私囊。

第十九章 国企改革：不可回避的任务

一、国企改革第一步：砍掉国企的"虚胖"

我们的国企改革已经迷失了方向，社会到处蔓延着对国企的愤怒。我们的国企起家有三种方式：一是自然资源；二是特许行业；三是政府拨款或者划拨资产。我们的自然资源基本上都是无偿送给国企的，比如油田、无线频谱、航线，还有土地，如果国企没有这些免费资源，根本不赚钱。我们的特许行业根本不准民营资本进入，其实就是拒绝市场竞争。政府拨款的钱从哪里来？纳税人。这就是你的原罪。你应该把这些老百姓免费给你使用的资源经营好了，让我们的油价、电价更低，更有利于环保，你必须把这些做好了，因为这是你的信托责任。可实际情况是怎样的呢？你国企拿着老百姓免费给你的资源获取暴利后，非但没有给老百姓什么好处，还动不动就哭穷，天天嚷嚷要涨价，你已经完全触犯了老百姓忍耐的底线。

这个问题怎么解决？全卖掉吗？我们是不是非得走苏联的激进改革路线？石油、电信这种行业，不让国企做容易，卖掉就是了。可是，卖给谁呢？外企肯定不行。那卖给私企呢，有谁能接这么大的盘？有人说可以通过股市减持，可事实证明，中国的国企实在太大了，中石油拿出一点点股票在 A 股上市都让股指狂泻不止，还怎么靠股市减持？

我们应该寻找问题的根源。中石油、中移动、国家电网为什么这么强大？

就是因为它们能无偿占有大量国家资源。如果这些政策不改,只是对国企进行改革,比如说卖掉,就很有可能会像苏联那样,造成国企一夜之间被权贵寡头据为己有的悲剧。所以说,现在我们应该做的是去修补这些养肥国企的政策漏洞,因为国企的虚胖只是表面症状而已。等这些虚的利润没有了,这些巨无霸的市值自然就没有那么高了,那时候,无论是减持还是退出,都是行得通的。

那么,除了资源免费奉送,我们还有什么养肥国企的政策漏洞呢?

二、过路费的奥秘:国企钻了价格体系和反垄断的漏洞

当年养路费改燃油税的时候,我们给了老百姓承诺。结果到现在,我们的收费公路有增无减,全世界。70%的收费公路竟然都在中国。也就是说,我们现在的燃油税其实就是双重征税。如果中国按照美国的汽油税标准来征收,我们就能够保证自己国内的高速公路92%免费,可事实竟然是,中国的高速公路100%收费,不仅高速收费,很多省道二级公路也以隧道桥涵的方式变相收费。

为什么会出现这种状况? 原因就是负责监管的、批准价格的都是同一个部门——发改委。我们要晓得,核准价格是计划经济时代的调控手段,本来就应该逐步取消的。美国的公共事业价格都是交给立法机关听证的,一方面是为了尊重民意,另一方面就是要把价格核准立法权和反垄断监管权分开。

其实这个也是深圳政改正在探索的问题,就是政府内部如何使决策、行政和监督分离。香港也是这样,比如说决策层面,香港有12个局;行政层面,叫做署;监督层面,主要是审计署和廉政公署,这两个部门都是直接对立法会负责的,而不是特首。我们呢? 负责价格决策的是发改委,价格反垄断的执法权也在发改委,监督行政执法的还在发改委,这怎么能不乱套? 就拿这次发改委反垄断局决定对中国电信和中国联通的宽带业务进行调查来说吧,为什么会调查? 是因为广电系统的举报,如果不是广电系统自己的垄断利益受到了影响,我们的发改委根本想不起来做这种事情。

所以,各位知道为什么我们的高速公路是全球最贵,为什么我们的机票乱收燃油附加费,为什么中石化中石油有恃无恐了吧?就是因为我们的发改委集权力于一身,自己制定价格,然后自己监督自己。这意味着什么?意味着凡是发改委核准的,就自然被反垄断豁免了。怎样才能堵住这个漏洞呢?

我强烈建议成立"国家反垄断总局"。发改委保留产业规划和价格核准职能,但是发改委不再保留价格反垄断职能。从发改委剥离反垄断局,从商务部剥离反垄断局,从工商总局剥离反垄断与反不正当竞争执法局,三者合并成立国家反垄断总局。国家反垄断总局负责调查价格共谋和垄断,审查企业的合并,调查滥用市场支配地位的行为,监督审查政府和国企的招投标采购。更为重要的是,国家反垄断总局及各省市反垄断局的决定并不是最终决定,各级法院的行政庭可以对其决定按照行政法进行司法复核。这样,如果发改委的核准价格造成了价格联盟或者共谋,那么,反垄断总局可以出手制止。更重要的是,独立出来的反垄断总局唯一职能就是反垄断审查,因此,不必再受到发改委、商务部和工商总局现有职能的干扰。

而且为了维护市场公平秩序,我们有必要学习德国授予国家反垄断局部分检察院的权力。在德国,联邦反垄断局有权力监听、搜查、扣押与串谋垄断或不正当竞争有关的证据,并且执法对象既可以是企业,也可以是涉嫌在公共采购中有不当行为的国家工作人员。我们可以再扩大一下,反垄断总局有权力调查发改委乃至电力、电信、燃气、交通、广电、卫生、教育等行业政策决策部门的工作人员,专门打击在修改产业政策过程中的灰色交易.专门审查行政性垄断。

三、铁矿石原油的猫腻:错在国企,还是产业政策?

再说说每年都有的油荒。其实2010年"两会"期间,全国工商联在政协会议上提交了提案,建议放松原油进口限制,允许部分非国有企业进口原油并自由流通。因为民营炼油厂开工率不到30%,一旦放开石油进口权,油价就能迅速回落。其实不仅仅是石油，所有的大宗商品领域国有企业都在以垄断优势操纵市场，因为它们不仅仅垄断了国内的资源，而且垄断了进出口权。

怎么垄断的呢？我以原油为例，根据《中华人民共和国货物进出口管理条例》和我国加入世贸组织的有关承诺，我们商务部必须每年公布原油非国有企业贸易进口允许量总量、申请条件和申请程序。从这里看，这个是放开的对不对？实际上呢，在设定的申请条件里有这么两条："拥有不低于5万吨的原油水运码头(或每年200万吨换装能力的铁路口岸)的使用权，以及库容不低于20万立方米原油储罐的使用权；近两年具有原油进口业绩。"那我请问：难道搞进出口的企业就非得拥有码头吗？还有，非国有企业还进口业绩证明，就是要递交"自营进口需提供报关单复印件，委托代理进口需提供代理协议或相关服务发票"，各位晓得这是什么意思吗？意思是说，你能不能进口，完全取决于国有石油企业愿不愿意给你提供代理。就靠这个，国有企业就能牢牢掐住民营企业的喉咙。而且，就算你民营企业能搞到代理进口也没有用，因为石油管线都在两桶油手里，它们完全可以不给你用，你能怎么办？这些国企就是这么赤裸裸地滥用市场支配地位，但就是没有反垄断部门进行调查。

更让人生气的是，我们国有企业总是狡辩，它们给出的理由根本不靠谱。还拿全国工商联开放原油进口的提议来讲吧，中石化的一名全国人大代表表示反对，给出的理由是，一旦放开，可能带来恶性竞争，会重蹈铁矿石进口覆辙，可能使中国在进口价上提高话语权的努力化为泡影。

好极了，中石化说一旦放开就会"重蹈铁矿石进口覆辙"。那我就给大家好好分析一下铁矿石究竟是怎么回事。2003年之前，国家对铁矿石的进口权是放开的。2005年，拥有资质的生产企业和贸易商超过500家。2005年之前的几年，澳大利亚的铁矿石价格从来没有超过30美元一吨，最低是2002年的23.25美元，最高是1997年的29.67美元。可是2005年宝钢代表中国谈判时却接受了71.5%的涨幅，之后连年接受上涨。为什么出现这种状况？因为从2005年开始，中钢协开始清理进口资质，开始垄断化。截至2011年8月1日，中国具有铁矿石进口资质的企业已经被削减至105家,基本都是国有大型钢铁企业及其附属的贸易商。

这100多家却只听一个人来谈判,就是宝钢。宝钢是怎么谈判的呢?宝钢谈判的是长协价,什么是长协价呢?我解释一下,长协价是每年固定一个价格,参考的是过去几年的长协价和现货价。所以说,长协价实际上就变成了国外三大矿商给少数国企提供的优惠打折价。而在实际运作中,像宝钢这样有资格享受长协价的国企只是少数,而宝钢、首钢习惯采购比自己实际需要多得多的铁矿石,这样多出来的这部分就能转手卖给没有长协价特权的民营钢铁企业,而很多民企因为买不到长协价的铁矿石,只好按照市场价高价购买。打个比方,如果现货价是一吨1 400元,宝钢同意的长协价是'700元,那么,宝钢一倒卖就净赚了700元。宝钢一直是长协矿制度的受益者,享受比其他依赖进口铁矿石更加低廉的成本。为了保留成本优势,宝钢不惜接受每年国外三大矿商提出的高比例涨幅,也不愿让长协解体。除了宝钢,还有谁有比较大的话语权呢,就是首钢。所以,2010年4月1日长协矿体系崩溃之后,这两个企业是业绩下滑最厉害的。但自长协矿体系崩溃后,铁矿石价格从2010年4月21日的186.50美元/吨跌到2011年11月4日的100美元/吨,暴跌了46%。

那么,如何堵住这个漏洞呢?首先就是要重新定位国务院反垄断委员会。中国反垄断法最大的弊端,就是对行政垄断视而不见,缺少能动的执法审查机构。中国反垄断法2008年8月1日就开始实施了,可是,垄断之疯狂却愈演愈烈。在美国,反垄断的专门机构只有司法部反垄断调查局,此外还有一个监督市场秩序的联邦贸易委员会。在中国呢,除了国家层面起协调作用的反垄断委员会之外,竟然还有三个执法机构,一是发改委专门负责价格方面的反垄断调查,二是工商总局专门负责打击滥用市场地位的反垄断调查,三是商务部专门负责合并收购过程中的反垄断调查审批。因此,我们必须重新思考改革反垄断的权力构架,应该将反垄断大权集中起来,交给独立的能动机构,比如说赋予这个机构明确的打击行政垄断的职能,特别是基础建设领域、大宗商品进出口领域的所有政策和细则,这个机构都要主动审查,目的就是凡是我们人世时已经承诺放开给民营的行业都必须无条件地、无歧视性地对民营企业放开。

四、电力改革只改一半的秘密:错在国企,还是过去改革的欠账?

前面的两类问题都是行政部门造成的。接下来我想分析另一类问题,其原因可以说在国企,但是也不能完全怨国企,因为今天这样的局面在当初设计改革方案时就应该能预见。但是,平心而论,当时设计改革方案的时候是有当时的考量的,比如说当初希望培养国企进入世界500强,因此,对其厚爱有加,以国内市场培养其实力。至于后来这种绝对垄断的形成,应该不是改革设计者的初衷。其实,很多政策都是这样,当初制定的时候,出发点是好的,但事情发展到最后,总是或多或少有所偏离。

电力改革就是一个非常典型的例子。实际上,今天我们大部分改革都有点电力的影子,就是只改了一半,只将英国的经验借鉴了一半,本来长期计划是有下一半的继续改革的,结果呢,养肥了电网,饿死了电厂。于是,前者成为继续改革的巨大阻力,后者要么是与前者媾和,和电网一起呼吁涨电价;要不然就是以不负责任的手段给老百姓施加压力,对计划外电力拒不生产,制造严重的电荒。

具体来讲,我们借鉴的改革是上游电厂到中游电网这段,在这部分引入竞争,要求竞价上网,这样,电网的购电成本大幅降低,电厂的利润也因此大幅下降。但是,英国第一阶段电力改革的重点其实是对下游改革,也就是要求用电大户和区域供电公司直接进入电力交易池(the POOL),在这里,下游用户直接和上游电厂签订供电协议,对电网企业只支付一个核定的费用,这样就把购电成本下降的好处直接让给下游用户,而不是让垄断电网从中渔利。可是,我们只学人家表面的上中下游全分开,只学习上游竞价,根本没有学到人家改革的精髓,结果就是,我们这个全分开之后酝酿着更大的危机。

那么为什么出现电荒呢？原因只有一个，就是电厂不够用，而电厂不愿意扩建的原因，要不就是发电企业觉得回报率太低了，要不就是完全不了解长期电力需求。其实这个问题还能和另外一个关键问题合并在一起回答，就是如何将电费降下来？除了挤掉电网的垄断中间加价以外，能让电费下降大概主要有三个办法——找到更便宜的燃料，提高燃烧和管理效率，减少富余发电容量。

其实，解决这两个问题的方法也是英国第二阶段电力改革的主要课题。当时英国就发现，如果能对中间的电网进行有效管理、对交易池的价格操纵进行有效监管，那么，让上游电厂甚至中游的电网经营一部分下游的供电公司是没有问题的，所以被分拆出来的英国国家电网后来又被允许合并了一些下游供电公司。这样做的好处是什么呢？就是上游和中游能了解下游的实际需求，而且上游和下游也更愿意签署长期供电协议，这样就能避免出现电力危机。可是我们呢，电厂既没法签署直供电长期协议，也没法自主定价，更没法参与到下游供电公司的需求侧峰谷电价管理，这样，富余容量得不到有效降低，电费也没办法降下来。

我们中石油也一样，改革了半天，价格机制还是没理顺，当然也可能是它根本就不想完全理顺。结果是什么呢，柴油的批发价和零售价动不动就倒挂，搞得民营炼油厂不愿意生产柴油，民营批发商不愿意买入柴油。对此，我们也作了深入的调研，发现了很是让人惊讶的"秘密"：其一，主要的问题是柴油的税太多了，也就是说，我们只要降一点点税，柴油荒问题就能得到有效缓解；其二，原来我们的油价里一半以上都是税，各种各样的税，而且这个税实在太复杂了，连中石油这种最有实力左右政策的企业都没办法去找各个部门一～做工作。所以，我们才会闹柴油荒，所以，我们**的油价**才会一直高企不下。

五、"走出去"：国企不能承受之轻

就像上面所说的，政府之所以对国企厚爱有加就是希望培育几个世界500

强。可是，我们看到的是国企在海外重重受阻，国外的法律制度和政治游说制度已经决定了国企不可能作为主体大规模走向海外。

当然，这并不是说我们就不应该走出去了，而是说应该调整升级我们的走出去计划，以适应复杂的国际环境。要晓得在现代战争中，决定胜负的不再是前线战斗部队，更大程度上是后方的战略物资补给和中间运筹的情报侦察。在这点上，我们应该学学美国。在美国的国家战略中，前线战斗部队是个人和私营企业。后方既有华尔街的金融资本为私人资本提供补给，又有华尔街的外汇交易市场和保险市场为贸易投资对冲各种风险。对于私人资本不愿意涉足的领域，既有美洲银行、世界银行以发展之名为开发资源提供先行基建投资，更有美国进出口银行为贸易提供融资和信用保障。而中间运筹的既有高盛这样的金融掮客，又有大批精于国际政治和经济情报分析的智库。事实证明，"国家队"最更为擅长的角色应该是后方的战略补给部队和中间的情报侦察部队。

实际上，在中国对外战略最为成功的非洲战场上，我们在电信、基建、原材料等市场上都极大地满足了一些非洲国家发展的需要。而成功的原因正是我们客观上学习了美国的国家战略，我们的前线战斗部队是华为、中兴这样的民营企业，而国家进出口银行和国家开发银行所起的作用更多的是后方补给。但是，我们应该清醒地意识到，目前我们走出去的产业层次还非常低，基本是以劳动密集型为主。

该如何调整我们走出去战略中的结构呢？我的建议是，在石油、天然气等重要产业上，我们应该放开民营企业的进口资质，要让民营企业冲在前线。尤其是在敏感地区，更不能让"国家队"冲锋陷阵，而应该让民营企业以更灵活的方式参与竞争。"国家队"应该在贸易融资、全球运输、安全保障、码头装卸、国内批发分销等中后方环节上提供全方位战略保障。只有这样，才能真正保护我们企业的利益和国家的利益。

六、预算、分红、限定业务、对民企放开准入,一样也不能少

看看我们的国企现在都在做什么？就拿房价来说吧,温总理三番五次地说要控制房价过快上涨,可是国企地王却屡创新高。20lo 年 1 月"国十一条"出台,但当月 70% 的地王是国企或有国企背景的企业。还有,2010 年政府要求国企退出房地产行业,结果到目前为止,70 多家涉及房地产的国企只有 20 家退出了。我发现,国企的经营现在处于有点失控的状态,因为它们不光涉足房地产,还涉足银行、港口、酒店等等,几乎什么都干。

那如何堵住这个漏洞呢？其实也很简单,对国企的经营范围进行横向限定和纵向限制。一方面,横向限定就是限定产业,对于国企的经营产业多要在章程内固定并立法确定,然后国家工商总局和地方工商局监督,只要出资人里有国企的身影,这个企业就不许经营这个国企的被限定产业之外的事情,否则就不允许其注册工商营业执照。此外,再特别规定,除了国资委直属企业,任何国企的经营范围都不许包括股权投资,这样就防止国企以战略投资、产业引导基金的名义变相跨业。

另一方面,在单一行业,要限定国企不许做民企能做的下游和配套产业,比如中石油、中石化只许做上游,下游包括批发和零售业务应该有序逐步完全退出。因为只要上游的垄断企业进入下游,就必然导致下游的民营企业无法公平竞争。比如中国电信和中国网通就只许经营国家骨干网,而城市内的接入服务,也就是给老百姓提供上门零售服务的只许让民营企业做。实际上,限制经营范围对国企、国家都是有好处的,因为只有这样,拥有雄厚实力的国企才会将更多的财力、人力放到核心技术研发中去,也只有靠这种方式增加的利润,才是国企真正的业绩。

同时,鉴于十大产业振兴一败涂地的惨剧,我们还应该考虑创设独立的国企预算评估部门。现在我们对预算的管理是严重的"严进宽出",也就是说,预

算批准和预算拨款环节极为繁琐，可是拨款之后，预算部门就对项目实施完全失去了掌控。我建议，今后对地方政绩考核时，要逐步放弃简单的指标考核，而应该以预算考核为主。每年中央返还地方那么多税收，实际上都是按照不同的项目下拨的，因此，我们应该介入政策评估，并根据对之前项目完成情况的评估调整之后的拨款。这样就能避免现在这样——老项目不管效率高低不再过问，新项目因为没有资金而得不到有效落实。

有效的预算机制需要有效的监管。但是我们现在根本没有预算监管。根据财政部公布的2010年12月份企业财务快报显示，纳入中央国有资本经营预算编制范围的中央企业资产总额为291 166.21亿元，只占全国国有企业资产总额的54.9%。而即便是预算之内的企业，国资委也完全管不住，我们的国资委只负责抽成。比如说，2010年，中央国有资本经营预算编制范围的中央企业实现净利润9 905.02亿元，上缴了558.7亿元，只占利润的5.6%，其他的都由企业自由支配。而财政部公布的2011年的预算收入仅仅是844亿元，还没有中石油一家赚得多。这种情况我们怎么可能管得住央企？所以说，我的建议是，预算权必须收回，央企所有利润上缴。上缴之后不是不让你花了，想要投资，想要扩大再生产，那你必须提请预算，批准以后才能使用。

很显然，如果说要求国企上缴全部利润，肯定会有很多人站出来说不行，说计划经济时代就是如此，结果搞得企业一点积极性都没有。那我请各位去查下相关研究案例，研究的结果都显示，一个企业的自由现金流越少，经理人上下其手的机会就越少，因此企业的公司治理就越好，业绩也越好。我随便举个例子吧，我们很多国企下面子公司里的一个处长，能随意支取的现金和报销的发票，应该都比李嘉诚长江实业在北京分公司的总经理要多得多。而且，跨国企业普遍都不许自己的分公司有自己的现金账户，现金每天都会被公司的现金池收走。实际上，三桶油旗下都有自己的财务公司，也是起到内部现金池的作用，它们借此制约下属公司，但是它们却不希望自己被国资委这么管住。

试想一下，在一个完全的市场经济下，把国企的利润完全拿走是没问题的。

就拿美国的银行来讲,花旗银行在金融危机中成了美国国企,美国财政部拿什么来考核呢? 就把花旗银行的各项经营指标和摩根银行对比一下,就知道干得好还是不好了,然后直接根据业绩来发奖金。股东根本不需要把利润留给你,让你来决定怎么分配。作为股东,应该平时睡觉、一年参加几次股东大会就够了,而大部分事情都交给董事打理。这才是真正意义上的所有权和经营权分离。

再看看我们的银行,直到现在,银行业还是过去那种老国企,因为最核心的两个问题完全是计划经济的:第一,利率不许市场化;第二,不许民营资本开办新银行。除此之外,银行是如何放贷的? 对于国企,尤其是大型基础建设项目上,地方政府对银行是软硬兼施,而银行出于自身的考核压力,也往往乐于参与。在这种状况下,我请问你,对银行考核有什么意义吗? 因为根本不存在真正意义上的竞争,所有的银行都无法靠自身对风险的判断能力、对利率的调整进行经营获利,而只能靠拼份额来拼业绩。因为对银行来讲,盈利的模式很简单,就是固定的息差乘以贷款规模。这样做的结果就是只好对地方政府的还债能力睁一只眼闭一只眼。还有存款规模,在故意不实行存款保险制度的情况下,民营银行、村镇银行的存款规模被故意压低,这样国有银行的存款规模完全不是竞争之后的结果,因而也是虚高的。也就是说,在缺少公平的市场准入和竞争条件下,利息、存款规模、贷款规模、风控能力都是不可靠的,那我请问,你怎样考评国有银行?

各位有没有想过一个问题,就是过去我们对国企的研究究竟错在哪里? 我们犯的最大的一个错误就是根本没有搞懂什么是市场,什么是竞争。我们误以为一个行业里有几个国企就算是竞争。我们完全搞错了,竞争不是看参与者数量的多少,就拿招投标来说,如果说参与者彼此知道底价,就可以围标,这样竞争就形同虚设。所以说,市场的本质不是竞争,而是平等开放。而如果把参与者能干预准入门槛,甚至设计游戏规则视为市场经济最大的腐败,那么我们完全可以说,市场的灵魂是反腐败。因此,亚当·斯密呼吁"看不见的手",就是希望以此对抗腐败。

最后,对于国企的管理,除了考虑财务指标和管理指标,还应该引入社会公共服务指标。尤其是我们的垄断国企很多都处在国民经济的基础地位,其涨价会对整体物价产生巨大的叠加效应,所以,这种涨价必须慎之又慎。在必要的情况下,我认为应该让部分国企适度亏损,就像之前讲的北京公交补贴,公交车价格降下来以后,既能引导老百姓多坐公交,缓解交通压力,又能让老百姓得到实惠。这也是我们国企的职责所在。

第二十章　改革税制以实现
共同富裕和藏富于民

　　我们现在的税收体系基本上是 20 年前构建起来的,这套体系已经脱离了现在的经济发展状况。20 年前,征税的对象是企业单位,征税的基本方法是代缴代扣,征税的个人收入基础是工资性收入,而不是财产性收入,征税的基本逻辑是多多益善,整个征税体系的目标是最大限度地汲取社会财力。但是,今天来看,这些都出现了严重的问题,老实交税的企业和老百姓税负极重,而不老实交税的却总能"逍遥法外"。别的不说,单就每年的汽车、住房甚至电视消费量来看,我们每年的报税收入就被低估了至少 8 万亿元。更为重要的是,正在大范围展开的保障房等社会福利工程都需要以收入为基础分配,可是我们现在的税收体系却如此落后,无法提供准确的个人收人数据。税制和税收问题已经成为实现共同富裕和藏富于民的巨大障碍。

一、连馒头都征税？增值税迫切需要引入藏富于民的理念

　　2011 年的全国"两会"最火爆的提案是什么？是山东政协委员潘耀民的建议——降低"馒头税"。网上很多人惊呼"不可思议"、"长见识"、"真没有想到馒头还要征税"。也有很多人对"馒头税"的理解不是很准确,我跟各位解释一下,"馒头税"只是一种形象的说法,它指的其实就是对馒头生产企业征收的增值税。对这个说法,山东省国税局出来"辟谣"说实际税负其实很低,"消费者最

终承担的增值税为4%左右"。

不过,我看了这个回应的全文,倒是证实了潘委员的两个主要质疑:第一,同样是面食,挂面、馒头、面粉的增值税税率却有所不同。2009年,挂面和馒头的增值税税率是17%,面粉的税率为13%;后来,挂面降为13%,但馒头维持不变。那我就感到很奇怪了,馒头是由面粉简单加工而成的,并没有产生什么更高的附加值,但税率却比面粉高出4%。第二,税收政策让中小企业难以发展壮大。我国增值税纳税人分为小规模纳税人和一般纳税人。什么意思呢?就是说,如果你是小商贩,蒸馒头只需要缴3%的税;但是如果你是搞集中的企业生产,就会被认定为"一般纳税人",就要缴17%的增值税。这一点也得到了山东省国税局回应的印证。

"馒头税"本身不是最重要的,最严重的是,透过"馒头税"事件,暴露出了我们在增值税问题上存在严重的弊端。各位晓不晓得,增值税现在已经成为中国最主要的税种之一了。就拿2010年来说吧,全国8.3万亿元的财政收入中,增值税就占了三分之一还多。这么重要的税种,对老百姓的生活影响该有多大!

我们现在实行的增值税制度是以什么为依据的?是1993年12月13日国务院颁布的国务院令第134号《中华人民共和国增值税暂行条例》。这个法规一下子就"暂行"了18年。存在这方面漏洞的还不只是增值税,还有我们的房产税,重庆试行征收房产税,给出的解释是"本办法由重庆市人民政府解释"。更让人生气的是,我们的学者竟然说税收的本质属性就是强制性,我不晓得这些人为什么会这么定义。如果说非要给税收总结本质属性的话,那就应该是共同富裕和藏富于民。

如此重要的税种,为什么国税总局就有权"解释"?就算国务院有权制定增值税条例,那么,税务总局凭什么有权认定馒头不属于粮食?实际上,所有根据都是一个20世纪90年代的古老文件,《财政部、国家税务总局关于印发〈农业产品征税范围注释〉的通知》(财税字〔1995〕52号),其中规定"对粮食等产品实行13%的低税率;但是以粮食为原料加工的速冻食品、方便面、副食品和各种熟食品,不属于'粮食'的征税范围;馒头是粮食加工制成的熟食品,适用的增值税税率为17%"。当然了,这是我们税务局一贯的风格,他习惯了怎么能多收税就怎么解释。这和美国是完全相反的,在美国,凡是法律有不清楚的地方,法院只会认可对老百姓最有利的解释。我们的税务局从来就不想想,你少收这点儿税,小老板不就能多赚点儿,多雇一两个人吗?

因此,我强烈建议,国家对老百姓直接相关的食品全部豁免增值税。因为我们对这些小行业的征税成本有可能比税收本身还要高,比如要雇用税务员,要在商业地段给税务所租用办公室,还有企业为了应对这些税收要聘请专门的财务人员。我建议我们各级政府抽空对每个税种、每个收费都做个算术题,你每年每个地方每种税收了多少钱,然后为了收税你又花了多少钱,凡是行政成本比收上来的税还高的税,一律取消掉。实际上,当年取消农业税之前,就发现每年收税的成本远远比收上来的税还多。既然农业税可以取消,那么农产品增值税为何不能也取消掉?

其实在农产品增值税的背后,你会发现我们的税制体系非常缺少伦理和价值观,收起税来没有底线,倒腾蔬菜的小商小贩赚的都是辛苦钱,你何必收他们税呢? 文化产业本来也没太多利润,传播的都是文化知识,又何必收那么高的税呢? 比如德国,在涉农产品、生活必需品和文化产品都适用很低的增值税,包括饲料、化肥、农产品、自来水、文化用品、图书、报纸、杂志。再比如说能解决低收入群体就业的行业,我们也应该学习欧洲降低增值税或营业税。在法国、英国等九个欧洲国家,修理修配、翻修装潢、门窗玻璃清洗、家政服务、美容美发这些行业都受到这样的特殊照顾。按欧盟专家估算,仅仅在法国,如果餐饮业增值税税率降到5.5%,那么就能多创造4万个甚至更多的就业岗位。

我们今天的很多人都对增值税习以为常了,不了解20年前引入了增值税的特殊历史背景。当时的情况是,个人收入来源有限,而当年的国企非常困难,收不上来太多税。此外我们还要以较低的税率吸引外资企业,当年连商品房还基本没有呢,此外营业税也不能收得再高了,而且中国当时还没加入世界贸易组织,就是在这种背景下才引入增值税这种流转税。可以说,增值税为政府增加了大量的财政收入。我们不能否认,增值税为中国的经济建设作出了巨大贡献,增值税的设计者也应该被永久载入史册。

但是,到了今天,我们已经过了缺少经济积累的阶段,每年政府的财政收入在增值税的带领下增幅远超经济增速,我们更迫切需要从外向型经济转型为内需型经济。因此,财政税收的目标不应该再是以增值税为工具、实现多多益善的税收目标,而是应该逐步限制政府的收入、节制政府的开支,为此,我们迫切需要对税收预算体制进行系统改革。过去,我们习惯以固定税率收税,然后再看怎么借助各种杠杆撬动更大的项目。今后,为了实现藏富于民、扩大内需的目标,我们应该倒过来作预算,先算好开支最低可以压到多少,再计算税率可以降低多少,税种可以豁免几个。

二、关税改革不能"嫌贫爱富"

除了内贸的税制,我们需要进一步调整外贸的税制。目前对出口的税制改革方向基本是对的,这里我不多说了。但我对进口的税收制度是很有意见的。

就拿奶粉税来说吧。我们关税改革折腾了好几年,也没见到改奶粉税。在网上代购奶粉,价格为每桶155元左右,而海关进口后销售价格就成了258元。为什么这么贵呢? 因为目前海关进口奶粉的税收有增值税和进口关税。如果来自最惠国,其税率为22%;如果是普通国家,如美国,则进口奶粉的税率是57%。加上在国内的物流成本、进场费等,到了内地价格就会高很多。政府收税本来应该提供更好的公共服务,但是透过奶粉事件我们看到了什么? 公众对奶粉的起码信任早就崩溃了,国内又是阜阳奶粉事件,又是三鹿事件,还有圣元奶粉事件,多美滋事件。我们收税比别的国家都多,但是政府提供的公共服务比谁都差。

我们现在的关税改革非但不想着如何减免与老百姓生活息息相关的税负，也不想如何为纳税人提高公共服务质量，反而在积极酝酿降低进口税，取消化妆品的消费税和黄金珠宝首饰的消费税。也就是说，越是富人消费的东西，我们的税务部门越是研究如何降低税收。更让人生气的是，为了打造所谓的国际旅游城市，海南和上海都在研究购物退税、免税政策，上海更是打出了"为了给迪斯尼配套"的口号。自己老百姓的税负如此重，可是我们的地方政府却在研究怎么给外国人退税、免税。

当然了，我理解税务部门减税的理由。关税过高会导致国内消费不振，大家绕道去国外消费，这样关税会因此大幅下降。所以，对于税务部门来说，还不如低关税，把税收留在国内。那各位有没有想过，仅就这一点，我们就能看到中国的进口税已经严重畸形了。

为什么这么说呢？因为我们似乎已经忘了关税的初衷。关税不是越高越好，关税最重要的作用是让从国外进口来的东西比国内自己造的贵。于是就有两种错误的观点，说高关税好啊，能保护民族产业，能抑制进口冲击。但是，以汽车产业为例，中国关税这么高，而且零部件也收税，整车也收税，什么都收税，可是，30 多年过去了，高关税起到保护民族汽车工业的作用了吗？恰恰相反，高关税让国企缺乏竞争压力。因为国外汽车进来就必须得合资，所以国有企业习惯只做销售、不做研发，习惯坐收渔利。我们现在每年的进口车超过 100 万辆，这难道不足以说明高关税对抑制进口根本没起到什么作用吗？

关税政策的目的应该是提高老百姓的福利，如果加了关税以后，东西贵了，能买得起的老百姓少了，这其实就是对老百姓的直接伤害。比如说化妆品，你就把关税定在 200%，也保护不了国内产业，因为化妆品这东西不是说国内自己造的便宜就会有市场，所以到头来，国内的产业也没扶植起来。而本来很多在国外谁都能买得起的化妆品，因为进口税太高，到了国内却成了奢侈品，老百姓反而用不起了。

所以我建议，除了进口增值税，大部分进口税都应该完全取消。

三、个税改革避重就轻，需要二次改革

2011 年 6 月 15 日，全国人大法工委公布了个人所得税修正案意见征集的结果，在搜集的意见中 85% 都不同意把个税起征点调到 3 000 元，因为太低了，根本起不到调节收入的作用。

在这次个税修正意见征集中，很多专家学者都在开药方，给大家讲应该如何给中产减税。我相信这些专家都是出于好心，可是大家讨论的方向错了，没抓到本质。专家们的意见都集中在如何定义中产，也就是中产的月收入上限应该定多少才合适。财政部财政科学研究所所长贾康测算的结果是月收入 24 500 元，这个收入以下都要减税，国税总局税收科学研究所所长刘佐认为，月收入 10 000 元以上就是中产了，应该征收高税收。其实个税在我们整个税收体系中所占的比重很小，2010 年个税收入仅占总税收的 6.6%。而且，我要强调的是，政府收税不可怕，可怕的是不把钱花在老百姓身上。

我完全不敢相信，在今天的中国，富士康的员工累死累活地工作，一个月挣那么点钱还要缴纳个税，而对于在股票市场动辄赚几百万的基金、券商竟然不征所得税，这一点让我百思不得其解。我发现，我们个税完全搞错了重点，国外的个税都是盯着财产性收入，可我们盯的却是工资性收入。

那么个税税率呢？我认为，个税最高边际税率应该低于公司所得税，这样才能鼓励企业多发工资，这也是收入分配制度改革的关键措施之一。目前个税的最高边际税率为 45%，企业所得税税率是 25%。所以很多个体企业老板不愿意给自己发工资。就拿民营企业非常发达的江苏来说吧，透过税务局的数据我们看到，在江苏缴纳个税的人群中，月收入为 2 万—4 万元的群体仅为 7 000 人，而月收入为 4 万—6 万元的人群居然只有 1 916 人。请问这个数字谁相信，要知道江苏的 GDP 占全国的 1/10，财政总收入过万亿，一般预算收入过 4 000 亿。这样的经济大省这一纳税人群数据无论如何都太少了。

还有一点,我们的个税税率和起征点搞全国一刀切也是不对的。央视的主持人崔永元就说,我一个月收入3万,你多收我点税没问题,可是下煤窑挖煤的农民工,哪怕月收入8 000元,你也不能征他的税,因为他是拿命在玩儿。况且能有多少农民工每个月都能挣到8 000元的?

另外,我们专家们在讨论个税调到多少合适,比如说3 000、5 000、10 000,我告诉各位,这都不应该是重点。举个例子,在一个普通县城,房价2 000元一平方米,那月收入5 000元绝对算是高收入,应该收税。但是,如果在北京、上海,月收入5 000元那就不应该收那么多的税。并且,以个人为单位也不完全合理,应该按照家庭收入征税。比如在北京月收入1万元,算是高收入群体了。每个月要缴个税745元,再扣掉各种保险只能剩下8 000元了。假如这个家庭只有他一个人工作,既要供养父母,还要送孩子读书、还房贷,那这点钱真的不算高收入。

个税改革讨论了差不多一年,中间还有著名的月饼该不该缴税的风波和房产税的风波。学者们都非常激动,中国学界向来分歧多,但是在个税体系上,却达成了五大共识:第一,大幅提高起征点;第二,改以家庭为基础计税;第三,试行退税和免税;第四,扩大收入的覆盖面,避免个税沦为工资税;第五,简化税率表,降低个税税率,鼓励企业多给员工分配。可是到最后就只是简单提高了一点点起征点,别的什么也没做。因此,个税体系改革的再次启动是必然的。

而目前我们最欠缺的是退税和免税。在这方面,我们有必要借鉴一下美国的经验。2009年美国政府推出的"劳有所得"(Making Work Pay)计划,目标就是让中低收入家庭减轻税负的负担。美国给每个老百姓退大概400美元的税,要是两口子,就能领到最多800美元的退税。不仅如此,美国政府还考虑到养孩子不容易,所以你养的孩子越多,政府给你的免税额越高,而且每次美国税改的时候,都是优先考虑给养孩子的家庭提供更多的免税额。还有,如果选用节能的玻璃窗,减少热量损失的绝缘门,带有金属和热还原组件的沥青屋顶,或者高效节能的中央空调、热水处理系统等,都能享受到退税补贴。而全美符合这个政策的家庭大约30%左右,每个家庭据此可以申请的最高退税额度是1 500美元。

退税还有一个非常重要的作用,就是能实现收入双向核实。比如一个有钱人雇个保姆,在中国保姆月薪就算15 000,也从来不报税。如果我们可以像美国一样让雇保姆的支出免掉一点儿税,那么,扣税的同时更大的一笔税就能收到了。当然了,保姆这么辛苦,我们必须把实际的税率定低一点比较好。但是,我请大家想想,满街的商铺,有多少房东如实向税务局报税了呢?比商铺更普遍的是商品房出租,那些手里不止一套房的房东,有几个人向税务局如实报税了?其实,税务局根本没必要自己上门去查,我们只需要给房客的租金减一点点税,这些房客就会如实申报自己交了多少房租,而一旦房东知道税务局手里有这个记录,恐怕也不敢不交税了吧?所以说,我们的个税体系最偷懒的地方就在这里,因为我们根本没有实现双向核实,所以对财产性收入基本都收不上来税,有钱人就这么大摇大摆地不缴税。

此外,我们个税还有一个非常严重的问题,就是高度不透明。我们的税收体系基本上是以间接税为主,这部分税老百姓都付了,可是却完全被蒙在鼓里。我们小老百姓买个馒头、买罐奶粉都得缴税,而平时消费的时候就已经缴了营业税、增值税、城镇建设费和教育附加费。根据《南方周末》的估算,我们一个普通家庭平均每年51.6%的收入都缴税了。为什么这么高?因为我们的税收太复杂了,而我们老百姓能看到的自己直接缴的税,比如个税只是极少的一部分,大部分的税都像增值税一样被藏起来了。我认为,我们应该考虑引入年度个人纳税上限制度。也就是说,老百姓可以搜集这一年所有的账单、税票、个税记录、油票,然后加在一起不许超过三分之一的年收入;如果年底计算发现超过了的话,税务局要把多缴的部分给老百姓退回来。

四、合理的企业税负原则:国企分红,民企轻税

需要调整的还有企业税负体系。现在企业税负很重,而民企的税负又比国

企重得多。因为现在税制、金融和经济政策都在高度偏袒国有企业。为什么偏袒呢？因为很多人一直以为"国家财力的增长，国有企业仍然起着主导作用"。依据是：国有工业企业数量仅占全部工业企业的15%，但其缴纳的税金占全部工业企业的63%。

我告诉各位，这个数据是有严重问题的，国企现在的税负已经很轻了。我们看2010年，全国工商联披露了一个数据，全国个体户纳税1.1万亿元，而根据国资委披露，当年122家央企的上缴税金是1.4万亿元。我敢肯定，央企这个数基本是准的，因为每个都是经过国资委审计的。但是个体户这个数据还是被低估了，因为就像前面所说的，个体户买个馒头、买罐奶粉，都得缴税。按照《南方周末》那个样本户的算法，每年每个家庭缴的间接税大概是直接税的一到两倍。而且，还有一点，我要告诉大家，就是大企业购买生产资料，比如汽油、电脑、汽车，这些都能在增值税里作进项抵扣，可是我们的税法规定个体户是不许抵扣这些间接税的。

所以，个体户要是把间接税也算进去，其在2010年的纳税额起码有2.2万亿元。这里说的还只是个体户，如果放大到整个民营企业呢？2008年有一组数据，当年民营企业缴税总额为33 772.19亿元，占同期全国税收57 862.39亿元的比重为58.4%。大家透过这个数据，就应该知道个体户和民营企业的负担有多重了。

而民企对经济的贡献不仅仅是缴纳了大部分的税费，更是创造了绝大部分的就业和出口。2005年至2008年期间，个体私营企业平均每年净增1 000多万个就业岗位，占城镇新增岗位的85%以上。非公有制经济吸纳了国有企业改革和农村城镇化进程中产生的85%以上的下岗职工和农村富余劳动力就业。此外，民营企业的出口额是国有企业的1.5倍，成了促进对外贸易增长的主要力量。但是，作出如此贡献的民营企业不过只有1万亿元的税后利润，而中央和地方的国有企业却留下了2万亿元的税后利润。在很多民营企业集中的行业、比如物流行业、房地产行业，企业每年缴的税远比自己最后留下的利润还多。

这说明了什么？说明我们的税负缺少起码的公平合理。

按照我们国家的规定，我们的国企要上缴10%的利润。那各位晓得其他国家的国企要上缴多少吗？法国国企税后利润上缴国家的比例是50%，瑞典、丹麦、韩国等国国企利润需上缴三分之一甚至三分之二。对比之后我们发现，中国的国企简直太幸福了！还有让我们国企更幸福的，那就是我们的国企在上缴10%的利润之后，我们的政府又把这些利润以各种形式返还给企业了。比如说，2010年国企一共上缴了440亿元红利，但是，财政返还了858.56亿元。其中，45亿元用于支持新兴产业发展，40亿元纳入公共财政预算，用于支持社保等民生事业发展，50亿元用于补充社保基金，其余723.56亿元则以中央企业兼并重组专项资金、国有经济和产业结构调整支出等各种名目投入到央企及其相关领域了。透过这些名目我们发现，国有企业上缴的利润最后仍然回到国有企业的口袋里了。那我请问你，国企的"国"字又从何体现？

所以说，我们现在已经忘了建立国企的初衷。在这里，我给大家补充一下，国企这个概念起源于英国，凯恩斯的学生、诺贝尔经济学奖的获得者——米德，在这方面有非常深刻的论述。他就认为，国企成立之初的宗旨就是为了构建和谐的福利社会。我们试想一下，如果电信、石油这种行业完全私有，必然造就不少亿万富豪。而如果把这些行业交由国有企业来经营，再由国家把国有企业交上来的钱拿来给老百姓分红，给老百姓减税，贴补老百姓的看病、养老、住房的福利，这不是很美好吗？

实际上，我们的国企完全可以起到这样的作用。我给大家算笔账吧，2010年央企实现利润11 315亿元，扣除所得税后净利润为8 522亿元。如果央企的利润真正还给老百姓的话，我们可以建多少廉租房呢？首先计算2010年，按照每平方米造价1 500—2 000元，8 522亿元可以建4.2亿—5.7亿平方米。大家知道2010年全国商品房销售面积吗？lo.43亿平方米！这还只是央企而已，如果再加上其他国企呢？

我们不强制国企分红，结果国企就拿着闲钱大举进攻民企的地盘。之前引发热议的武钢390亿养猪事件,足以说明我们必须要对国企改革下狠手了。武钢的领导说,2斤钢抵不上4两肉,所以要投入390亿元进军养猪、养鸡、种菜、接送孩子上下学、送盒饭做快餐、通下水道这些非钢产业。那我请问,这些事情,哪一个民企做不了? 我再请问,你这390亿元,难道不是国家透过4万亿给你的吗? 我最后再问,央企利润什么时候能真正纳入国家财政预算,再投入到国计民生最需要的领域,而不是用来进攻民企呢?

为此我呼吁,我们急需构建一个"国企分红,民企轻税"的合理的企业税负体系。

结束语

　　回头看看中国经济改革走过的路程,我们发现很多改革都陷入困境。比如国企,现在大部分国企集中的行业改革都处于停滞状态,这些企业在过去 10 年里一直以公司化、股份化为手段,以实现境内外上市并成为世界 500 强为目标。遗憾的是,这些被政府扶植起来的国企越做越大之后,却背离了政府的初衷,政府本来的意愿是让这些国企做大做强之后走出去,捍卫国家的经济利益,可是,现在却发现这些国企没有一个能真正走出去。走不出去也就算了,相反,这些国企却调头在国内恣意胡为,挤压民营企业甚至个体户的生存空间。而我们对国企以利润为中心的考核管理更加剧了国企对社会的盘剥。因此,我们该好好想想,改革到底哪里出现了问题? 为何会出现这么大的偏差?

一、很多改革缺少整体思考。如今调控左右为难

　　很多改革都是如此,设计的时候也许考虑了全局,但是改得动的只是局部,到头来改革的初衷没有达到,还让整体恶化了。我们的垄断国企,因为大部分都处在国民经济的基础地位,其涨价必定会对整体物价产生巨大的叠加效应,这种涨价必须慎之又慎。其实,在必要的情况下,我们应该故意让部分垄断企业适当亏损,以此对老百姓补贴。而且,我们今后应该引入更多的管理指标,而不是财务指标,从内部完善国企的股东治理,让地方公益国企实现零基预算改革。国企的一举一动必须考虑社会的整体利益,而不应该再简单以利润来考

核。

需要调整的不仅仅是国企的对外战略,还有必要完全调整国企在国内的角色。鉴于十大产业振兴这种全盘皆输的惨剧,我们应该创设独立的政策预算评估部门。现在我们对预算的管理实行的是"严进宽出",也即是说,批准预算和预算拨款的环节极为繁琐,可是一旦拨款之后,预算部门就对项目实施完全失去了掌控。要想解决这个问题,我们就必须强化董事的作用,特别是强化引入外部董事和社会监督,还应该强化纳入预算监督。对地方政府的政绩考核,也应该逐步放弃简单的指标考核,而应该以预算考核为主。每年中央返还地方那么多税收,实际上都是按照不同的项目下拨的。对此,我们应该介入政策评估,并根据评估的过往完成情况,调整今后的拨款。否则,财政永远像现在这样,老项目都是不管效率高低不再过问,而新项目却往往苦于没有资金而得不到有效落实。

部分领域更因为没有设计方案,或很难考虑全局,结果出现了越改越糟糕的现象。比如医药改革,基本药物制度初衷很好,基本药物集中采购,大幅压低价格,但是真正实施之后,老百姓更买不起药了。一种情况是,很多基本药物本来毛利也不高,这些药厂游说能力不行,这样就进不了基本药物名单里,老百姓就没法买到了。比如螺旋霉素和大青叶片,这些是治疗牙疼、外伤的常用药,价格很便宜,医生爱开,老百姓也爱用,可是不在名单里就买不到了。另一种情况是,虽然药在名单里,但是新医改大幅砍价导致厂家亏钱,所以干脆不生产了。20世纪60年代一直在用的"鱼精蛋白",算得上心脏病手术中最普通的常用药,可是现在这个廉价"救命药"却爆发全国范围内的短缺,就是这个原因。与此同时,很多不老实的药厂透过改个名字,把老药价钱翻几倍变成新药卖出去,个别药厂甚至公关医生开处方,让病人拿处方去药店而不是在医院里买药。改来改去,老实人吃亏,不老实的奸商却风生水起。

再看看我们的宏观调控,宏观调控是最该系统地考虑全局的。但是,现在的情况是,老百姓被房子、看病、养老、上学压得喘不过来气,民企无论是做外贸的、内需的,还是做政府投资项目配套的,都陷入困境。经济在衰退,通货膨胀还没真正退潮。更可怕的是,我们自己现在也不知道该怎么做了。如果为了刺激经济而开启宽松的货币政策和财政政策,那么费了这么大劲治理的通货膨胀就会功亏一篑;而如果继续保持严苛的货币政策和财政政策,那么地方政府就快扛不住那10多万亿元的债务。这也是我几年前就发出预警的"滞胀"。

中国宏观调控面临着前所未有的新挑战,比如房地产行业的限购令,如果不取消,地方政府就没法卖地生财,地方财政就会陷入枯竭的窘境,但如果贸然取消,房价治理就会功亏一篑,而国有银行会再度面临房地产泡沫的威胁。1 000万套保障房本来是很不错的善政,可是落实的时候却犯了像铁道部一样"大跃进"的毛病:本来可以10年滚动开发的,非要一年之内全面开花,结果是所有的工程都只完成了不到10%就停在那里。

同时,通货膨胀又导致物价和成本大幅上涨,由此"中国制造"的成本优势迅速消失,我们也到了经济发展中最可怕的岔路口。想当年,无数发展中国家折戟于此,也就是陷入"中等收入陷阱"。这些陷入发展困境的国家和发达国家相比,没有科技研发竞争力,也无法实现产业升级;和其他发展中国家相比,没有了成本优势,想做传统代工也不行。

二、经济需要自然成长,决策要加强问责评估

我们现在面对的相当一部分经济问题,其根本原因就是我们长期以来奉行经济增长压倒一切,我们从上到下很多人脑子里已经形成根深蒂固的观念,也就是财政政策、货币政策、分配政策、社会福利政策、教育政策等甚至法律法规都要为经济高增长保驾护航,连住房、教育、医疗、旅游、文化这些在很多发达国家都不进行市场化改革的领域,我们也为了经济增长,而不顾一切地搞活。而在宏观经济上,就像有些短视的农民,为了高产就不顾土壤板结,而一直滥用"化肥",我们长期以来,为了经济高增长,一直在滥用凯恩斯主义。

　　凯恩斯本来的意思是说在经济略微不好的时候适度刺激经济,可是我们却长期服用过量的"激素",长期严重超发货币,严重举债扩张财政。这样必然导致通货膨胀和税负过重,进而导致本来我们最有比较优势的制造业迅速衰落。多印的票子不仅仅推高了物价,还大量涌入不动产,推高了房价、地价和租金。在盲目政绩导向下,扩张的财政不仅在基建领域里低水平重复投资,更使得产业升级无以为继,政府只给自己认可的项目十足的好处,而企业家自己愿意投资的产业不得不面对繁重的税收。原因很简单,前面的钱是后面来的。可以说,政府每投资成功一个企业,其代价就是一堆本来能活得好好的企业陷入困境。

　　我们这种"滥用化肥"的经济增长并不是健康的成长,我们总爱操之过急。实际上,只要能保持财政预算公平地分配财政资源,保障货币政策独立,汇率稳健而能自我修复外部贸易平衡,物价稳定而能保证通胀基本温和,社会福利、教育、医疗、住房、养老能给每个老百姓公平的立足点和起码的尊严,那么,经济自然能够健康成长。就像大自然里的树木,虽然有护林员照顾一下能长得更好,但是你本来无需天天施肥,天天浇水,树木也能自然成长。

　　我们现在迫切需要以目标管理制来提升政府的专业水平,更要以法定的目标来约束中央和地方政府的行为。同时要在当前行政架构下加强问责,以独立的政策评估部门,提高问责和行政专业水平。比如我们的财政透明,完全搞错了方向。其实老百姓根本不在乎分几大类、搞多少名目,这些名堂根本不重要,你就按照拨钱的具体细节披露就行了,每笔钱是谁批准的,批准给谁的,决策的基础是什么,谁负责执行的,执行到什么程度,有什么效果,有没有问责。然后,我们就专门看那些决策离谱、金额巨大、没有执行的,然后看看负责决策和执行的官员是不是被追究责任了。如果说所有东西都按照公式和流程来走,行政效率一定会大为提升。

　　再比如货币政策,我们不应该再让货币政策盲目地服务于经济增长,更不应该把货币刺激当成经济增长离不开的长期"补药"。我们应该首先对央行提出法定目标,中央银行没有义务也没有权力服务于任何经济增长目标,央行唯一应该做的就是确保货币政策的独立,确保通货膨胀一直可控,确保这个核心目标完全不受政府的干预。在这个法定目标下,我们再从外汇储备、金融管制、政府投资和垄断行业定价四个方面化解通货膨胀。在外汇储备方面,我们要控制贸易顺差和外商投资,适度启动人民币升值,调低出口退税,或者用其他综合手段(如产业结构调整)来适度控制贸易顺差的规模。同时,修改对地方政府的考核标准,优化地方招商引资项目,从而控制外商直接投资的规模。

　　而通货膨胀的根本是因为政府投资,由此带来的非理性亢奋盘活了外面来的汹涌货币,有了货币为虎作伥,这个异常亢奋的需求导致国内要素全面紧缺,从劳动力到自然资源的价格都因此大幅上涨。因此,当务之急是遏制地方政府的举债投资冲动,调整商业银行目前的粗放管理模式,走出现在这种"上市圈钱,补充资本,大举放贷,再去排队圈钱"的怪圈。现在,地方政府跟国有银行借钱,因为两头都是国家的,而且国有银行的地方主管也不想计提坏账,影响自己的仕途,所以国有银行往往对地方政府网开一面。

　　因此,从长远来说,我们需要进行两个重大改革:其一是利息市场化,这样非国有银行才能对国有银行形成真正的竞争压力;其二是银行放开对民营资本的准入,民营资本就会以市场化的高利率吸收存款,这样既能保持流动性,又能给地方政府的投资项目以真正的约束。改革可以从大额存款的利率自主化开始,在基础比较好的浙江试点,而民营银行的股东应该尽可能避免一股独大,应该吸取过去的浙江经验,一次引入多家民营股东,彼此制衡,防止关联贷款和金融系统风险。而为了避免墨西哥和阿根廷那种金融动荡,我们这两个改革的时间都应该早于大规模的资本账放开。当然,鼓励民资要想落到实处,已经不是再发几个"新36条"能起作用的了,我们需要以问责监督督导地方落实。

　　在此基础上,我们应该区分经济问题和社会问题,区分经济政策和社会政策,而漠视社会问题的发展模式,并不会取得可持续的经济增长。我们经常提分配政策改革,但是我们从没有抓到问题的本质。分配政策不应该是重点,重点是社会政策。政府有责任和义务营造一个人人平等的社会,我们应该搞一个系统的"立足点工程"、"中产阶级工程"和"藏富于民工程"。和美国、德国比,为什么我们上学贵、买房子贵、工资少、压力大？根本原因是人家公共财政的转移支付系统做得比我们好。要知道,全世界的税收都是以促进公平为目的进行转移支付的,中央政府应该利用财权保证全国老百姓得到基本一致的公共服务,缩小不同地区间的贫富差距,缩小地区内部老百姓之间的贫富差距。而高效的不需要"跑部钱进"的地区之间转移支付,需要我们建立目标管理制的行政流程和透明公开的问责程序。

三、经济决策需要赋权于民,问策于社会

所有改革的起点和终点都应该是让老百姓生活得更幸福。所以,老百姓的参与非常重要。没有老百姓的参与,保障房的标准和过程就缺少合法性、认同感和公平感,没有老百姓程序性地、建设性地表达民意,水价、电价、油价、车价都无法真正做到以人为本。因此,当务之急是如何在一个个具体关系到社会和人民利益的经济决策中,创造性地让民众参政议政。

我们能不能把这些决策委员会向社会开放？比如交通委员会的三分之一席位由出租车司机协会来推举,三分之一席位由市长直接提名社会知名人士和热心公益的个人出任,余下的三分之一留给主事的政府部门。实际上,在纽约都市圈,本地的交通规划委员会、学区教育政策委员会都是这样对社会开放的,由此形成社会与政府的良好互动。要知道,经过这些年的发展,我们社会的民智水平已经非常高了。以上海磁悬浮项目为例,政府聘用的专家里有相关专业的大学教授,而沿线居民中也有具备专业知识的大学教授。基于同样的道理,从民怨甚深又有切肤之痛的教育学区改革等着手,交给民众决定自己学区的政策,不仅能够极大地提高民众对政府的信任和对政策的支持,即便是有些决策失误,也很容易取得民众的谅解。

我们能不能改变发改委的工作作风？将发改委由高高在上的决定企业命运的机构，变为以科学、客观、专业的政策调研和决策分析报告来辅助上面讲的决策委员会。

与此同时，中央的决策机构对地方的管理也应该转变作风，由过去的审批为主，变为指导为主，以决策科学化监督目前最大的权力真空，即地方项目的决策政绩化、短视化。这样，政府的决策风格就会逐渐由目前的前导能动型变为后置否决型，就像香港政府对香港证券交易所的管理风格，更多的是请外部董事来决策，而自己只在关键时候行使否决权。

到现在，我们还没怎么意识到：很多经济问题的背后是社会问题，而社会问题有赖社会的广泛参与。

比如，工资问题的根本是社会政策出了严重问题，这方面我们在改革上严重缺乏信心，只是一味抑制和回避，其实我们应该重新定义工会。

在我们印象中，工会是和企业对着干的，会扰乱社会秩序和经济建设。国内媒体对工会的报道也都是负面的。国内学界对工会的研究也相当匮乏。

而在国外罢工、骚乱这些都只是个别现象，工会的作用更多的是积极的。比如说德国，德国在国际金融危机之前，正是工会的有力作为使得德国的工资持续多年连续低于生产力提高的幅度。

也就是说，正是工会帮助默克尔政府实现了削减德国劳工工资，从而实现提高德国制造业的国际竞争力，以及提高德国社会总体就业率的战略目标。同时，透过对新加坡和中国香港的对比，更是清楚地表明一个有作为的工会制度和土地制度对制造业是多么重要。

事实证明，完善的工会制度是强大制造业不可或缺的管理力量。我们过去总是强调企业家的作用，完全忽略了工会的作用，这显然是需要我们重新思考的。

但要把权力真正还给社会，最大的阻力还是来自地方。地方现在是无限责任，现在我们很多问题不是没有问责，而是什么都对地方问责。我们也许应该大胆地想一想，是不是要像对央行设定法定目标一样，也给地方政府明确的有限责任。我们现在给地方无限的责任，表面上每次都对地方问责了，实际上，为了应对食品安全、房价物价稳定等涉及社会稳定的经济问题，地方大量制定行政法规，而行政法规中动辄乱罚款、乱整顿。

这么问责下去，长此以往真正受害的反而是企业。现在地方对企业的骚扰已经没有边际，从消防安全到节能减排，几乎所有政府部门，甚至临时组建的办公室或领导小组都能关停企业，企业要在生产经营之外应对如此繁重的社会任务。我们看织里事件、增城事件本来都是基层税收问题，但是乱摊派、乱授权导致基层政府职能外包化，外包摊派又沦为黑社会化，最终酿成严重的社会动荡和政府危机。

在经济管理中，不仅基层对企业的干预缺少法律规范，上对下的管理也往往缺少内在约束，这样同样会造成问题，常常导致好心办坏事。比如，劳动关系法在没有试行的情况下就强制推行，而"五险一金"也是不分青红皂白要求企业一次补齐。更严重的是，在全世界最低工资都是反复咨询、慎之又慎的，可是我们很多地方却说涨就涨，根本不考虑会不会伤及企业、伤及就业。这种缺少法律规范的强制行为最为严重的是我们的土地规划，乱规划、乱拆迁，各地都喜欢搞政务区、搞产业园，把辖区企业都集中搬到一起，这样做对地方政府来说容易出政绩，容易申请国家级产业园，还能腾出市区的土地，获得土地出让金收入。可怜的是我们的企业，被折腾来折腾去，很多企业因为地方政府拖欠土地补偿款或拖延腾挪土地而陷入危机。比企业更可怜的是我们老百姓，因为企业通常有土地证，可是老百姓却被地方政府创造性地发现了"弱点"，各地竟然极富创意地搞出来一套先"依法"认定违章违法建筑、再以拆违为突破推进拆迁的工作思路，其恶果就是直接丧失了老百姓对法院、法律和政府的信心。

总而言之，基本的经济公平（反垄断、反不正当竞争、反滥用优势地位、反行政垄断）和市场经济伦理已经无法在现有体制内得到保障，而闭门造车的司法改革因为缺少问责制、缺少自我改革的动力，已无法维护经济公平和市场伦理。

而这些都源自于现有体制无法扼制腐败,腐败的蔓延是因为权力寻租的边界一直在蔓延。这种公然的腐败就好比是把钱堆在那里,诱惑权力寻租者琢磨怎么从中分一杯羹。而我们推动的每一次改革,其结果都是握有话语权的既得利益者获得更大利益,老百姓的利益都在受损。单靠经济改革已经无法完成改革的使命,我们需要以社会公平和扼制腐败为目标,重新构思整个经济改革的总体目标。